연·세·학·풍·연·구·총·서·7

연희전문학교와 음악

연세대학교 연세학풍연구소 편 · 정운형 외

연세대학교 대학출판문화원

연세학풍연구총서 7

연희전문학교와 음악

연세대학교 연세학풍연구소 편·정운형 외

펴낸곳 연세대학교 대학출판문화원
주소 서울시 서대문구 연세로 50
등록 1955년 10월 13일 제9-60호
전화 02) 2123-3380~2
팩스 02) 2123-8673
전자우편 ysup@yonsei.ac.kr
웹사이트 http://press.yonsei.ac.kr
인쇄 (주)네오프린텍

2020년 7월 30일 1판 1쇄 2021년 12월 23일 1판 2쇄
ISBN 978-89-6850-422-8(93370)

값 20,000원

이 도서의 국립중앙도서관 출판예정도서목록(CIP)은 서지정보유통지원시스템 홈페이지(http://seoji.nl.go.kr)와 국가자료종합목록 구축시스템(http://kolis-net.nl.go.kr)에서 이용하실 수 있습니다.
(CIP제어번호 : CIP2020031014)

책머리에

이 책은 2018년 11월 20일, 연세학풍연구소 주관으로 신과대학과 음악대학이 참여하여 연희전문학교에서 이루어진 음악교육과 활동을 연구 발표한 학술심포지엄 및 음악회의 성과물이다.

한국의 근대교육을 주도한 개신교 선교사들은 대학을 설립하여 대한(大韓)의 청년들이 "문학, 신학, 상업학, 수학, 물리학급화학에 관한 전문교육으로 인격 도야와 독실한 학문적 성취를 이루어" 사회 각계와 나라 전체에 영향을 끼칠 지도자를 양성하고자 했다. 연희전문학교는 고등교육을 시행할 수 있는 'Liberal Arts College' 체제를 갖춘 근대고등교육 기관이었다.

연희전문학교는 설립 초기부터 음악 과목을 개설하였으며, 학생들에게 다양한 과외활동을 장려하였다. 선교사 부인들과 서양음악을 배운 한국인 교수들은 학생들이 시간과 질서의 개념을 터득하고 여유로운 품격을 바탕으로 정체성과 공공성을 추구하며, 외부 세계를 올바로 지각하고 전달하는 능력을 배양하길 원했다. 이러한 노력으로 연희전문학교는 일본 군국주의자들이 침략을 일삼는 폭압 속에서도 문화를 보존하고 꽃피우는 산실이 되었다.

1932년에 이르러 연희전문학교는 "기독교주의 하에 동서고근 사상의 화충"이라는 교육 이념을 천명하고, 서양의 학문을 우리의 고유한 학문, 사상과 융합하고자 했다. 학문은 사회변화 추세에 민감하지만, 설립 때부터 해방공간에 이르기까지 연희전문학교의 교육과 학문을 이끈 이념은 '화충'이었다. 이렇듯 '화충'은 역사의 격랑 중에도 한국 사회의 발전과 근대학문을 이루고 발전시킨 교육 이념이었으며, 새로운 변화와 도전에 직면한 지금도 잊어서는 안 될 '연세학'의 핵심이념이라고 할 수 있다.

연세학풍연구소는 연세가 쌓아온 학문적 성과와 사회적 기여를 살펴 축적된 연세의 이념과 자산을 돌아보기 위하여 연구논집과 자료집을 간행하고 편찬하였다. 이번에 펴내는 일곱 번째 연구논집은 다섯 명의 학자가 연희전문학교의 음악교육과 활동을 조명한 것이다. 우선 서양음악이 유입되고 알려지는 데 찬송가의 역할에 주목하였고(박종현), 다음으로 음악과가 설치되지 않았음에도 불구하고 설립 초기부터 음악이론 및 실기, 과외활동이 한국인 교수와 선교사 부인들의 헌신으로 이루어졌음을 밝혔으며(정운형, 문백란), 그 과정에 1932년부터 녹음한 연전음반의 의의 및 음원발굴 과정을 소개하였다(정운형). 또한, '음악과 없는' 연희전문학교의 음악교육과 활동상을 음악사적으로 그 의의를 살피고(지형주), 연전음반 보급과 유통사 소개를 통해 연전음악의 음악적 기량과 수준이 상업성과 예술성을 충분히 인정받았음을 밝혔다(배연형).

이 연구를 통하여 연희전문학교가 일제강점기에 서구 근대음악을 적극

수용하고 보급하는 역할을 담당하였다는 점, 그리고 그 과정에서 민족 고유의 문화적 가치를 존중하고 이를 서구 문화와 융합시키는 '동서 고근의 화충'의 자세를 견지하는 한편 일본식 창가가 한국 음악을 장악하는 것을 저지하는 데에 기여하였음을 확인하였다. 1930년대 연전음반의 음원을 발굴하고 그 의의를 널리 알리는 출발점을 마련한 점도 귀중한 소득이다.

이 책이 출간되는 데 여러분의 수고와 아낌없는 지원이 있었다. 먼저 학술심포지엄과 음악회를 마련해 준 권수영 신과대학장, 강무림 전 음악대학장, 신형기 전 국학연구원장께 감사드린다. 권수영 학장은 이 책의 출판비 일부를 지원해주었다. 그리고 학술심포지엄을 기획하고 추진한 정운형 박사의 헌신과 노고가 있었다. 많지 않은 연구비에도 불구하고 뜻깊은 연구를 해준 분들과 사진자료를 제공한 연세대학교 박물관 관계자, 이 책의 출판 실무를 맡은 지형주 선생에게 고마움을 전한다. 끝으로 연세학풍총서를 맡아 품위 있고 학술적 가치가 잘 드러나는 책으로 만들어 준 연세대학교 출판문화원에 감사드린다.

2020년 7월

연세학풍연구소장 **김성보**

목 차

01

언더우드의 『찬양가』의 문화적응과 근대 한국음악

박종현
연세대학교 한국기독교문화연구소

01.
언더우드의 『찬양가』의 문화적응과 근대 한국음악

박종현 |

I. 들어가는 말

미국북장로회의 공식 내한 선교사인 언더우드(H. G. Underwood, 元杜尤 1859-1916)는 내한 후 14년 만인 1894년, 한국 최초의 악보 찬송가인 『찬양가』를 발간하였다.[1)] 언더우드의 『찬양가』가 최초의 한국어 찬송가는 아니었다. 이미 1892년 미감리회에서 번역하여 출간한 『찬미가』가 사용되고 있었다.[2)] 그러나 『찬미가』는 악보가 없는 불완전한 찬송가였고 따라서 악보가 수록된 완전한 찬송가의 발간이 요구되고 있었다. 이들 국문 『찬미가』와 『찬양가』가 발간되어 사용되기 전에는 중국 찬송가를 사용하고 있었기 때문에 한글찬송가의 요구는 더 높

1) H. G. Underwood, 『찬양가』 (경성: 예수셩교회당, 1894).

2) 조숙자, 『한국 최초의 악보 찬송가 「찬양가」 (1894) 연구 자료집』 (서울: 장로회신학대학교 교회음악연구원, 1994), 5.

아졌다.[3)]

언더우드의 『찬양가』는 악보를 수록한 본격적인 한글찬송가라는 측면에서 그 역사적 가치가 있다. 그럼에도 이 언더우드의 『찬양가』는 공식적으로 오래 사용되지 못하였다. 이 『찬양가』 역시 가사 번역상의 문제 특히 하나님의 칭호와 관련된 문제들이 포함되어 제기되었고 구한국시대부터 1930년대까지 한글의 근대화 과정과 맞물려 가사의 번역과 작사 및 신학적 발전들이 계속하여 나타나면서 한국어 찬송가들의 변화가 부단히 이루어졌기 때문이다. 『찬양가』가 공식적 지위를 누린 기간은 짧았다.

그럼에도 언더우드의 『찬양가』는 이후 발간된 한국어 찬송가에 중요한 방향을 제시하였고 이를 토대로 한국어 찬송가와 서양음악이 발전할 수 있었다. 이글은 최초의 악보 찬송가인 『찬양가』(1894)에 관한 연구이다. 특히 『찬양가』의 간행이 갖는 음악사적 근대성에 관한 역사적 연구이다.

1. 연구사

언더우드의 『찬양가』에 대한 기존의 대표적 학술적 연구는 다음과 같이 이루어졌다. 조숙자는 1994년 『한국 최초의 악보 찬송가 「찬양가」(1894) 연구자료집』을 간행하였다. 한국 장로회를 대표하는 음악학자인 그는 이 연구를 통해서 『찬양가』의 해제에 해당하는 "한국 최초의 악보 찬송가 「찬양가」(1894) 연구"라는 논문을 통해 『찬양가』 가사의 원작자, 거기에 수록된 찬송가들의 운율, 한글 번역의 특징, 『찬양가』의 곡조와 작곡자 및 곡조의 원자료 분석을 시도하여 전반적으로 『찬양가』의 음악적 특성과 가사의 원래 특성을 추적하였다. 그리고 논문집의 나머지 부분은 『찬양가』에 수록된 전체 117곡의 악보 찬송

3) 문옥배, 『한국교회음악수용사』 (서울: 예솔, 2004), 39.

가와 가사 찬송가 그리고 원곡을 대조게재하여 『찬양가』의 원곡과 한국어 번역본을 비교할 수 있게 제시하였다.

강유식은 언더우드의 찬양가를 천주교회 최초 한국어 찬양집인 천주가사와 비교하여 서양음악의 토착화 과정을 살폈다.[4)]『언더우드의 「찬양가」 연구』를 장로회신학대학교에 주성희의 "「찬양가」(1894년)의 편집구조와 내용에 관한 연구"는 언더우드의 『찬양가』의 편집의 형식과 그 특성을 음악사적 관점에서 연구하여 개별 찬송가들의 편집 구조와 『찬양가』의 서문, 곡조, 가사를 분석하였다.[5)] 찬송가의 토착화에 관한 연구는 김성대에 의하여 진행되었다.[6)] 그는 토착화의 과정을 세분화하여 세 단계로 나누었다. 번역화, 변용화, 그리고 토착화의 단계로 세분화하여 한국교회 찬송가의 적응화 과정이라는 개념으로 해석하였다.

이민지의 "한국인의 찬송가 수용과 선교사들의 대응"은 찬송가의 번역 과정에서 선교사들이 찬송가를 번역하여 이식하려 시도하였으나, 수용자인 한국인들이 한국인의 미적 감각에 맞는 곡조와 가사 선호를 통해 선교사들의 찬송가에 변화를 주었다고 고찰하였다.[7)] 김태규의 연구는 찬송가의 신학적 연구로서 찬송가 가사에 나타난 성찬론 신학을 분석하였다.[8)] 나진규는 초기 한국교

4) 강유식, 『언더우드의 「찬양가」 (1894)에 관한 연구』 (서울: 장로회신학대학교, 2000).

5) 주성희, "「찬양가」 (1894년)의 편집구조와 내용에 관한 연구," 「음악연구」 vol. 34. (2005), 151-196.

6) 김성대, "한국개신교회 공인 찬송가의 토착화(I)-한국개신교회 초기 공인찬송가에 나타난 적용화(Adaptation) 연구: 『찬양가』, 『찬미가』, 『찬셩시』를 중심으로,"(서울: 장로회신학대학교 신학대학원, 2003).; "적용화(Adaptation) 관점에서 본 한국교회 찬송가 연구," 「신학과 실천」 vol. 18. (2009), 337-310.

7) 이민지, "한국인의 찬송가 수용과 선교사들의 대응-초기 개신교 선교 시기(1884-1919)를 중심으로," 「종교학연구」 27권 (2008).

8) 김태규, "초기 한국교회 찬송가에 나타난 성찬 이해," 「복음과 실천신학」 제33권 (2014).

회 찬송가의 번역자와 작사자들에 관한 연구를 통해 초기 한국어 찬송가 가사에 대한 연구를 심화하였다.[9] 그리고 문성모는 한국교회 예배음악의 유산이라는 관점에서 언더우드의 『찬양가』에 나타난 한국인 가사를 소개한 바 있다.[10]

2. 연구 목적과 방법

이 글은 언더우드의 『찬양가』에 대한 음악사적 근대사적 연구이다. 개신교 선교 과정에서 찬송가가 한국어로 발간되었고 『찬양가』는 최초의 악보 찬송가로서 실질적인 찬송가의 토대를 놓았다고 할 수 있다. 찬송가는 음악과 가사로 구성된다. 음악은 먼저 서구의 음악이 그대로 도입되고 후에 서구적 음악의 형식을 갖춘 찬송가가 작곡이 되고 마지막으로는 한국 전통음악의 곡조가 찬송가에 도입되는 수십 년의 과정을 거쳤다. 이것은 서구 음악의 도입과 토착화 과정이라고 정의할 수 있다.

한국에 도입된 찬송가는 주로 영국과 미국의 복음주의 기독교의 찬송가들이다. 즉 찬송가의 전달자는 자신의 종교적 문화적 환경에 익숙한 것을 전달하게 마련이고 따라서 음악사적으로 이러한 배경의 소개는 필연적이다. 아울러 수용자인 한국의 경우도 전통적 한국음악의 정서적 특징과 음악적 체계가 존재하였다. 흔히 오음계로 알려진 것이 한국음악의 체계이다. 한국의 전통 음악은 옥타브를 5개의 음으로 분할한 순정음 체계가 완성되어 전수되어왔다. 반면 서구 근대 음악은 옥타브를 12분할하였고 한국음악에 비해서 복잡한 구조를

9) 나진규, "최초의 한국찬송가집들의 번역자, 작사자들에 대한 연구 I,II," 「민족과 음악」 vol. 50-51. (2015-2016).

10) 문성모, "한국교회 예배음악의 유산(1)," 「기독교 사상」 2016년 2월호 (통권 제686호), (2016), 212-219.

갖고 있었다. 서양음악의 도입은 두 개의 상이한 음악체계가 만나야 하는 매우 특수한 상황이었던 것이다.

음악적 체제의 차이 뿐만 아니라 음악적 감수성의 차이도 서구 찬송가와 한국인의 정서 사이에 뚜렷한 간극이 존재하였고, 이를 메우기 위한 선교사와 한국인 기독교인 사이의 노력도 지속적이고 반복적으로 수행되어 왔다.[11] 이글에서는 언더우드의 『찬양가』의 곡 선정을 통해 서구의 기독교 찬송가의 역사적 배경과 근대 찬송가의 배경을 간단히 소개할 것이다.

또한 찬송가의 다른 요소는 가사이다. 초기 찬송가들의 가사를 한국어로 번역하는 것은 여러 단계의 변화를 거쳤다. 그 이유는 본질적으로 당시의 한국어 어법과 곡조를 어떻게 조화를 이룰 것인가라는 과제를 늘 안고 있다. 원래 영어 가사의 음절과 다른 어법 구조를 갖고 있는 한국어 가사를 적절하게 번역하여 곡조와 의미의 결합을 시도하여 완성하여야 하기 때문이다. 한국어 찬송가는 이 과정을 수십 년에 걸쳐 반복하여 개선하고 발전시켜 왔고 그 최초의 시도가 악보 찬송가인 『찬양가』에서 시작되었다.

따라서 『찬양가』의 번역을 통해 어떻게 한국어 가사로 적절하게 신학적 요소를 포함하여 번역하는 가는 찬송가 번역의 핵심적 과제이다. 초기 찬송가인 『찬양가』는 이러한 찬송가 번역의 난제를 돌파하려는 중요한 과제로 평가할 수 있다. 이글에서는 언더우드의 『찬양가』에 앞서 출간된 천주교회의 『천주가사』의 가사 내용과 감리회의 『찬미가』와 관련성을 통해 한국어 가사의 발전 과정과 신학적 특징을 소개할 것이다.

언더우드의 『찬양가』는 1894년에 출간하였다. 번역의 상당수도 언더우드 자신의 노력으로 이루어진 것이었다. 그러나 선교 초기의 상황에서 신학적 개념이나 용어를 한국어로 번역하는 과정은 선교사들 간의 이견을 보일 수 있었고

11) 이민지, "한국인의 찬송가 수용과 선교사들의 대응-초기 개신교 선교 시기(1884-1919)를 중심으로," 197-199.

『찬양가』 번역도 이러한 논쟁을 촉발하였다. 이 과정도 소개될 필요가 있다.

『찬양가』는 한국어로 간행된 두 번째 찬송가이다. 그러나 『찬양가』는 악보 찬송가로는 최초의 찬송가였다. 따라서 『찬양가』는 이후 찬송가들의 출간의 방향 설정에 영향을 주었다고 추측할 수 있다. 이글에서는 이러한 『찬양가』의 영향의 범위를 기술하고자 한다.

『찬양가』는 언더우드의 단독의 선곡과 번역 그리고 출간을 통해 세상에 나타났다. 따라서 언더우드의 선곡, 번역, 편집은 언더우드의 신학적 경향과 찬송가 발간을 통해 그의 선교 상황에서 수행하려던 목적 등을 추론 할 수 있다. 이 글에는 편집 구조에 나타난 언더우드의 선교 전략과 선교신학을 추론할 것이다.

김성대는 한국어 찬송가의 사용과정을 적응화(Adaptation)라는 개념을 사용하였다.[12] 이 적응화라는 개념은 천주교회의 선교 과정에서 이루어지는 전통적 토착화 개념으로서 이를 적응화라는 새로운 용어로 재정의하려고 시도하였다.[13] 그는 앤스카 추풍코의 토착화에 대한 재개념화에서 기원한 것을 소개하였다. 추풍코는 토착화가 더 다양한 용어들인 적용화(adaptation), 변용화(acculturation), 상황화 (contextualization), 토속화 (indigenization), 성육화(incarnation), 개정화(revision), 인컬쳐레이션(inculturation)의 다분화한 개념들로 정의하였다. 김성대는 아시아에서 기독교 음악의 토착화 과정이 번역화(translation), 변용화(transformation), 문화화(inculturation)의 세 단계로 이루어진다고 주장한 이토 로의 견해를 수용하여 한국의 찬송가 토착화 과정에 적용하여 설명하려 하였다.

김성대는 또한 피터 쉬넬러의 토착화 개념을 차용하여 한국의 찬송가의 발전을 적용화, 변용화, 인컬쳐레이션의 과정을 거쳐 한국화 된 찬송가로 발전하

---

12) 각주 6번 참조.

13) 김성대, "적용화(Adaptation) 관점에서 본 한국교회 찬송가 연구," 「신학과 실천」, vol. 18. (2009), 131.

여 왔다고 주장하였다.[14)]

김성대의 이러한 주장은 상당한 설득력이 있다고 평가된다. 찬송가는 곡조가 수입되고 가사가 번역되어 일단 두 개의 문화가 필연적으로 조우하게 된다. 그리고 찬송가의 곡조는 수용층에 의해 , 이해의 용이성, 선호도, 미학적 정서, 신학에 따라 새로운 수용의 형태로 변환된다. 그리고 서구의 곡조를 재생산하는 한국인 창작이 나타나거나 반대로 한국의 전통 곡조에 번역된 가사를 붙이는 경우 곡조와 가사가 한국인에 의하여 만들어지는 토착화의 최종적인 단계에 이르게 되는 것이다.

김성대는 후에 이러한 자신의 연구를 확장하여 초기의 찬송가들인 『찬양가』, 『찬미가』, 『찬셩시』등이 토착화의 첫 단계에 해당하는 적응화 과정의 종교문화적 산물로 이해한다.[15)] 그의 가설과 검증은 초기 한국 찬송가 연구에 적절한 시각을 보여주고 있다. 그러나 전체적으로 그의 논리에 동의한다 하더라도 곡조의 도입은 명백하게 서구의 것을 수용하는 것으로 적응화라고 할 수 없다는 반론의 여지가 있다. 거기에는 어떤 번역의 과정도 없기 때문이다. 반면 가사의 번역은 그 어휘 선택과 개념의 정의 과정을 통하여 전통적 한국 문화를 수용하여야 가능한 작업이라는 측면에서 가사 번역은 적응화 개념과 더불어 변용 및 문화화의 요소가 복합적으로 작용한다고 평가할 수 있다. 이글에서는 이런 삼 단계 토착화(문화화) 이론을 비판적으로 수용하여 『찬양가』의 이해와 평가를 시도할 것이다.

---

14) 앞의 논문, 133.

15) 앞의 논문, 307-308.

II. 근대 찬송가의 역사와 『찬양가』의 성격

1. 문화화로서 서구 찬송가의 변화

모든 찬송가의 기원은 그 찬양의 대상이 하나님이다(Te Deum). 기독교 찬양의 본질은 먼저 하나님에 관한 믿음의 음악적 미디어이다. 또한 찬양은 그리스도인의 생활을 효율적으로 돕는다. 그리고 찬양은 회중이 예배에 참여하게 하는 가장 효과적인 수단이다.[16)]

성서에 등장한 최초의 찬송은 출애굽기의 모세와 미리암의 노래이다.[17)] 이 노래는 이스라엘을 구원하신 주 하나님에 대한 찬양이었다. 구약의 시편은 성전에서 부르던 찬양들이며 이사야의 노래는 죽은 자의 부활을 노래한다.[18)] 사무엘의 어머니 한나가 아이를 기원하는 노래도 오랜 전통을 갖고 있다.[19)] 그 외에도 포도원과 농장에 과실이 없어도 하나님을 노래한 하박국의 노래도 널리 알려진 구약에 출처를 둔 노래이다.[20)] 신약성서에도 찬양이 등장한다. 누가복음의 마리아의 노래와 사가랴의 노래 그리고 시몬의 노래가 대표적이다.[21)]

고대 교회의 찬송가 발전은 문화적 토착화의 형식을 띠고 전개되었다. 동방교회의 성가는 그리스문화에 적응하였고, 서방 라틴교회의 성가는 로마의 문

16) Louis F. Benson, *The Hymnody of the Christian Church,* (Richimond Virginia: John Knox Press, 1956), 18-22.

17) 출애굽기 15장 1-18절과 21절.

18) 이사야 26장 1-19절.

19) 사무엘 상 2장 1-10절.

20) 하박국 3장 2-19절.

21) 누가복음 1장 46-55절, 68-79절, 2장 29-32절.

화에 적응하였다. 성서가 히브리어에서 그리스어로 번역됨에 따라 히브리 송가들도 그리스어 송가로 번역되었다. 처음에는 히브리어의 운율을 따르던 형식에서 그리스어 음절과 어조에 맞는 형식의 음악으로 새롭게 탄생하였다.[22)]알렉산드리아의 클레멘트는 자신의 저서 *Paedagogus*의 말미에 감사와 찬양의 시를 첨부하였다.[23)] 고대 동방교회의 음악은 성서를 번역하고 이를 그리스어의 언어적 특성에 맞게 토착화(inculturation)된 것으로 이해 할 수 있다.

476년 서로마의 멸망 후에 동방에 남은 동로마 제국은 그 문화를 비잔틴 문화라고 명명되어 독자적으로 생존하였다. 비잔틴 성가 음악의 특징은 그리스어를 사용하였다는 동로마의 전통에 유대교와 시리아의 음악적 전통이 가미되었다는 것이다. 서방교회의 그레고리안 성가처럼 무반주 단선율(monophonic)을 사용하였으며 운율의 규칙은 자유롭게 구성되었다.[24)] 4-5세기 무렵의 비잔틴 성가는 성서의 본문을 노랫말로 사용한 서방교회와 달리 가사를 작사하기 시작하였던 점에 있었다.

4세기 이후 서방에서는 그리스어 송가 대신 라틴어 송가가 출현하였다. 보아티에 주교 힐러리(Hilary of Poitiers, 310-366)가 동방의 찬송가에 영향을 받아 라틴어 송가를 처음 작사하였다.[25)] 4세기 후반의 밀라노의 감독 암브로시우스도 정통 교리를 수호하고 가르치기 위한 수단으로 찬송가를 제작하여 '라틴 찬송의 아버지'로 일컬어진다. 그는 장운율(Long Meter 8.8.8.8.)로 알려진 찬송가의 기본 운율을 창안하였다. 그의 음악적 영향력은 근대 독일의 회중 찬송가에 미칠 만큼

---

22) 조숙자 · 조명자, 『찬송가학』, (서울: 장로회신학대학교 출판부, 1988), 22-23. 변형되어 나타난 그리스 음악의 형식은 약약강조(anapaestic) 또는 약강조(iambic) 이다.

23) 앞의 책, 23.

24) 앞의 책, 31.

25) 앞의 책, 37.

지대하였다.[26)]

5세기가 되면서 라틴찬송가들이 다양하게 발전하였다. 교회의 미사는 창작곡을 사용할 수 없었으나 수도원을 중심으로 창작곡들이 나타나기 시작하였다. 창작곡들은 성무일과에 행해지는 기도와 미사에서 불려졌다. 이러한 서방 라틴음악의 발전은 7세기부터 수집되어 10세기에 완성되었다. 그러나 이러한 교회음악의 정형화와 수집은 그레고리 1세 교황 재위 때부터 시작되었다. 그레고리 성가는 단선율(monophonic)이고 주로 전음계(diatonic)적으로 되어 있었다. 그레고리 성가는 유럽으로 확산하여 7세기에 영국, 8세기에는 독일에 전달되었다.

12세기가 되면서 미사 중에 창작 찬송이 널리 사용되기 시작하였다. 클레르보의 버나드는 중세 발전기를 대표하는 찬송가 작가였다. 다음 세기인 13세기가 되면서 이제는 예전 외에 부르는 찬송 즉 대중들이 부르는 비예전 찬송가인 영가(Laudi Spiriturali)가 출현하였다. 이 찬송가는 음유시인들처럼 유랑하는 평신도들이 노래를 통해 회개운동을 전개하며 부르던 것에서 유래하였다.[27)] 이 찬송가는 세속적 노래와 거의 유사하였으나 대중들의 호응을 많이 얻었다.

중세 이후 찬송가의 발달은 각 지역의 문화에 맞게 세분화되어 나타났다. 독일은 루터의 종교개혁으로 개신교 찬송가로의 급진전을 이룩하였고, 특히 회중 찬송가인 코랄(Chorale)이 등장하였다. 루터파의 초기 코랄은 독일의 민중 민요의 형식에 가사를 붙여 대중과 호흡하려 하였다.[28)]

17세기 30년 전쟁은 유럽의 종교 지형에 많은 변화를 초래하였다. 이러한 변화는 찬송가에도 나타났다. 종교개혁 당시에는 신앙고백이 객관적이고 공동체적인 것에서 전쟁 후에는 개인적이고 주관적이며 감성적인 표현으로 전환되었다. 우리(Wir)라는 일인칭 복수가 나(Ich)라는 일인칭 단수형을 애용하는 형태

26) 앞의 책, 38-39.

27) 앞의 책, 49.

28) 앞의 책, 54-59.

로 전환되었다.[29] 그 이유는 30년 전쟁 동안의 거대한 가톨릭과 개신교의 두 세력에 포함되어 투쟁하던 유럽은 종전과 함께 웨스트팔리아 조약을 통해 종교의 자유 즉, 개인의 종교적 선택의 가능성을 얻게 되었기 때문이다. 따라서 거대한 제도적 종교 기관에 의존하던 신앙은 완전히 개인의 선택과 주관적 표현의 기회를 얻게 되었다.

경건주의 운동이 출현하면서 찬송가의 주관적 특성은 더욱 강화되었다. 이탈리아에서 시작된 바로크 음악의 양식은 부드러운 표현력을 갖고 있어 경건주의자들의 주관적 찬송에 더 어울렸고 찬송가의 변화를 가중 시켰다. 경건주의가 확산되면서 복음주의 정신이 고양되고 이는 선교 운동으로 확산되었고 찬송가도 이에 맞추어 선교 찬송이 19세기 독일에 등장하게 된다.[30]

고대에서 중세로의 찬송가의 변화와 그리고 종교개혁 이후 독일의 찬송가의 변화를 간단히 요약한 앞의 요약문에 따르면 찬송가는 당시의 신학적 변화와 신앙공동체의 사회적 정황 등에 영향을 받아 변화하여 왔다는 것을 귀납적으로 인식할 수 있다. 즉 찬송가의 역사는 음악의 발전이라는 요소 외에도 특정 지역과 교파 또는 대중의 문화 및 공동체에 이전되어 문화화의 과정을 거쳐 왔다고 보아야 할 것이다.

2. 한국 찬송가의 연원: 영국과 미국의 찬송가

18세기는 부흥운동이라는 미국과 영국을 중심으로 하는 영어권 기독교가 발흥하고 그 영향력이 대서양 양안으로 확대되고 다음 세기부터는 전 세계적 기독교운동으로 확산되기 시작한 전환점이었다. 영국에서는 존 웨슬리의 감리

29) 앞의 책, 69.

30) 앞의 책, 85.

교 부흥운동이 나타났고 미국에서는 대각성운동이 일어났다.

영국교회는 개혁 후에 칼빈주의의 영향으로 창작 찬송을 금하고 영어 운율 시편만을 허용하였다. 그럼에도 불구하고 17세기 초에 압도하던 운율시편은 세기말에 사라지고 창작 찬송이 교회 안에 기반을 굳혔다. 처음에는 운율시편의 곡조에 새로운 가사를 붙이는 형식에서 서서히 창작 찬송으로 대체되어 갔다. 성공회 뿐 아니라 영국과 스코틀랜드의 장로회도 비슷한 과정을 거쳐 찬송가 도입이 이루어 졌다.[31)]

특히 18세기 아이작 왓츠(Isaac Watts, 1674-1748)는 이러한 시편 찬송에서 창작찬송으로 전환하는 전환점을 제공하였다. 그는 이전에 시편을 그대로 불러야 한다는 칼빈주의 주장에 반대하여 시편도 복음서의 빛에 해석된 것이어야 하며, 노래는 노래하는 이들의 사상과 감정을 반영하여야 하게 때문에 고대의 시편을 현대 영국인의 정서에 맞아야 한다고 주장하였다. 비국교도이며 독립교회 목사였던 왓츠는 750여 편의 찬송가를 만들어 '영국 찬송가'의 아버지로 여겨진다.[32)]

왓츠와 동시대에 영국의 찬송가를 발전시킨 이는 찰스 웨슬리(Charles Wesley, 1707-1788)이다. 감리교부흥운동을 일으킨 존 웨슬리의 형제로 많은 찬송가를 작사하였다. 감리교 부흥운동과 함께 신편 성가에 한계를 느끼던 웨슬리 형제는 왓츠의 찬송가들을 적극적으로 사용하였다. 웨슬리의 미국 조지아 선교 중 선상에서 만난 모라이바 교도들의 찬송은 웨슬리에게 큰 영향을 주었고, 이는 웨슬리가 시편송가에서 복음음찬송가로 전환하는 강력한 계기가 되었다. 그가 올더스게이트 회심 직후 출간한 『시편과 찬송모음집』(*A Collection of Psalms and Hymns*, 1738) 여기에는 왓츠의 찬송가가 절반이 넘고 있었다. 찰스 웨슬리는 1739년부터 본격적으로 찬송 작사를 시작하였다. 웨슬리 형제는 53년간 선교와 부

---

31) 앞의 책, 109-112.

32) 앞의 책, 114-116.

흥운동을 이끌었고 같은 기간 56종의 찬송가를 간행하였다. 1780년에 출간한 『감리교 찬송가』(*A Collection of Hymns for the Use of the People called Methodists*)는 웨슬리 형제가 발행한 찬송가의 결정판이었다.[33]

신대륙 미국 찬송가의 역사는 1564년 플로리다 연안에 도착한 프랑스의 위그노들이 부르기 시작한 운율시편가에서 시작하였다. 1579년 드레이크가 캘리포니아 서부 해안에 도착하여 머물다가 부른 시편송가가 처음이었다. 1607년 제임스타운의 영국인들도 시편송가를 부르기 시작하였고, 영국 청교도들은 1620년 프리머스 해안에 도착할 무렵 그들이 거쳐 온 네덜란드 개혁교회의 『네덜란드 시편가』를 가지고 신대륙에 상륙하였다.[34] 청교도들이 인디언 선교를 시행하던 중 영국 시편을 인디언 언어로 번역하고 인디언 곡조에 시편을 접목한 『인디언 시편가』를 출간하기도 하였다.[35]

1734년 메사추세츠에서 조나단 에드워즈(Jonathan Edwards, 1703-1758)에 의하여 대각성운동이 전개되면서 부흥운동에 필요한 찬송가가 요구되기 시작하였다. 에드워즈와 함께 대각성운동을 주도한 조지 휫필드는 영국의 찬송가 작가 왓츠의 작품을 선호하였다. 그는 자신의 집회에서 왓츠와 웨슬리의 찬송가를 즐겨 불렀다. 조지 휫필드의 왓츠의 찬송가 보급으로 18세기 후반 미국에는 왓츠의 찬송이 널리 확산되었다. 미국의 여러 교파들은 왓츠의 찬송가의 영향을 광범하게 받았다.[36]

1776년 독립전쟁으로 미국이 영국에서 완전하게 독립한 후 19세기가 되면서 새로운 형태의 각성운동이 나타났다. 청교도들이 중심이 된 조나단 에드워즈의 대각성운동에 이어 더욱 대중적 부흥운동으로 전개되었다. 2차 대각성운

---

33) 앞의 책, 117-119.

34) 앞의 책, 163-164.

35) 앞의 책, 163-166.

36) 앞의 책, 169-170. 언더우드의 『찬양가』에도 왓츠의 찬송아 가장 많이 수록되어 있다.

동은 진정한 의미에서 대중운동이었고 대중들이 사회적 주체로 전환되는 중요한 전환기였다.

미국의 기독교가 국내와 세계 선교에서 크게 활용하였던 소책자들은 2차 대각성운동의 산물이었다. 출판문화가 엘리트 중심에서 대중 중심으로 전환되었고, 기독교 음악 역시 전형적인 교회 음악을 대신하여 진정한 미국적 기독교 음악인 가스펠이 출현하였다.[37)]

미국의 2차 부흥운동은 새로운 찬송가를 탄생시켰다. 2차 대각성 운동은 서부 개척의 신호탄이기도 하였고, 이 운동은 1차 대각성이 초기 동부의 식민지에서 벌어진 것과 달리 서부로 향해 뻗어나갔다. 서부는 교회당이 없었고 대부분의 집회가 캠프 미팅으로 진행되었다. 산과 들에 캠프를 만들고 설교, 기도, 찬송과 교제를 나누었다. 열광적인 캠프 미팅은 열광적인 찬송을 낳았다.

전 세기 1차 대각성 설교자들이 청교도의 학식이 풍부한 설교자였다면, 2차 대각성 운동의 설교자들은 대중적 설교자들 있었다. 이들은 천국과 지옥을 설교하고 회개를 외쳤고, 메시지는 간결하고 명확하였다. 캠프 미팅의 찬송 역시 명확하고 간결하여야 했다. 내용은 대중집회의 특성에 따라 죄인의 즉각적 회개와 구원에 관련되었다. 음악의 구조는 발라드 형식의 음악이 사용되었고, 곡조는 대부분 민요조이고, 반드시 후렴과 합창이 포함되었다. 이전에 사용되었던 노래들도 부흥집회에서는 후렴이 덧붙여졌다. 악기를 사용하기 어려운 여건으로 인해서 찬송가는 악보 없이 가사만 수록되었다.

캠프 미팅이 서부와 남부로 확산되면서 지역의 민속음악과 결합한 찬송가들이 출현하였다. 이들 민속찬송은 왓츠, 웨슬리, 뉴턴의 가사를 사용했지만 회개와 심판을 강조하는 민속가사를 사용하기도 하였다. 남부의 민속찬송은 단

---

37) Nathan O. Hatch, *The Democratization of American Christianity,* (New Haven: Yale University Press, 1989), 146-147.

조와 가스펠음계[38]를 사용하였다.

2차 대각성운동이 최고조에 이를 때 나타난 찰스 피니(Charles Finney)의 부흥운동에서도 찬송가가 사용되었고, 그의 동료 조슈아 리비트(Joshua Leavitt)는 『복음 찬송가』(*The Christian Lyre*, 1831)를 출간하기도 하였다.

19세기 부흥운동은 교세의 급격한 성장을 가져왔다. 그 결과 여러 교파들이 조직되었다. 이들 신생 미국의 교파들은 국내 선교회와 국외 선교회를 조직하였다. 또한 부흥운동의 결실로 주일학교운동이 확산되었다. 이에 따라 각 교파들에서는 교파별 찬송가의 제작을 서둘러 교파별 찬송가들이 활발하게 출간되었다.[39] 1840년 이후부터는 주일학교 노래들이 많이 나타났고, 1851년에는 YMCA에서 출간한 청년을 위한 찬송가들도 나타나기 시작하였다.

19세기 후반 미국 찬송가에 영향을 준 사람 중 하나는 무디(D. L. Moody)와 함께 사역한 생키(Ira D. Sankey, 1840-1908)였다. 무디는 캠프 미팅에서 부르는 노래와 다른 대도시 집회에 맞는 노래를 원하였고, 생키는 이 요구에 부응하는 노래들 만들어 내었다. 그 찬송들은 1873년 영국에서 *Sacred Songs and Solos*라는 제목으로 출간하였다. 이 책은 1923년까지 8천만부가 판매되었다. 생키는 이후 블리스(Phillp P. Bliss, 1838-1876)와 함께 복음성가집(*Gospel Hymns*)을 출간하였다. 이 복음성가집은 1874년부터 1891년까지 전체 6권으로 출간되었다. 이 복음성가집도 5 천 만부 이상 판매되었다.[40]

복음성가는 대중들에게 호소력이 있고 전도의 목적으로 대중 집회에서 효과적으로 사용되었다. 기독교인의 신앙 체험과 구원에 대한 가장 간결하고 쉬운 가사는 지성보다 감성에 호소하여 쉽게 수용되었다. 그러나 복음성가는 문학성이 약하고 기독교의 교리보다 감상적인 가사들로서 대중 집회에는 사용

38) 몇 음이 빠진 음계.

39) 앞의 책, 176-177.

40) 앞의 책, 178-180.

하기 용이하지만, 예배에는 사용하기 적절하지 못한 것이 많았다. 복음성가는 교육받은 계층보다 대중에게 적합한 음악이었다.[41]

언더우드의 『찬양가』는 모두 117곡이다. 이 『찬양가』를 가사로, 곡조로 그리고 작곡자별로 구분하면 흥미로운 결과가 나타난다. 『찬양가』의 가사는 영국 것이 75편, 미국 것이 26편, 한국 것이 9편 그리고 불명확한 것이 4편이다. 작사자는 19세기 영국의 찬송가 작가인 아이작 왓츠의 것이 13편, 찰스 웨슬리의 것이 7편 그리고 성공회 신부 존 뉴턴(John Newton, 1725-1807)의[42] 것이 4편이고, 미국 작가인 블리스의 것이 5편, 그 외 10편이 영국인 작사가의 작품이다.[43]

가사가 압도적으로 영국의 것이 많았던 것과 달리 곡조는 반복된 것을 제외한 전체 88곡 중 미국 것이 80%를 차지하고, 영국 것이 20%를 차지하고 있어서 가사와는 대조적인 모습을 보여주고 있다. 언더우드의 『찬양가』는 18세기와 19세기 동안 영국과 미국에서 발달한 찬송가들을 취합하여 가사는 영국 것을 중심으로 곡조는 미국 것을 중심으로 편집하여 편찬하였다.

---

41) 앞의 책, 181-182.

42) 존 뉴턴은 노예 상인이었다가 감리교운동으로 회심하고 성공회 신부가 되어 영국의 하원의원 윌리엄 윌버포스(William Wilberforce, 1759-1833)를 도와 영국의 노예제도를 폐지하는데 앞장섰다. 그의 노래 Amazing Grace는 널리 알려진 찬송가 중 하나이다.

43) 조숙자, 『한국 최초의 악보 찬송가 「찬양가」 (1894) 연구 자료집』, 8-9.

III. 천주가사와 『찬양가』

천주가사(天主歌辭)는 천주교인들이 지은 3·4조 또는 4·4조의 음보(音步)의 연속체의 가사를 지칭한다.[44] 천주가사는 천주찬가 혹은 천주교 성가 등으로 불리기도 하였다. 천주가사는 18세기 천주교가 도입된 후 만들어지기 시작하여 개화기시대의 창가(唱歌) 형식까지 수용하면서 긴 시간을 두고 발전하였다.[45]

천주가사는 초기 천주교회 지도자들인 권철신과 정약종 등이 1779년 경기도 인근의 천진암과 주어사에서 강학회를 시행하던 무렵부터 등장한 것으로 알려지고 있다.[46] 전통적 가사문학의 형식에 천주교의 신앙과 교리를 담아 표현하기 시작한 것이 그 효시였다. 천주가사는 순한글로 되어 있어 가사의 수요 대상이 일반 민중들이었음을 짐작케 한다. 천주가사는 한글로 표현하기 가장 쉬운 방법과 구조를 채택하였다.

조선의 가사는 원래 조선의 전통적 미학을 반영한 자연예찬이 주를 이루었다. 그러나 천주교인들은 가사문학에 천주교회의 교리를 덧입혀 대중의 종교학습에 전용하였다. 대표적인 것이 최초의 천주가사로 알려진 '십계명가' 그리고 이벽이 만든 '천주공경가' 등이 대표적으로 알려져 있다. 전통적 유교에 속한 인사들이었던 초기 한국 천주교 지도자들은 천주교회의 교리를 전통적 유교의 사상에 변증하려는 시도를 포함하고 있었다.[47]

---

44) 강순조, "天主歌辭의 表現技法과 意識에 관한 硏究," (미간행석사학위논문: 동국대학교교육대학원, 1996), 1.

45) 이경민, "天主歌辭 硏究," (미간행박사학위논문: 전남대학교, 1997), 1-2.

46) 한국교회사연구소, 『한국천주교회사 1』, (서울: 한국교회사연구소, 2015), 251-254; 강유식, "언더우드의 『찬양가』에 관한 연구," (미간행석사학위논문: 장로회신학대학교, 2000), 4-5.

47) 정약종의 『주교요지』와 정하상의 『상재상서』 등이 초기 천주교회의 대표적 변증서로서 천주가사는 초기 천주교회의 이러한 역사적 정황을 반영하고 있다.

이벽의 '천주공경가'는 총 16 1/2 행으로 구성되어 있다. 전행은 4·4조 음보이고 마지막 음절만이 4·2 음보로 절반으로 십계명가와 동일하게 절반으로 구성되어 있다. 그 구조는 정연하고 내용은 세인들의 천주교 교리 비판에 대응하는 내용으로 일관되어 있다. 첫 행은 서사(序詞)로 초대의 글이며 2단부터 본사(本詞)로 끝까지 구성된다. 각 단은 교리의 내용, 교리 내용의 간단한 요약 그리고 교리의 결과로 되어 있다. 유교사회였던 조선은 효와 충의 가치를 그 근간으로 조직된 사회였다. 천주교회는 여기에 은유적으로 가정이 부모를 나라가 임금을 중심으로 구성된 것처럼 세계는 천주와 인간 천주와 피조물의 관계로 구성되어 있다는 천주교의 세계관을 설파하였다. 그리고 천주교회의 교리인 천주의 심판과 천국과 지옥의 교설을 논증하고 있다.[48]

천주가사에 등장하는 천주교회의 신학사상들은 천주의 존재와 인간이 영혼을 가진 존재라는 점을 들어 인간의 존엄성을 표현하였다. 인간의 존재를 천주의 형상과 연관지어 인간을 만물의 영장이며 여기에서 연역된 인간의 존엄성을 표현하였다.

'사향가'와 같은 천주가사는 인간의 본원적 존재의 터전이 이 세상이 아니라 사후의 영원한 세계라는 것을 표현한다. 현세의 무상을 지적하고 영원한 존재는 사후의 내세에 있음을 본향으로 표현하기도 하였다.[49] 따라서 현세의 삶은 영원한 천국을 위한 연단과 준비의 세계로 간주하고 단 한 번의 천국을 위한 생의 준비의 필요성을 노래하였다.

천주가사는 교회론을 포함하기도 하였다. 전통적으로 가족과 혈족 중심의 사회를 구성하였던 조선사회에 교회를 혈연공동체를 넘어선 신앙공동체로서의 사회적 집단을 도입하고 소개하였다. '세속에 없던 부모 여기 오니 새로있고, 세속에 없던 형제 여기오니 새로있고, 세속에 없던 친구 여기오니 허다하다'는

---

48) 이경민, "天主歌辭 硏究," 54.

49) 강유식, "언더우드의 『찬양가』에 관한 연구," 9.

천주가사는 신앙공동체로서의 교회가 가능하고 실재함을 노래하고 있다.[50)]

서학(西學)이라는 형식으로 도입된 천주교회의 신앙을 새롭게 배우자는 개화사상적인 선교신학도 나타나고 있다. '우물밑의 개구리가 하늘 큰줄 어찌알며, 밭도랑의 노는 고기 바다큰 줄 어찌 알랴/... 중략 / 외국도라 배척하면 외국문자 어찌쓰노 원근지방 의론말고 옳으면은 쫓나니라'는 가사는 외국의 종교와 사상이라는 이유로 배척하지 말고 그것에 진리가 포함되어 있으면 따라야한다는 천주교회의 선교신학을 옹호하는 것을 볼 수 있다. 천주가사의 내용 신앙고백적 노래로서 교리 변증, 참회, 종말론적 희망, 교회론과 선교신학 등 다양한 내용을 포함하여 천주교 신앙의 변증과 포교를 목적으로 만들어지고 사용되었다.

타종교에 대한 평가도 천주가사에 나타난다. '천주공경가'에는 불교와 유교에 대한 언급이 나타난다. 그러나 불교에 대해서는 배척하고 유교에 대해서는 긍정적 태도를 보이는 것을 알 수 있다. '부모의게 효됴하고 임군에게 충성하네 숨강오륜 지켜가ᄌ 텬쥬공경 읏뜸일세/... 중략 / 텬쥬잇다 알고서도 불ᄉ공경 ᄒ지마쇼'.[51)]이 가사는 삼강오륜이 천주교회와 상통하는 윤리라고 주장한다. 반면 불교에 대해서는 적대적인 태도를 보이는 전형적인 변증신학의 입장을 취하고 있다. 이러한 태도는 정약종과 정하상 등 당시 천주교 변증가의 저술과 동일한 입장을 보여주고 있으며, 전형적인 보유론(補儒論)적 선교의 태도를 보여준다.[52)]

천주가사는 민요의 영향을 많이 받았다. 또한 천주가사는 반주 없는 성악곡

50) 이경민, 앞의 논문, 10-11. '피악수선가'

51) '천주공경가' 중 발췌.

52) 고대의 변증가 순교자 저스틴의 변증논리도 동일하며 조선 천주교회는 예수회의 영향으로 보유론적 입장을 유지하다가 프란체스코회가 등장하면서 보수적으로 선회하여 유교의 전통을 배척하게 된다.

으로 낭송조의 신앙고백이었다. 단순하고 내면성을 가진 음악이었고 전통 조선의 음악 중에서 민요, 염불의 낭송조의 영향을 많이 받은 것으로 알려져 있다. 18세기부터 만들어지기 시작한 천주가사는 개화기까지 제작되어 211편의 가사가 발굴되어 소개되었다.[53)]

천주가사가 조선의 전통음악과 천주교회의 신앙과 교리를 결합한 토착화된 종교음악이었듯이 불교와 동학에서도 이와 유사한 가사 종교음악이 발생하였다. 불교가사인 '회심가' 또는 '회심곡'은 가사를 통해 전달하려던 불교 음악의 형식이었다. 불교는 이미 삼국시대 이후 한국에서 널리 유포된 종교였기 때문에 불교의 교리를 가사 형식으로 표현한 작품이 여러 형태로 존재하였다.[54)]

'회심가'의 구조는 천주가사에 많은 영향을 주었다. 회심가의 구조는 도입부에서 불교적 이상을 소개하고 세속에 대한 비판과 염불을 통한 극복을 제시하였다. 천주가사는 구조적으로 세속의 생활을 비판하고 천주교의 교리를 제시한다는 점에서 불교가사의 영향을 많이 받았다고 추론할 수 있다.

개화기 신 민족종교 동학에서도 가사를 차용하여 종교적 신앙이나 포교 활동에 이용하였다. 최재우가 만든 『용담유사』는 1860년부터 1863년 사이에 쓰인 것으로 8편의 가사가 포함된 작품집이다. 이 동학가사는 조선의 가사문학의 형식을 사용하였고, 천주가사가 사용하던 설득전략과 포교전략을 차용 또는 변용하여 동학의 포교 목적에 맞게 사용한 것이었다.[55)]

천주교회의 천주가사와 언더우드의 『찬양가』에는 역사적 연속성이 없다. 언더우드는 천주교회의 천주가사를 인지한 바가 없었고 따라서 그 형식을 차용하지 않았다. 언더우드는 음악적으로는 영국과 미국의 개신교 찬송가를 그

---

53) 이경민, "天主歌辭 硏究," 203.

54) 조원형, "천주가사에 대한 텍스트언어학적 연구," (미간행박사학위논문: 서울대학교, 2009), 154.

55) 앞의 논문, 161-163.

대로 도입하여 한국의 전통음악을 이은 천주가사와는 전혀 다른 음악 체계를 소개하였다.

반면 가사에 있어서는 천주가사나 불교의 회심가 동학가사처럼 교리적 선교적 목적을 위해 가사를 소개하였다. 다수의 가사는 영국의 근대 찬송가 가사를 한국어로 번역하여 천주가사가 한국 문학적 전통에서 유래된 것과도 대조가 된다. 그러나 그는 모두 9편의 한국인 가사를 『찬양가』에 수록하여 한국인의 신앙고백을 담음으로써 찬송가 가사의 토착화를 시도하여 한국 음악의 가능성의 길을 열었다.

천주가사의 4·4 조는 언더우드의 『찬양가』의 4·4조와 유사한 구조를 보여준다. 이는 원래 영어 찬송가의 8·8 조의 가사를 한국어로 번역하는 과정에서 맞추려는 시도에서 비롯하였을 것으로 추정된다. 그러나 4·4조는 가장 보편적인 리듬으로서 천주가사와 『찬양가』의 음조가 동일한 형식으로 나타나 한국어의 전통 음조가 『찬양가』에도 동일하게 나타난 것으로 보아야 할 것이다. 이것은 한국어를 근때 기독교 찬송가에 맞추는데서 나오는 불가피한 현상이었다.

IV. 『찬미가』와 『찬양가』

악보 찬송가로서 언더우드의 『찬양가』는 최초의 것이지만 최초의 개신교 찬송가로서는 감리회에서 발간한 『찬미가』가 있었다. 『찬미가』는 내한 감리교회 선교선들이 사용하던 한글 번역 찬송가 27편을 모아 1892년에 출간된 것이다. 『찬미가』는 1892년에 27편 1895년에 81편 1897년에 90편 1900년에 176편 1902년에 205편 그리고 최종판이 1905년 183편으로 출간되었다.[56)]

당시의 감리회 선교부(The Korea Mission of the Methodist Episcopal Church)에서는 존스(G. H. Jones)목사와 로드와일러(L. C. Rothweiler)양이 번역하였고 출간비용은 미국의 뉴욕 로체스터의 애즈베리 감리회의 한국 선교를 위한 소녀 속회에서 후원하여 시행되었다. 그러나 『찬미가』의 초판은 현존하지 않고 있어 그 내용은 파악할 수 없다.

1895년에 18곡을 수록한 『찬미가』 두 번째 판이 간행되었다. 첫 번째 판 『찬미가』가 발간 된 후 감리회 선교부에서는 존스 목사가 그리고 장로회 선교부에서는 사무엘 마펫 목사가 각각 지명되어 찬송가 번역 책임자가 되었다. 그래서 약 선교부가 공통으로 사용하는 50곡을 선정하여 번역하였다.[57)] 조숙자는 이 중 25곡이 언더우드의 번역으로 확인하였다.[58)]

---

56) 조숙자, "한국 최초의 감리교 찬송가 『찬미가』 연구," 「장신논단」 vol. 17. (2001), 484.

57) 조숙자, '찬양가 영어서문', 『한국 최초의 악보 찬송가 「찬양가」(1894) 연구 자료집』, 288.

58) 다음의 도표 '언더우드 번역 찬송가' 참조.

<표1> 언더우드 번역 찬송가

찬양가(1894) 장 수	찬미가 (1895) 장 수	찬셩시(1898)
47		66
3		68
32	21	
18		14
34	23	
15		5
91	56	
79		13
103	52	
19		15
96	73	
23	67	
24	66	
56	14	52
81		9
25	65	35
109		
11	58	
9		24, 25
83		29
69		23
88	61	31
82	50	28
64	22	21
10		67

언더우드가 번역한 찬송가 곡들 중 『찬양가』에 수록된 것이 25곡이고, 이중에 감리회의 『찬미가』에 수록된 곡이 13곡이다. 1898년 간행되어 언더우드의 『찬양가』를 완전히 대체하게 된 『찬셩시』에는 언더우드가 번역한 곡이 모두

17곡이다. 찬송가 번역과 사용에 있어 초기 언더우드의 역할의 크기를 짐작 할 수 있다. 1892년 초판 『찬미가』가 출간 된 후 1894년 『찬양가』와 1895년 『찬미가』 2판이 간행되기 전에 50편의 찬송가가 장로회와 감리회 선교사들에 찬송가가 번역되어 있었고, 그 곡의 총수는 50곡 이었다. 언더우드는 여기에 새로 60여 편을 덧붙여 『찬양가』를 출간하였던 것이고, 감리회는 여기에 30여 곡을 추가하여 『찬미가』를 간행하였을 것으로 추정 할 수 있다.[59)]

『찬미가』를 발간한 감리회 선교부는 이렇듯 지난한 찬송가 발행의 어려움을 토로하기도 하였다. 결국 자신들의 찬송가는 한국교회 자신의 서정 시인이 나올 때까지 교량 역할에 불과하다고 입장을 밝혔다.[60)]

> 번역으로 적절하고 가납될 찬송가가 나타날 수 있겠는가.
> 그럴 수 없다. 한 찬송가의 번역을 가지고 줄곧 며칠 째
> 골치를 앓고 애쓰고, 겨우 한 줄 정도 해놓고 불완에 끝인
> 경험을 다하고 나서, 우리는 한 결론에 도달하였다. 곧
> 이 한국 사람들 틈에서 그들 마음 그대로 솟구치는 가락
> 으로 노래할, 그들 자신의 찬송가 작곡 작사자들이 나와야
> 하겠다는 그런 다짐이었다.[61)]

『찬미가』의 번역자들은 노블 부인, 존스 부인, 도티 양, 스크랜턴 박사, 로

---

59) 조숙자는 1895년 간행 『찬미가』에서 언더우드의 『찬양가』와 중복되는 찬송을 제외하여 감리회 선교사들이 번역한 『찬미가』 초판 수록곡 목록을 추적하여 정리하였다. 조숙자, "한국 최초의 감리교 찬송가 『찬미가』 연구," 496-502.

60) 민경배, 『한국교회찬송가사』, (서울: 연세대학교 출판부, 1997), 27.

61) Preface, 『찬미가』, (경성: 미감리회, 1895), 1.

스와일러 양 그리고 존스 목사 등이었다.[62] 미감리회 선교부는 찬송가위원회(Hymn Book Committee)를 조직하여 찬송가 편찬 작업의 책임을 부여하였다. 1896년에는 존스 목사, 로스와일러 양, 그리고 벙커 선교사가 위원이었고 이후 1903년 남감리회와 위원회를 통합하기 까지는 존스 목사와 로스와일러 양이 위원회를 구성하였다.[63] 1903년 미감리회선교부 연회는 미남감리회 선교부에 찬송가 위원 파송을 요청하였고 그해에 미감리회의 존스, 베크, 스웨리 선교사와 남감리회의 하디와 하운셀이 각각 찬송가 위원으로 파견되어 1904년의 『찬미가』는 양 선교부 합동으로 간행하게 되었다.[64]

감리회 선교부에서는 한국인들이 선호하는 찬송가를 조사하여 이를 다음 찬미가를 발행하는데 적극적으로 반영하였다.[65] 『찬미가』에는 한국인 가사도 점차로 증가하게 되었다. 1895년 판에는 한국인의 찬송가가 세 곡 수록되어 있었다.[66] 53장은 익명의 한국인 여성이라고 되어있고, 42장과 72장의 작사자의 이름은 나타나고 있지 않다. 이 찬송가는 원래 언더우드의 『찬양가』에도 수록되어 있었던 것이었다.

42장 세샹사름 죄악만하

53장 예수의 놉흔 일흠이

72장 우리 비록 눈ᄒᆞ나

---

62) 조숙자, "한국 최초의 감리교 찬송가 『찬미가』 연구," 494.

63) 문옥배, 『한국찬송가 100년사』, (서울: 예솔, 2002), 43.

64) 앞의 책, 66.

65) 조숙자, "한국 최초의 감리교 찬송가 『찬미가』 연구," 495; 감리교 발행, 「대한 그리스도인 회보」 1898년 7월 6일 자로 감리교인은 자신의 선호 찬송가 10곡 씩을 신문사로 보내 달라고 광고 하였고, 정동, 평양, 달성교회 교우 총 100명이 응답하여 한국인의 찬송가 선호도를 조사하였다.

66) 『찬미가』의 42, 53, 72장. 문옥배, 『한국찬송가 100년사』, 50.

그러나 1897년 판에는 한국인 찬송가가 배재학당 학생의 것과 이화학당 학생이 작사 작곡한 것 등 두곡이 늘어났다.

87장 우리 죄악 심듕ᄒᆞ야

89장 유태국에 나신 구쥬

1900년도 판 『찬미가』에는 모두 6곡의 한국인이 자가한 찬송가가 기재되어 있다.

26장 유태국에 나신 구쥬 (이화학당)

28장 벳네햄에 나신 예수 (이화학당)

61장 예수의 놉흔 일흠이 (한국여성)

71장 우리 죄악 심즁ᄒᆞ여 (배재학당)

93장 우리 비록 눈ᄒᆞ나 (미상)

129장 이 셰상에 쥰ᄆᆞᆼ들은 (미상)

『찬미가』에 수록된 곡들은 미국 본국에서 사용되는 *Methodist Hymnal*과 19세기 미국의 대표적 복음찬송가집인 *Gospel Hymns*가 주로 사용되었다. 그 외에 언더우드의 『찬양가』 그리고 미국 감리회 청년 찬송가집인 *Epworth Hymnal*, 외에 19세기 미국 부흥성가 노래집인 *Finest of the Wheat, Franklin Square Coll* 등에서도 일부 차용하였다. 1895년도 판에 수록된 찬송가집의 곡수는 아래와 같다.[67]

Methodist Hymnal (57곡)

---

67) 앞의 책, 60.

Gospel Hymns (14곡)

『찬양가』 (5곡)

Epworth Hymnal (1곡)

Franklin Square Coll (1곡)

『찬미가』의 편집에 있어서 이러한 경향은 거의 유사한 비율로 이후 판을 거듭하는 과정에서도 반복된다.

『찬미가』의 초판은 악보가 수록되지 않아 큰 글씨로 벽에 걸어 읽고 부르는 데 사용되었을 것으로 추측된다. 2년 후 언더우드의 『찬양가』는 악보를 포함한 최초의 찬송가로서 서구 교회음악이 본격적으로 형식과 체계를 갖추고 한국에 소개된 찬송가가 된다.

『찬미가』와 『찬양가』는 번역된 가사를 많은 비중으로 공유하였다. 특히 두 찬송가는 한국인 작사 찬송가를 소개하는 데에도 주의를 기울였다. 그러나 곡조에 있어서는 감리회 찬송가인 『찬미가』는 미국 감리회 찬송가인 *Methodist Hymnal*에서 압도적으로 많은 곡을 채용하였다. 언더우드의 찬양가 역시 곡조에 있어서는 장로교인의 정체성에 따라 미국 남부의 장로회 찬송가인 *New Laudes Domini*에서 가장 많은 비중으로 곡조를 채용하였다. 이는 찬송가가 각 교파의 예배에 사용되는 중에 교파의 예전에 사용된다는 점에서 자 교회의 곡조를 높은 비중으로 사용하게 한 동기라고 추측된다.

한국인 찬송가가 초기부터 나타나기 시작하였다는 것은 개신교 찬송가가 초기부터 한국문화에 대한 높은 적응화를 보여줄 뿐 아니라, 자신들의 신앙 감정과 고백을 표현하기 시작하였다는 점에서 가사를 통한 토착화(inculturation)가 빠르게 진행되었음을 보여 준다고 평가할 수 있다.

V. 『찬양가』의 발간 과정과 한국 음악사에서 위치

1. 『찬양가』 발간에서 촉발된 선교사의 갈등

한국에 선교사들이 공식적으로 입국하기 전에도 만주 지역에서 세례를 받고 들어 온 이들이 있었다. 초기 한국교회는 이들 중국에서 입교한 이들과 입국한 선교사들에 의해서 세례를 받고 신앙생활을 하던 이들이 혼재하여 있었다. 선교사들이 입국한 후에도 성서번역과 찬송가 보급에는 상당한 시간이 걸렸기 때문에 그 기간 동안에는 중국어 찬송가들을 부르고 있었다.

한국인 최초의 세례교인 중 한 사람인 백홍준의 딸 백관성은 그의 부친이 '예수 사랑하심'을 '주 야소 아이 워(主 耶蘇 愛 余)'라고 부르는 것을 들었다고 회고하였다.[68] 이 기간 동안 중국 찬송가를 부른 것은 한국어와 많은 차이가 나서 그 의미를 파악하기가 어려웠다. 1931년 『신정찬송가』의 편찬자인 아펜젤러(H. D. Appenzeller, 亞扁薛羅 1889-1953)는 초기에 부르던 찬송가들에 대해 이렇게 말하였다.

> 죠선 교회에서 처음에는 지나 찬미에서 얼마를 써 보았으나
> 한문에서 너무 흘러 부르나 그 뜻을 알 수 업섯스며[69]

찬송가 편찬에 참여하였던 미국북장로회 선교사 밀러도 "처음 찬송가의 대부분은 중국 찬송가를 번역, 또는 자역한 것이었기 때문에 한국 문인들조차도

---

68) 이중태, 『한국 교회음악사』 (서울: 예찬사, 1979), 13.

69) H. D. Appenzeller, "셔문," 『신정찬숑가』 (경성: 조선예수교서회, 1931), 1판 ; 문옥배, 『한국교회음악 수용사』 , (서울: 예솔, 2004), 39에서 재인용.

그 원문보다 이해하기 힘든 그런 중국식 말들로 차 있었다." 고 초기 중국 찬송가를 빌려 쓴 한국 찬송가의 어려운 상황을 동일한 관점에서 보여 주었다.[70] 밀러는 특히 한국어가 중국어와 달리 성조가 없어 운율에 익숙하지 않고 약강조에 대한 이해도 없었던 것이 난관이었다고 하였던 것이다.

『찬양가』를 간행한 언더우드 역시 찬송가 번역의 고충을 털어놓았다. 언더우드는 이 『찬양가』가 외국곡을 조선말로 번역하여 곡조를 맞추는 등 작업을 거쳐서 한 권의 책으로 출간되었으나, 한 사람이 모두 번역한 것이 아니라 여럿이 번역한 것이라고 밝히고 있다. 또한 곡조를 맞게 하려고 하나 번역상의 음절의의 수가 한정되어 있고, 자음은 고하청탁이 있어 한글 문자의 고음과 저음에 오류가 있으면 이후에 수정을 가하여야 할 것이라고 밝힌 바가 있다.[71] 이처럼 초기 찬송가의 번역은 두 이질적 문화 사이에서 번역을 한다는 것이 보여주는 많은 난관을 보여주고 있었다.

그러나 기독교 예배에서 음악은 절대로 빠질 수 없는 필수 불가결한 것이었고 따라서 입국한 선교사들이 어떤 형태이든 찬송가 편찬을 시도하게 된 것은 선교현장의 요구에 따른 것이었다. 언더우드는 1890년 여름부터 찬송가의 필요성을 느껴 그 편찬에 힘을 쏟기 시작하였다.[72] 그러나 미국으로 귀환할 일이 생겨 찬송가 사업의 진척이 거의 이루어지지 않았다.

선교부는 장로회와 감리회 연합의 찬송가를 편찬하기 위해 감리교의 존스 목사와 장로회의 언더우드에게 임무를 부여하였다. 그런데 이 기간 동안 형편이 여의치 않아 찬송가의 출간이 지체되었고, 언더우드는 1894년 독자적인 찬송가로 『찬양가』를 편찬하여 출간하게 되었다. 전체 117곡으로 언더우드는 이

---

70) F. S. Miller, "Early Korean Hymnology," The Korea Mission Field, vol. XXVI. No. 9. (1930), 189. 문옥배, 『한국교회음악 수용사』, 40.

71) 『찬양가』의 한글 서문 참조.

72) 민경배, 『한국교회찬송가사』, (서울: 연세대학교 출판부, 1997), 30.

미 감리회에서 출간한 『찬미가』에서 사용된 27곡 외에 약 50여 편을 추가하였고, 전체 곡중 언더우드의 곡은 26곡에 이를 정도로 그는 찬송가 발간에 열정을 쏟아부었다.

그런데 원래 장·감 양 선교회가 합동으로 출간하기로 하였던 찬송가를 언더우드 단독으로 출간하면서 다른 선교사들의 반발에 직면하게 되었다.[73] 결국 언더우드의 『찬양가』는 공식적으로 사용될 수 없었다. 연합 찬송가가 발행될 때까지 일부 조건 하에서 사용이 승인되었다. 심지어 장로회에서도 논란을 방지하기 위하여 『찬양가』의 공식적 사용을 허락하지 않았다.

또 다른 문제는 하나님의 칭호 문제였다. 당시 일본이나 중국의 개신교나 한국의 로마 가톨릭 및 성공회에서는 하나님이라는 칭호가 한국 재래의 것이라고 하여 '여호와'라는 신명을 사용하는데 동의하고 있었고, 언더우드 역시 여기에 동조하고 있었다. 그러나 국내의 장로회 감리회 선교부는 '하나님'을 올바른 칭호로 여기고 있었다.[74]

언더우드는 자신의 『찬양가』에서 신명을 모두 '여호와' 또는 '아버지'로 표기하여 간행하였다. 더러 '샹뎨' 혹은 '하놀의 아버지' '샹쥬'라는 칭호는 사용하였으나, '하나님'이라는 용어는 사용하지 않았다.

언더우드는 1890년부터 1891년까지 약 1년간에 걸쳐 성경 번역 사업에 몰두하고 있었다. 한국어 학습을 위한 문법과 사전을 만드는 작업을 마치고 언더우드는 감리회의 스크랜튼 의사와 함께 신약성서 번역 위원 2인으로 선정되어 작업을 진행하고 있었고, 그 둘은 매일 5시간씩 공동 작업을 진행하고 있었

---

73) L. H. Underwood, *Underwood of Korea*, (New York: Fleming H. Revell, 1918), 123.

74) L. H. Underwood, *Fifteen Years among the Top-Knots, or Life in Korea*, (New York: American Tract Society, 1904), 104. 이하.

다.[75] 그는 공동 작업이 없는 시간에는 복음적 소책자들을 번역하는데 치중하였다. 이후 언더우드 부부는 1891년 5월 무렵에 미국으로 건너갔다.

언더우드 부부는 약 2년간의 미국에서 체류를 끝내고 1893년 5월에 선교지인 한국에 다시 귀환하였다.[76] 언더우드는 자신이 해외에 체류하는 동안 찬송가 사업이 전혀 진척되고 있지 않았던 것을 알게 되었다. 그는 미국으로 떠나기 전에 자신이 제작한 찬송가 소책자를 위원회에 건네주었었다. 그런데 찬송가는 여전히 출판되지 않고 있었던 것이다.[77]

언더우드는 족자에 적어 부르는 찬송가에 대해 만족을 느끼지 못하였고 책자로 나온 찬송가가 필요하다고 확신하고 있었다. 귀국 후 언더우드는 장로회를 대표하여 감리회 장로회 합동 찬송가 위원회 위원으로 활동해달라는 마렛의 권유를 수용하였다. 그리고 감리회의 찬송가 위원이 중국에 출타 중이라는 이유로 찬송가 출판을 더 미룰 수 없다고 판단하여 출판을 서둘렀던 것이다.

그 과정에서 곧 바로 『찬양가』의 신명 호칭 문제가 대두 되었다. 언더우드 자신의 이 문제에 대한 입장에는 변화가 있었다. 먼저 그는 처음 한국에 왔을 때 '하ᄂᆞ님' 칭호를 받아들였다. 그러나 언더우드는 1890년 이전에 이미 '하ᄂᆞ님' 용어 사용을 포기하였다. 언더우드는 신의 호칭 문제로 치열한 논쟁이 진행 중이어서 이 논쟁을 피할 수 있는 성서적 용어를 선택하여 사용하였다. 그것은 '주' '천부' '전능 하신 주' 그리고 신의 이름인 '여호와' 만을 고심 끝에 선택하여 사용하였다.[78]

언더우드는 가능한 논쟁을 피하며 찬송가 번역에 몰입하였다. 그가 추진한

---

75) 이만열·옥성득 편역, "언더우드가 엘린우드에게 보낸 서신 -1891년 2월 27일 부산," 『언더우드 자료집 1』, (서울: 연세대학교 출판부, 2005), 247.

76) 앞의 책 2권 "언더우드가 엘린우드에게 보낸 서신-1893년 6월 8일," 4.

77) 앞의 책 "언더우드가 엘리우드에게 보낸 서신-1893년 10월 28일," 14.

78) 15. 언더우드는 '하ᄂᆞ님'이 한국 전통의 천신(天神)으로 유일신과 다르다고 생각하였다.

새 찬송가는 찬송가 전문가인 벙커 선교사의 도움을 받았고 번역도 그 자신이 대부분이 해낸 것이었다. 선교부에 찬송가 출판비가 없어 그는 자비로 찬송가를 출판하여 선교부에 기부하려 하였다. 언더우드는 선교사들에게 찬송가를 소개하였고 선교부는 위원회에 찬송가를 제출하라고 언더우드에게 요청하였다. 위원회는 음악적, 번역상의 문제점은 제기하지 않았다. 다만 언더우드가 이방신의 이름으로 여겨 사용하지 않았던 신명인 '하ᄂᆞ님'이 사용되지 않은 것이 문제가 되었던 것이다.[79]

장로회 선교부는 언더우드를 위원장으로 게일과 마펫과 기포드 부인을 위원으로 선정하여 찬송가 위원회를 새로 구성하였다. 위원들은 개정 찬송가를 위원회의 허락이 없이는 사용할 수 없다는 결정을 내렸다. 언더우드는 반발하였다. 그는 위원회에게 교회의 회중의 과반이 허락한다면 찬송가 사용을 가능하게 할 수 있다는 위원회의 결의를 얻어 내었다. 그리고 계약금을 이미 지불한 것을 근거로 찬송가의 출판 허락도 받아 내었다.[80] 이런 경과를 통해 겨우 『찬양가』는 출판 될 수 있었다.

그러나 대부분의 감리회와 장로회 선교사들은 언더우드의 견해를 끝까지 수용하지 않았다. 양 교회의 찬송가 합동위원회는 언더우드의 『찬양가』가 전년도 회의에서 결의된 내용을 위배하였고, 선교부에서 허락하기 전 찬송가를 출간하려 한 점, 신의 호칭 문제 합의의 미비, 그리고 다른 사람의 번역을 동의 없이 수정한 점을 들어 언더우드의 『찬양가』의 공식적 사용을 거부하였다.[81]

미감리회는 1892년의 『찬미가』를 독립적으로 증보해 발행하기로 결의 하였

79) 언더우드는 자신의 찬송가가 감리회와 장로회 뿐 아니라 천주교와 성공회를 포함한 모든 교회가 사용 할 수 있어야 한다고 보았다. L. H. Underwood, *Underwood of Korea*, 123.

80) 앞의 책, 17.

81) 문옥배, 『한국 찬송가 100년사』, 110.

다. 그리고 1895년 『찬양가』의 117곡에 숫자가 못 미치는 81곡의 『찬미가』 증보판이 서둘러 출간되었다. 여기에서는 언더우드가 사용을 거부 하였던 신의 호칭 '하ᄂᆞ님'이 사용되었다. 언더우드가 사용하였던 '아버지' '여호와'의 칭호는 모두 '하ᄂᆞ님'으로 대체되었다. 감리회와 장로회가 합동으로 발간하려던 찬송가는 결국 양 교단에서 각각 발간하게 되었다. 찬송가로 인한 선교부 및 교단의 불화는 이때부터 시작되었던 것이다.

언더우드의 『찬양가』를 거부한 것은 감리회 뿐 만이 아니었다. 미국 북장로회 선교부는 언더우드의 『찬양가』를 사용하지 않았다. 『찬양가』는 미국 남장로회 선교부, 무어(S. F. Moore, 1846-1906)와 에비슨(O. R. Avison, 1860-1956)이 사역하던 교회, 언더우드가 맡고 있었던 서울과 중부지역의 교회들만이 사용하였다.

미북장로회 선교부는 1895년 찬송가 위원회를 구성하여 새롭게 편찬한 『찬셩시』를 평양에서 출간하였다. 이 『찬셩시』의 54곡은 언더우드 『찬양가』의 117곡에 훨씬 못 미치는 숫자였음에도 서둘러 출간 되었다. 이 『찬셩시』에는 『찬양가』에서 문제가 되었던 '춤신' '하늘의 아바지' '쥬' 등이 '하ᄂᆞ님' '하ᄂᆞ님 아버지'로 대체 되었다.

장로회 내부에서도 찬송가 문제 인한 내부적 갈등이 증폭되었다. 같은 장로회 선교 구역이지만 서북지역은 『찬셩시』를 서울과 남부 지역은 『찬양가』를 각각 사용하였다. 그런 시간이 지난 후 1902년 장로회공의회는 『찬셩시』를 장로회의 공식 찬송가로 승인하였다. 그럼으로써 언더우드의 『찬양가』는 이때부터 비공인 찬송가가 되고 말았던 것이다.[82)]

『찬양가』의 초판은 언더우드에 의하여 1894년에 간행되었다. 이후에도 『찬양가』는 중판을 거듭하였다. 『찬양가』의 서문은 1893년에 쓴 것으로 기록되어 있으나, 표지는 분명하게 출판연도를 1894년으로 밝히고 있다.[83)] 언더우드의

82) 앞의 책, 112.

83) 편집시기가 1893년 그리고 일본에서 출판 기간을 포함하여 1894년에 출판 되었다.

『찬양가』 2판은 1895년에 간행 되었다. 이 두 번째 판부터는 악보가 사라졌다. 수록된 곡은 1판의 117곡에 비해 대폭 늘어난 151곡이었다. 이듬해 출판 된 3판에는 160곡이 그리고 1898년 출판된 4판은 6곡이 늘어난 164곡이 수록되었다. 1900년 마지막으로 출판된 『찬양가』에는 모두 182곡이 수록 되었다.

『찬양가』 초판만이 악보가 기재된 이유는 당시의 대부분의 찬송가의 사용법이 벽걸이 족자의 형태로 사용하였기 때문에 초판 이후에는 악보가 없는 가사만 수록된 찬송가를 간행 하게 되었다. 악보가 수록된 찬송가는 1905년 장로회공의회에서 출간한 장로회 공인 찬송가 9판에 악보 찬송가로 출간 되었고 1907년 12판이 악보 찬송가로 출간되었다.[84] 그만큼 서양음악 또는 서구 교회음악의 도입에서 『찬양가』는 악보를 수록한 최초의 음악으로서 그 가치가 크다 할 수 있다.

장로회와 감리회의 찬송가의 독자적 출간과 사용은 당초의 찬송가 합동이라는 목표로부터 멀어진 것으로 보였다. 동아기독교는 펜윅(M. Fenwick)이 편찬한 『복음찬미』(1899)를 사용하고 있었고 성공회도 독자적 예전을 반영한 『셩회숑가』(1903)를 사용하고 있었다. 열정적 복음주의 교회였던 성결교회도 『복음가』(1907)를 선교 초기부터 독자적으로 사용하고 있었다.

1905년 재한복음주의선교부연합공의회(The General Council of Protestant Evangelical Mission in Korea)가 결성되고, 이 공의회에서 활동하는 선교부는 미국 북장로회와 남장로회, 캐나다장로회와 호주장로회 그리고 미국 북감리회와 남감리회 등 여섯 선교부가 참여하고 있었다. 이들은 감리회의 『찬미가』와 장로회의 『찬셩시』로 분리된 찬송가를 연합하는 것이었다. 공의회는 1905년에 연합 찬송가를 간행할 것을 결의하였고, 찬송가 위원회를 조직하여 마침내 1908년에 장감 합동의 『찬숑가』를 발간하게 되었다.[85]

---

84) 앞의 책, 160.

85) 앞의 책, 327-328.

2. 찬송가 편찬의 사회문화적 영향

조선은 갑오개혁으로 개화를 선언하면서 한문을 써왔던 전통에서 탈피하여 국한문 혼용 정책을 폈다. 국한문 혼용이 일반적이던 이 시대에 개신교 선교부는 한글 전용을 주장하였다. 개신교에서 발간되는 신문, 잡지 및 성서는 한글만을 사용하였다. 1903년 장로회공의회는 성서의 출판은 한글 전용으로 한다는 원칙을 수립하였다.[86]

개신교가 사용한 성서보다 더 중요한 한글 보급의 수단은 찬송가였다. 성서를 읽는 것에 비해 비교적 용이한 찬송 부르기는 대중들에게 호응을 받았다. 기독교 신자들은 성경을 읽기 전에 찬송가집을 먼저 구입하였고, 여성들은 찬송가를 부르면서 한글을 깨치는 상황이 전개되었다. 찬송가는 성서에 앞서 한글 보급의 선발대 역할을 하였다.[87]

『찬숑가』는 1908년부터 1930년까지 모두 43만부 이상이 판매되었다. 다른 교파의 찬송가 판매를 합치면 찬송가는 단행본 중 가장 많이 판매된 책이 될 것으로 추정된다. 이처럼 많은 찬송가의 보급은 한글 보급의 전위대였다. 언더우드의 『찬양가』는 초창기의 한글 보급의 측면에서도 공헌하였다.

찬송가의 보급은 한국에 서양음악의 보급이라는 측면에서도 기여하였다. 개화기 일반학교에서는 창가(唱歌)라는 이름으로 서양음악이 보급되고 있었다. 창가는 메이지시대 일본인들이 수용한 서양음악을 부르는 이름에서 유래한 것으로 개화기에 일반에 널리 수용된 서양음악을 창가라고 불렀다.[88] 1910년까지는 이 창가집을 제외하고 서양악보를 포함한 노래집은 거의 존재하지 않았

86) 한국기독교역사연구소, 『한국기독교의 역사 1』, (서울: 기독교문사, 1995), 221.

87) 문옥배, 『한국 교회음악 수용사』, 53.

88) 이해랑, 『韓國音樂史』, (서울: 대한민국예술원, 1985), 417.

다.[89] 일반인에게 서양음악을 악보까지 포함하여 서양음악을 소개한 것은 찬송가집 밖에 존재하지 않았다. 1930년대에 들어서면서 노래집의 발간이 활발하게 진행되는데 그 이유도 이전의 정부의 창가보급과 더불어 찬송가의 보급 등이 큰 영향을 미쳤다.[90] 왜냐하면 1910년에 이미 개신교계에서는 40종의 찬송가를 출간하고 있었기 때문이었다. 특히 언더우드의 『찬양가』 초판은 한국 최초의 악보 찬송가로서 실질적인 서양 음악 보급의 효시라고 불러도 손색이 없는 중요한 시도라고 평가할 수 있다.

찬송가의 보급은 이후 한국 음악의 경향과 판도를 바꾸는데 중요한 전환점이 되었다. 개신교의 음악에 익숙해진 이들 중에서 1930년대 한국의 창작음악을 만드는 이들이 다수 출현하였기 때문이다. 이들은 박태준, 현제명, 강신명, 등과 같은 인물들로 한국 근대음악을 발전시킨 이들이다.[91]

1930년대 이들의 음악창작 활동이 있기 전에도 찬송가는 여러 형태로 변화되어 대중들의 음악으로 사용되었다. 찬송가는 대중들에게 가장 널리 알려진 음악이었다. 그리고 애국계몽운동이나 사회계몽 운동을 주도인 이들 중에도 개신교인들이 많았기 때문에 그러한 단체들에서 사용되는 노래들에 찬송가들이 사용되었다. 익숙한 곡조에 가사를 바꾸어 부르는 노가바[92]의 형식이 사용되었다.

당시 김인식이 1912년에 발간의 『보통창가집』에는 1908년 『찬숑가』에서 차용한 곡이 네곡이 수록되어 있다. 1914년에 간행된 『최신창가집』에는 『찬숑가』에서 13곡을 차용하여 노가바로 수록하고 있었다. 애국계몽운동이 활발하던

89) 1910년 학부출간의 『普通教育唱歌集』이 최초이다. 문옥배, 『한국 교회음악 수용사』, 57.

90) 김정희, "1930년대 한국 창작음악 문헌연구," (미간행 전문예술사 학위논문, 한국예술종합학교 음악원, 1997) 참고.

91) 앞의 논문, 27-36.

92) 노가바는 노래 가사 바꾸기, 음악적 원어는 Conturafactum이다. 곡조는 바꾸지 않고 가사를 바꾸어 부르는 것을 말한다. 문옥배, 『한국 교회음악 수용사』, 60.

시기에 기독교인들의 참여도 두드러졌다. 그래서 이들이 만든 애국가나 독립가들도 찬송가의 영향을 받아 만들어진 것이 많았다.

『독립신문』의 애국가들이 그런 종류의 것이며, 경술국치 이전에는 충군애국(忠君愛國)적이며 애민애족(愛民愛族)적인 노래들이 많이 출현하였다. 기독교의 하나님 찬양 사상을 인용하여 민족애로 승화시킨 경우가 많았다.

달셩교회 예수교인 [ᄋᆡ국가]

하ᄂᆞ님께 셩심기도 구국태평과 민안락을

....

륙신세상 잇슬때에 국태평이 데일죠타

문경호의 [ᄌᆞ주독립가]

우리나라 위ᄒᆞ랴면 하ᄂᆞ님게 긔도ᄒᆞ야

지혜와 힘을비러 우리나라 도와보세

최병헌의 [독립가]

텬지만물 챵조후에 오쥬구역 텬정이라

....

깃분날 깃분날 대죠선국 독립ᄒᆞᆫ날

이들 노래들은 국한문 혼용체가 아닌 한글 전용으로써 개신교회의 찬송가와 그 맥락을 공유하고 있었다. 이들 독립가, 애국가 등은 가사의 형식, 곡조의 차용 그리고 한글 전용 등에서 개신교 찬송가의 영향을 받아 창작되었던 것이다.[93]

---

93) 앞의 책, 70.

언더우드의 『찬양가』는 최초의 악보 찬송가로서 교회음악의 기초를 놓았다. 그러나 감리회와 장로회 선교부는 이 『찬양가』로 갈등하게 되었고 그 결과 1908년에 이르러서야 연합 찬송가를 발간하게 되었다. 그럼에도 불구하고 『찬양가』 서양 악보를 기재한 최초의 찬송가로서 서양음악 보급의 단초라 할 수 있다. 즉 교회음악의 최초의 한국문화 적응(adaption)의 중요한 기초를 제공하였다고 보인다. 이 『찬양가』의 출간 이후 개신교의 찬송가들이 차례로 출간되었고 이는 한국 근대음악으로 가는 교두보였다.

VI. 『찬양가』의 가사와 번역

『찬양가』에는 영어 가사를 한국어로 번역한 인물이 명시되어 있지 않다. 그러나 언더우드가 엘린우드에게 보낸 서간에는 자신이 작업하는 찬송가의 번역을 본인이 대부분 하였다고 말하고 있다.[94] 그러나 영문 서문에는 『찬미가』(1892)가 발간된 후에 더 크고 새로운 찬송가를 만들기 위해 감리회 존스 목사와 장로교 마펫 목사의 책임하에 양 교파에서 사용하던 찬송가를 모았고, 그중 절반 정도가 언더우드 자신의 번역이라고 하였다. 조숙자는 1895년 판 『찬미가』와 1898년의 『찬셩시』에는 번역자가 있는 것에 착안하여 찬양가가 겹치는 것을 추적한 결과 총 25곡이 언더우드의 번역이라는 것을 확인한 바가 있다[95]. 그중 현대 찬송가까지 사용되는 언더우드의 번역은 『찬양가』 88장의 "예수가 거느리시니"이다. 이 곡은 1983년의 통일찬송가와 가사면에서 거의 차이가 없다.

94) 이만열·옥성득 편역, "언더우드가 엘리우드에게 보낸 서신-1893년 10월 28일."

95) 각주 59번 표 참조.

찬양가 (1894)
예수가 거느리시니
즐겁고 태평하고나
쥬야에 자고 깨는 것
예수가 거느리시네
나를 항상거느리네
친히 나를 거느리네

통일찬송가 (1983)
에수가 거느리시니
즐겁고 평안하구나
주야에 자고 깨는 것
예수가 거느리시네
주날 항상 돌보시고
날 친히 거느리시네

그러나 언더우드가 『찬양가』의 서문에 밝힌 것처럼 한글로 번역된 찬송가에는 어색한 표현이 있을 여지가 늘 남아 있었고 이는 다시 교정되고 개선되어야 한다는 입장을 보였다. 이것은 찬송가를 영어에서 한국어로 번역할때 영어의 구조와 한국어의 구조가 달라 어색한 부분이 나타날 수 밖에 없음을 간파하고 계속 개선할 필요성이 있음을 지적한 것이었다. 한국인들이 애창하는 찬송가인 "예수사랑하심은" (통 411장)의 가사의 변역은 다음과 같다.

찬미가 (1892-5)
쥬ᄉᆞ랑내알기ᄂᆞᆫ

셩셔말솜분명ᄒᆞㅣ

어린아해쥬맛터

연약홈을 붓드네

예수날 ᄉᆞ랑 예수날ᄉᆞ랑

예수날ᄉᆞ랑 셩셔에말잇소

찬양가 (1894)

예수나를 ᄉᆞ랑ᄒᆞ오

셩겨에말솜일셰

어린ᄋᆞ해임쟈요

예수의 피로샷네

예수놀ᄉᆞ랑ᄒᆞ오

예수놀ᄉᆞ랑ᄒᆞ오

예수놀ᄉᆞ랑ᄒᆞ오

셩경말솜일세

찬셩시 (1898)

예수ᄉᆞ랑ᄒᆞ심은

거룩ᄒᆞ신말일네

어린거시약ᄒᆞ나

예수권세만토다

날ᄉᆞ랑ᄒᆞ심

날ᄉᆞ랑ᄒᆞ심

날ᄉᆞ랑ᄒᆞ심

셩경에쓰셧네

『찬미가』에서 『찬양가』를 거쳐서 『찬셩시』에 이르는 동안 우선 어법상의 어색함이 많이 해소되고 음절 간의 발음의 충돌도 대부분 해소되어 가며 의미의 전달도 명확하고 더 시적인 형태로 바뀌어 갔음을 알 수 있다. 언더우드가 예견하던 대로 찬송가는 계속 한국어로 수정되고 보완되어 갈 수 밖에 없었다.

『찬양가』에는 한국인 작사의 찬송이 8곡이 들어 있다. 언더우드는 『찬양가』 서문에 한국인이 만든 가사가 7곡이라고 기술하였으나, 조숙자는 찬송가 하단의 창작자 표기에 모두 9명으로 기록되어 있음을 들어 한국인 찬송가는 모두 9곡(4, 29, 38, 61, 93, 113, 115, 40, 114)이라고 추정하였다. 서정민은 7곡(4, 29, 38, 61, 93, 113, 115)을 한국인의 것으로 보았다.[96] 민경배는 총 7편(4, 38, 61, 93, 113, 114, 115)을 한국인의 작품으로 보았다.[97] 그러나 나진규의 연구 이후에는 총 8편(4, 38, 40, 61, 93, 113, 114, 115)을 『찬양가』에 수록된 한국인의 작품으로 간주한다.[98] 그 이유는 나진규가 『찬양가』의 29장의 곡이 영국인 찬송가 작가인 왓츠의 것임을 입증하였기 때문이다. 그러나 김성대는 확인된 8곡 외에 언더우드가 작사한 10장과 이름이 밝혀지지 않은 4곡(7, 70, 85, 110)이 내한 선교사의 작사이므로 이를 한국어 찬송에 포함시켜야 한다고 주장한다.[99]

『찬양가』에 수록된 한국인 찬송가의 작사자들은 미상으로 남아 있다. 찬송가에 작곡자와 작사자의 이름이 명확하게 기재되기 시작한 것은 1930년대에 들어서 『신정찬송가』가 출간되면서 이루어지게 되었고, 그 이전에는 작사자와 작곡자의 이름이 명확하게 기재되지 않았다. 아직도 선교부의 찬송가 출판은

96) 서정민, “한국 찬송가의 개관”; 한영제 편집, 『한국 성서 찬송가 100년』, (서울: 기독교문사, 1987), 66.

97) 민경배, 앞의 책, 33.

98) 나진규, 『한국인 찬송가의 역사』, (서울: 세종출판사, 2001), 18-22.

99) 김성대, “한국개신교회 공인 찬송가의 토착화(I)-한국개신교회 초기 공인찬송가에 나타난 적용화(Adaptation) 연구: 『찬양가』, 『찬미가』, 『찬셩시』를 중심으로,” 365-367.

완전한 체계를 잡기 전이었다.[100] 『찬양가』의 목차는 다음과 같았다.

4장 찬미주제(讚美主帝)

38장 야소보상아죄(耶蘇報償我罪)

40장 회개능득구속(悔改能得救贖)

61장 문야소성명갱생(聞耶蘇聖名更生)

93장 아주증아(我主拯我)

113장 의로난피(義怒難避)

114장 무애전허(無愛全虛)

115장 배단씨 십신가(倍端氏 十神歌)

한국인 찬송가에서 가장 많이 사용된 주제는 예수의 구속이다. 4장, 38장, 40장이 예수의 은혜에 대한 감격과 감사를 노래하고 있다.[101] 두 번째로 많이 사용된 주제는 천국에 대한 소망이다. 찬양가 6장, 그리고 140장과 47장에서도 천국에 대한 소망을 주제로 하고 있다. 세 번째로 많이 사용한 주제는 죄와 회개이다. 113장과 143장 등이 여기에 해당하며, 특히 죄와 형벌의 관계를 깊이 언급한다. 이러한 가사의 특징은 미국의 가스펠에서 영향을 받은 것으로 추측된다. 114장은 사랑이 주제이며 93장은 주의 도우심에 대한 깊은 간구가 표현되어 있다. 한국인 창작 찬송가의 내용을 살펴보면 다음과 같다.

4장은 창조주 하나님과 인간의 타락의 교리를 나타내며 이에서 구속하는 예수의 은혜와 공로를 기억하자는 내용이다. 1년에 한 번 성찬으로 그 공로를 기억하자는 구절은 당시의 성찬을 연 1회 실시하였음을 보여준다. 38장은 예수

100) 민경배, 『한국교회찬송가사』, 213.

101) 나진규, "『찬양가』에 수록된 한국인 찬송가들에 대한 연구," 「음악과 민족」 vol. 48. (2014), 24.

의 공로로 죄 씻음을 말하여 십계명을 지키고 사랑을 실천하자는 다짐을 담고 있다. 40장의 내용은 세상에 죄가 많으나 회개하는 이가 적으니 예수를 믿고 회개하여 영원한 나라에 들어가자는 내용이다. 61장은 예수의 귀한 이름으로 죄 사함을 받고 예수와 함께 영원한 하늘나라에 가서 하나님과 동행하는 것을 기원하는 내용이다.

93장은 구속론에 관한 것으로 구원 길이 참으로 어려우나, 주께서 좋은 것을 주시고 늘 함께 하시며 우리를 구속한다는 내용이다. 113장은 죄의 심각성을 고발하는 내용이다. 사람들이 죄를 회개하지 않고 악을 행함으로 지옥의 형벌이 기다리고 있다고 하며 회개의 필요성을 강조한 노래이다. 114장는 고린도 전서 13장의 사랑을 주제로 이를 4·4의 노래로 풀어 적은 것이다. 115장은 교회공동체에 관한 노래이다. 10행의 가사로서 열거지의 신앙고백을 담고 있다. 창조, 부활, 성령, 구속, 이신칭의, 성육신, 심판, 성도의 교제, 부활, 기도의 응답 등 모두 10가지 주제를 부른 찬송이다.

『찬양가』가 언더우드가 한국에서 선교활동을 한지 10년 만에 출간한 찬송가로서 거기에는 한국인 작사의 노래가 8곡이 포함되어 있었다. 그 찬송가는 초기 한국인 기독교인들의 신앙고백이 담겨 있다. 그 내용은 복음적 신앙을 온전한 형식으로 고백하고 있다. 표현은 소박하지만 창조와 타락 그리고 구속이라는 구속사적 기독교 이해와 특히 예수 그리스도 중심의 기독론과 은총론이 강조되고 있다.

『찬양가』는 외적인 형식과 번역의 한계 그리고 음악적 체제의 도입이라는 이질적 문화 요소가 토착화하는 과정에서도 그 찬송의 핵심인 하나님을 노래한다는 핵심적 주제는 선명하게 초기부터 선명하게 나타내고 있었다.

VII. 『찬양가』의 음악적 성격

『찬양가』의 원작자는 압도적으로 영국의 것이 많았다. 전체 117곡 중에 76편의 원저자가 영국인이다. 다음이 미국인의 것으로 모두 26편의 찬송가가 미국인 원작자의 것이다. 그리고 8편의 것이 한국인의 것이었다.

반면에 『찬양가』에 차용한 곡조는 모두 88곡인데, 같은 곡에 다른 가사를 붙인 것들이 중복되어 곡조의 수는 가사의 수에 비해 적다. 두 번 이상 사용된 곡조가 14곡이다. 악보로 수록된 88곡 중 4곡(71, 106, 108, 117)은 단선율로 되어있다. 그리고 나머지 84곡은 4성부 화성곡으로 되어 있으며, 찬송가 가사는 1절만 악보에 같이 기재되고 나머지는 악보 아래에 또는 옆면에 기재되어 있다.

이러한 형식은 언더우드가 가장 많은 곡을 차용한 미국의 찬송가 *New Laudes Domini*의 형식과 일치한다.[102] 두 번째로 많은 곡을 차용한 *Gospel Hymn Complete*[103]도 1절만 악보에 기재하고 나머지 절은 악보 하단에 기재하는 형식을 취하였다. 미국감리회에서 사용하던 *Methodist Hymnal*은 악보가 수록된 것과 가사만 수록한 찬송가집 두 가지 형식이 있었다.[104]

102) C. S. Robinson, *New Laudes Domini*, (New York: The Century Co. 1892).

103) I. D. Sankey, J. McGranahan, G. C. Stebbins, *Gospel Hymns Nos. 1 to 6*, (Cincinnati New York Chicago: The John Church Co, 1894).

104) *Official Hymnal of the Methodist Episcopal Church and the Methodist Episcopal Church, South*, (New York : Eaton & Mains, Cincinnati : Jennings & Graham, 1905).

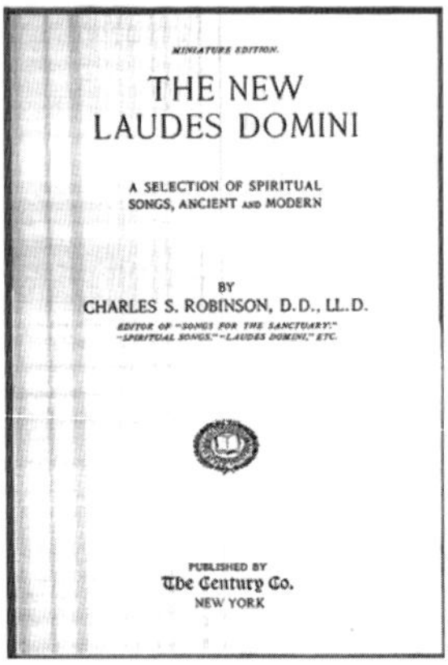
MINIATURE EDITION.

THE NEW LAUDES DOMINI

A SELECTION OF SPIRITUAL SONGS, ANCIENT AND MODERN

BY CHARLES S. ROBINSON, D.D., LL.D.

EDITOR OF "SONGS FOR THE SANCTUARY," "SPIRITUAL SONGS," "LAUDES DOMINI," ETC.

PUBLISHED BY The Century Co. NEW YORK

미국 장로회 찬송가
The New Laudes Domini
1892

The Methodist Hymnal

OFFICIAL HYMNAL OF THE METHODIST EPISCOPAL CHURCH AND THE METHODIST EPISCOPAL CHURCH, SOUTH

THE METHODIST BOOK CONCERN
NEW YORK CINCINNATI

미국 감리회찬송가
The Methodist Hymnal
1905[105)]

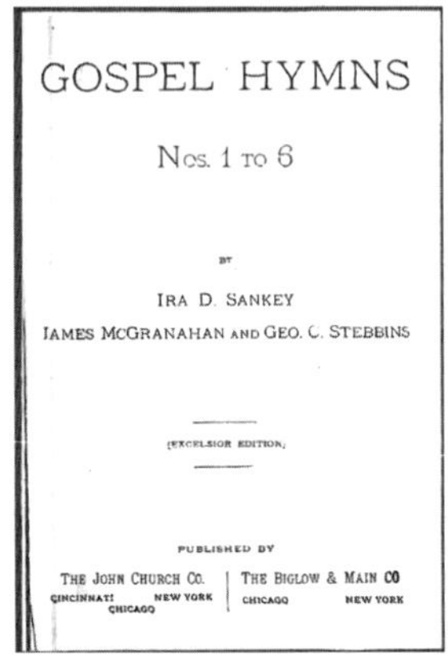
GOSPEL HYMNS

Nos. 1 TO 6

BY IRA D. SANKEY
JAMES McGRANAHAN AND GEO. C. STEBBINS

(EXCELSIOR EDITION)

PUBLISHED BY
THE JOHN CHURCH CO. CINCINNATI NEW YORK CHICAGO | THE BIGLOW & MAIN CO CHICAGO NEW YORK

생키의 가스펠 찬송
Gospel Hymns 1 to 6
1894[106)]

『찬양가』에 수록된 곡은 원래 작곡가들의 이름이 기재되어 있지 않았다. 작사자와 작곡자의 표기는 1930년대 찬송가에서 나타나기 시작한다. 88곡의 노래 중 미국인 작곡이 60곡을 차지한다. 그리고 영국인 작곡자의 곡이 19곡 프랑스의 곡이 1곡이며 기타 곡조가 8곡이다. 『찬양가』에 수록된 작곡가의 목록은 다음과 같다.[107)]

---

105) 『찬미가』는 1905년 판이 아닌 1890년대 판을 모본으로 사용하였을 것이다.

106) 『찬양가』는 1894년 이전의 1892년 판을 사용하였을 것이다.

107) 조숙자, 『한국 최초의 악보 찬송가 「찬양가」 (1894) 연구 자료집』, 12.

작곡자	총 곡수	시대 (세기)	국적
L. Mason(1792-1872)	16	19	미국
W. B. Bradbury(1816-1868)	5	19	미국
P. P. Bliss(1838-1876)	5	19	미국
W. H. Doane(1832-1915)	4	19	미국
W. G. Fischer(1835-1912)	3	19	미국
R. Lowery(1826-1899)	3	19	미국
J. B. Dykes(1823-1876)	3	19	영국

가장 많은 곡을 작곡한 메이슨은 『찬양가』에만 16곡이 실려 있어 가장 많은 곡이 삽입되었다. 메이슨의 곡들은 『찬양가』를 통하여 한국에 서양음악의 중요한 전파자의 역할을 하였다. 사실 메이슨은 메이지 시대에 일본에 와서 서양음악을 교수하기도 하였다. 일본은 메이슨의 음악을 기반으로 서양음악을 창가라는 이름으로 도입하였다. 찬송가 작가였던 메이슨의 영향으로 일본 창가는 찬송가의 영향을 많이 받았다.[108] 블리스는 생키가 편집한 대표적 가스펠 책자인 *Gospel Hymn*에 수록된 여러 곡을 작곡하였다. 블리스의 곡은 『찬양가』에 5곡이 수록되었다.

『찬양가』의 음악적 경향은 19세기 미국의 기독교 음악에서 직접적인 자료들을 차용하여 편집하였다. 곡조들은 미국교회에서 표준적 예배에 사용 곡들과 부흥집회에서 사용되던 곡들이 대략 2:1의 비율정도로 구성되어 있다.

『찬양가』에 가장 많은 곡을 제공한 *New Laudes Domini*는 미국 장로회 특히 남장로회를 중심으로 사용되었던 표준적인 찬송가들이다. 가스펠들이 들어있기는 하였으나, *New Laudes Domini*는 장로회의 예배를 위한 표준 찬송가라고 할 수 있다. *Gospel Hymns*는 미국적인 음악으로 이 책들 안에도 표준적 예배를 위한 찬송가들이 포함되었다.

108) 문옥배, 『한국 교회음악 수용사』, 61-62.

언더우드는 장로회의 전통에 따라 *New Laudes Domini*를 사용하였을 가능성이 높다. 그리고 그 외에 시대의 조류를 반영하여 *Gospel Hymns*의 곡조들을 추가한 것으로 보인다.[109) 『찬양가』 이후의 한국 찬송가 음악은 이러한 비율을 그대로 유지하였다. 1908년의 『찬숑가』는 원자료로 *New Laudes Domini*에서 155곡을 그리고 *Gospel Hymns Comp.*에서 70곡을 가져와 언더우드의 『찬양가』와 비슷한 비율을 보여주고 있다.

그러다가 1930년대부터 발간된 한국 찬송가의 곡조는 점차로 미국의 복음성가가 늘어나는 경향을 보이게 된다. 1949년에 간행한 『합동 찬송가』는 감리교회의 『신정 찬송가』(1931), 장로회의 『신편 찬송가』(1935) 그리고 성결교회의 『부흥성가』(1930)를 통합하여 만든 찬송가이다. 이 찬송가에는 301곡 이상이 미국의 가스펠로 채워지게 된다.[110)]

음악사적으로 『찬양가』는 19세기 미국의 교회음악을 가져와 사용하였다. 이는 한국에 도입된 최초의 서양음악이며 교회음악이기도 하였다. 음악의 토착화, 즉 가사를 한국인들이 작사하듯이 한국인들의 찬송가 작곡이 등장하는 것은 1943년 유명한 감리회 목사이며 문인인 전영택이 짓고 박재훈이 작곡한 "어서 돌아오오"에서 이다. 1951년 이호운 작사 이유선 작곡의 "부름받아 나선 이 몸", 1952년 석진영 작사 박재훈 작곡의 "눈을 들어 하늘 보라"가 등장하면서 한국 찬송가의 문화화는 한국인 독자적 찬송가로 그 결실이 나타나기 시작하였다.

109) 조숙자, 『한국 최초의 악보 찬송가 「찬양가」 (1894) 연구 자료집』, 14-15.

110) 조숙자, "한국 찬송가와 미국 Gospel Song," 「한국기독교신학논총」, vol. 14. (1997) 323.

VIII. 『찬양가』 편집의 선교신학

김태규는 초기 감리회의 『찬미가』와 어더우드의 『찬양가』 가사의 분석을 통해서 당시 감리회는 연 4회의 성찬을 드렸고, 장로회는 연 1회의 성찬을 집행하였음을 밝혀내었다.[111] 이규희의 연구도 찬송가의 편집과 가사들에 나타난 조직신학적 또는 교의학적 분석을 시도한 바 있다.[112] 그러나 언더우드의 찬송가 편집이 언더우드 자신에 의하여 이루어진 것은 정확하지만 언더우드의 독자적 신학의 표현을 위한 것이라기보다는 당시 한국 선교 현장에서 예배의 확립을 위해 장로회의 전통적 찬송가의 체제를 빌어 유사한 형태의 편집을 시도한 것으로 보인다.

찬양가의 편집은 다음과 같다. 찬송가 본문의 가사와 제목이 한글인 것과는 달리 목차는 한자로 되어있다. 한글 목차는 '언문ᄎᆞ례로뎨목' 인데 한자 목차와 달리 분류체계가 없이 전체 곡을 한 묶음 순서대로 배열한 것이 차이가 난다.

目 次

禮拜及讚頌天父 - 17곡

讚頌耶蘇 - 37곡

讚頌聖靈 - 17곡

信仰生活 - 23곡

111) 김태규, "초기 한국교회 찬송가에 나타난 성찬 이해," 79-80.

112) 이규희, "한국장로교 찬송가의 시대적 변천 연구," (미간행박사학위논문, 백석대학교, 2012), 69.

讚頌公會 - 23곡 22번 송영 23번 주기도송

耶和華十誡 - 십계명

使徒信經 - 사도신경

主祈禱文 - 주기도문

곡 전체 중 예수 그리스도를 찬양하는 노래가 37곡으로 가장 많고 성부 하나님을 찬송하는 노래와 성령을 찬미하는 노래가 각각 17곡으로 동일하다. 교회의 신앙생활을 노래하는 것이 23곡으로 전체 비중에서 두 번째를 차지한다. 부록으로는 십계명과 사도신경 그리고 주기도문이 포함되어 있은데 이는 예배의 예식에 찬송가를 사용하려했던 것을 보여준다.[113)]

언더우드가 모본으로 사용하였던 미국장로회의 *New Laudes Domini*는 전체가 1,228쪽에 이르는 1,200곡을 훌쩍 넘는 거대한 볼륨의 찬송가였다. 청교도의 예배의 전통이 녹아 있는 찬송가였다. 이 찬송가의 목차는 다음과 같다.

Opening of Service

Evening Worship

Prayer and invocation

General Prayer

Close of Service

The Scripture

God : The Father

The Lord Jesus Christ

The Holy Spirit

---

113) '사도신경',『찬양가』, "디옥에 ᄂᆞ리샤". 그리스도의 십자가 처형 후 음부 강하가 나타나고 있다.

The Gospel of Atonement
Christian Experience
The Church of God
The Christian's Death
The General Judgement
The Rest of Heaven
Miscellaneous
Chants and Occasional
Doxologies

언더우드의 『찬양가』 *New Laudes Domini*의 복잡하고 세세한 구조를 그대로 따른 것은 아니었고 예배에 필요한 기본적인 구조를 차용하였다. 찬송가 편집의 기본적 구조는 개신교회의 예배의 특성을 반영하였기 때문에 기본적 골격은 유사하였다.

한국 감리회에서 발간한 『찬미가』(1892,1895)의 모본으로 사용한 미감리회의 *The Methodist Hymnal*의 구조는 미국 장로회의 *New Laudes Domini*의 체제에 비해 비교적 간단하였다. 이 감리회의 *The Methodist Hymnal*은 장로회의 *New Laudes Domini* 수록곡에 비해 적은 748쪽 짜리 찬송가였다.

The Worship
The Trinity
The Father
The Son
The Holy Spirit
The Holy Scripture

Institution of Christianity

The Gospel

The Christian Life

Time and Eternity

Special Subjects and Occasions

Doxologies

Chants and Occasional Pieces

초기 한국 선교기의 예배는 현재의 예배의 모습과 많은 차이가 없었다. 1887년 아펜젤러는 자신의 사택에서 첫 번째 성탄절 예배를 드렸다. 그날의 예배의 순서는 다음과 같았다.[114]

1. 김명옥의 세례
2. 찬송
3. 기도(한글로 읽은) 스크랜톤 박사
4. 성경봉독(마태복음 2장) 스크랜톤 박사
5. 성경봉독(누가복음 2장) 스크랜톤 박사
6. 설교 "이름을 예수라 하라" (마태 1:21-_) 아펜젤러 목사
7. 주기도문
8. 찬송 (내주를 가까이 하려 함은)
9. 축도

선교적 상황에서 세례 예식을 강조한 것과 복음적 선교사로서 성경 봉독에 많은 비중을 둔 것을 볼 수 있다. 주기도문 낭독이 포함되어 있으며 이는 후에

114) 윤춘병, 『韓國監理敎會成長史』, (과천: 감리교출판사, 1997), 90.

주기도문 찬송으로 대체 되었다.

아펜젤러의 이러한 예배의 모형은 당시 내한 선교사들의 예배와 크게 다르지 않았을 것으로 추측할 수 있다. 장로회는 감리회보다 역사가 길었기 때문에 미국 찬송가에 나타나듯이 더 풍부한 예배의 유산을 보존하고 있었고 따라서 언더우드의 『찬양가』는 이러한 청교도의 예배의 유산을 선교지 한국에서 구현하려는 시도로 이해할 수 있다.

언더우드가 출간한 『찬양가』는 감리회의 『찬미가』나 평양에서 발간한 『찬셩시』에 비하여 여러 면에서 차이를 보였다. 1893년 9월 경 음악 전문가인 벙커 목사의 도움으로 『찬양가』의 편집이 이루어진 후 언더우드는 그의 형(John. T. Underwood)의 후원을 받았다. 당시 한국에는 악보를 출판하는 출판사가 없었기 때문에 일본 요코하마의 Seishi Bunsha(警醒社)에서 출판하였다.[115] 1894년 7월 27일 고대하던 『찬양가』가 영어 제목은 *Hymns of Praise*으로 출간되었다. 『찬양가』 당시의 일반적 노끈 제본과 달리 양장본(hard cover)로 발간되었다. 언더우드는 이 『찬양가』를 악보의 게재와 편집의 구조 및 내용에서나 또 책의 제본에서나 당시 최고의 찬송가로 제작하려고 혼신의 힘을 기울였던 것이다.[116]

---

115) 이 警醒社는 『찬양가』 이전에도 일본 기독교회의 찬미가 등을 이미 출판하고 있었다.

116) 주성희, "『찬양가』(1894년)의 편집구조와 내용에 관한 연구," 「음악연구」, vol. 34. (2005), 155.

IX. 『찬양가』와 서양음악의 적응화(adaption) 과정

한국의 전통 음악은 신석기시대까지 거슬러 올라갈 만큼 오랜 역사의 전통을 갖고 있었다. 그러나 체계를 갖춘 음악의 출현은 3-5 세기 사이의 삼국의 출현으로 본다. 제정 분리가 이루어지면서 제천행사에서 음악이 본격적으로 사용되었을 것으로 본다.[117] 전통적 한국의 음악인 향악에 중국의 음악인 당악이 유입된 것은 고려시대에서였다. 당나라의 음악을 물려받은 송나라와 교류에 의하여 당나라 음악이 한반도로 유입되었다.[118]

조선이 건국되고 체제가 정비되고 『악학궤범』이 등장하면서 조선의 이념과 문화에 맞는 새로운 음악인 아악이 창제되었다. 조선전기의 음악은 향악, 당악 그리고 새로이 양악이 세분화되어 발전하기 시작하였다.[119] 조선 후기에 이르면 향촌의 중인들과 사림들이 창안한 정악이 출현하였다. 주로 거문고를 이용한 이음악은 향촌 지식인들의 수신을 위한 음악이었다.[120] 또한, 조선 후기는 일반 민중들의 음악도 등장하였다. 민속음악으로 분류되는 이 음악들은 판소리, 광대가, 시나위, 산조 등이었다. 그리고 조선의 독자적 기보법도 발전하였다.

개화기가 되면서 한국의 전통음악과 완전히 체계가 다른 서양음악이 도입되면서 한국음악은 일대의 전기를 맞게 된다. 처음 서양음악이 소개된 것은 조선 후기였다. 청나라의 천주교를 통해 서양음악이 소개되었다. 이규경의 『오주연문장전산고』와 『구라철사금자보』는 조선에 서양음계를 처음 소개한 문헌

117) 송방송, 『韓國音樂通史』, (서울: 일조각, 1984), 33.

118) 같은 책, 144.

119) 같은 책, 223.

120) 같은 책, 411.

이었다.[121] 국가 차원에서 서양음악을 도입한 것은 1900년 대한제국의 군악대를 독일인 프란츠 에케르트에게 맡겨 시작한 것이었다. 이후 한국의 서양음악은 개신교의 교회음악의 절대적 영향력을 받게 된다. 백우용[122], 김인식[123], 이상준[124], 홍난파[125] 등 근대 한국 서양음악의 창작자들의 기독교 음악의 영향은 결코 배제할 수 없는 것이었다.

특히 개신교가 근대 서양음악의 보급에 결정정인 역할을 하게 된 것은 음악교육이 교회의 찬송가 뿐만 아니라 기독교계 학교들에 정식 과목들로 채택되어 교수되었기 때문이었다. 개신교회의 찬송가는 기독교 학교의 정규 과목인 '창가'를 통하여 또는 수 만부 씩 보급된 찬송가의 발간 사업에 힘입어 급속하게 확산되었고, 20세기 초 한국에 토착화된 서양음악인 창가라는 새로운 유형의 음악을 탄생시키는 결정적 역할을 하였다.[126]

이런 점에서 언더우드의 『찬양가』는 한국어 가사와 원고의 악보 그리고 찬송가로서의 편집 형태를 갖춘 가장 완전한 체계로 한국에 알려진 최초의 서양음악 문헌의 지위를 획득하게 된다. 먼저는 기독교 교회에 완전한 체계의 찬송가를 보급하여 규격화된 개신교 예배의 초석을 놓았다. 더 나아가 언더우드의

121) 같은 책, 563.

122) 백우용(鼎山 1863-1930), 대한제국 군악대장. 최초의 군악대장 프란츠 에케르트의 지도로 군악대의 길을 걸었다. 연희전문의 양악대의 강사를 역임하였다.

123) 김인식(1885-1963) 선교사들에게 서양음악을 배워 풍금연주를 하였고 배재학당과 보성전문의 음악교사를 하였다. 1904년 조선인 최초로 서양음악 창가인 '학도가'를 창작하였다.

124) 이상준(1884-1948) 근대 서양음악의 선구자. 피어선성경학원에서선교사에게 아코디온을 배운 후 대성학교와 새문안교회 성가대를 맡은 후 여러 학교의 음아교사를 역임. 『최신창가집』(1918)을 포함다수의 창가집을 저술 출간하였다.

125) 홍난파(1898-1941) 새문안교회에서 수세를 받고 바이올린을 공부하여 서양음악을 익히고 김인식의 지도로 음악적 역량이 성숙하게 되었다. '봉선화'를 비롯한 수많은 가곡과 동요를 창작하였다.

126) 송방송, 『韓國音樂史』, 416-417.

『찬양가』 이후 한국에 소개된 교회음악과 서양음악의 완전한 체계인 서양악보와 한글화된 가사의 결합을 시도하여 한국 근대음악의 진정한 시발점이 되었던 것이다.

김성대는 그의 연구에서 기독교 음악의 이전 과정에 토착화 과정의 세분화된 이론을 소개하였다. 그는 기독교 음악의 토착화 과정이 번역화, 변용화, 토착화 또는 문화화의 세 단계로 이루어진다고 주장했던 견해를 원용하여 이를 한국의 찬송가 토착화 과정에 적용하여 설명하였다. 그는 이토 로의 이 삼단계 개념이 적응화, 변용화, 문화화를 주장한 피터 쉘러의 개념과 상응한다고 이를 한국교회 초기 찬송가에 적용한 바 있다. 즉 최초의 적응은 실지로는 번역의 과정이라고 보았다.

그러나 더 세밀하게 분석한다면 찬송가는 가사와 곡조가 결합된 것으로 순수 악곡과는 구별이 된다. 『찬양가』의 경우는 서양음악의 체계가 전통적 한국음악과 완전히 다르기 때문에 한국인 창작음악은 전혀 기대할 수 없는 상황이었다. 그러나 가사의 경우는 전부 한국어로 번역이 되었을 뿐 아니라 언더우드 자신이 작사한 노래 한 곡과 선교사들이 작사한 노래 네 곡 그리고 한국인 작사의 여덟 곡을 합하여 열 세곡의 찬송가가 창작되었음을 주장하였다.

그는 이 가사의 번역 과정이 토착화 과정의 최종적 단계인 문화화의 예비적 과정이었다고 분석하였다.[127] 그러나 문화화의 최종적 단계가 서구 음악 체계를 갖춘 한국인 작곡의 악곡과 한국인의 신앙고백이 녹아든 가사의 창작이 결합된 찬송가의 출현이 최종적 단계라고 한다면 그것은 1940년대에 와서 비로소 성립하게 된다.

그런 점에서 찬송가의 도입과 정착에 적응화의 개념은 가사의 번역에 그리고 그 이후의 개정(revision) 과정을 통한 변용(transformation)과 문화화의 과정으로 설명하는 것이 적절해 보인다. 그러나 곡조의 경우는 서양음악 체계가 한국 음

127) 김성대, "적용화(Adaptation) 관점에서 본 한국교회 찬송가 연구," 346.

악체계로 번역되는 것이 아닌 새로운 음악 체계의 도입과 정서적 변용(emotional transformation)의 과정 재생산 또는 재창조의 과정을 거치기 때문에 찬송가 도입에 있어 곡조와 가사에 대한 삼 단계 모델의 이중적 적용이 필요하다. 곡조의 문화화와 가사의 문화화 과정은 전혀 다른 논리적의 틀을 따라 다른 과정을 밟기 때문이다. 이런 점에서 가사의 적응화 이론의 적합성과 달리 곡조의 수용과 재생산에 대한 이론은 한국전통 음악과 서양음악의 체계의 차이로 인해 일반적 적응화 즉 번역이론의 한계가 있다고 보인다.

더 나아가 선교의 최종적 목표는 선교지 교회와 피선교지 교회의 상호 성숙을 통해 동등한 문화적 교류에 이르는 것이라고 할 때 문화화의 단계를 너머서 상호문화화(inter-culturation)를 이루는 것이라고 할 수 있다.[128] 2013년 미국장로회(PCUSA)는 Glory to God이라는 새로운 찬송가를 제정하면서 835곡의 전체 찬송가 중 12곡의 한국 찬송가를 게재하였다. 그 찬송은 '내게 있는 향유 옥합'을 포함한 13곡이었다.[129] 미감리회의 『찬미가』가 한국에 소개된 지 120년, 언더우드의 『찬양가』가 소개된 지 122년 만의 일이다. 이 사건은 미국의 한국 찬송가 역수입이 아닌 형제된 교회의 찬송가의 상호문화화의 상징적 사건으로 볼 수 있다. 결국 찬송가의 수용과 발전은 최종적으로 피선교지교회의 신앙고백이 문화적 발전이 토대가 되어 선교지 교회의 기독교 문화와 동등하게 교류하는 단계에서 최종적 결실을 맺는다는 점이다. 언더우드의 『찬양가』는 출간 당시로는 미국 찬송가의 적응화 즉 번역의 시작이었으나, 긴 시간을 통해 찬송가로 대표되는 개신교 교회음악의 문화화의 과정을 완전한 시작이며 더 길게는 태평양 양안의 미국과 한국의 기독교 문화 특히 찬송가를 통한 상호문화화의 상

128) 1990년 간행 미국연합장로교회 찬송가에 한국민요 아리랑이 〈Christ, You Are the Fullness〉라는 제목 아래 수록돼 있는 것이 실례이다.

129) 콜럼비아신학대학원 한미목회연구소, "미국장로교 새찬송가, 한국찬송 12곡 등재" 「기독일보」, 2013년 10월 18일.

징적 시작이라고 평가할 수 있다.

X. 나가는 말

찬송가의 도입으로 서양음악이 한국에 처음 소개되기 시작하였다 할지라도 그것이 찬송가 도입의 본래의 목적은 아니다. 찬송가는 기독교 공동체인 교회의 예배에서 결코 빠질 수 없는 핵심적 요소이다. 언더우드의 『찬양가』는 기독교인들이 하나님을 찬양하고 구세주 예수의 이름을 높이는 예배를 위한 선교사로서의 사명의 일환으로 기획되고 출간되었다.

언더우드는 정통적 장로교인으로서 자신의 모교회에서 부르던 찬송을 기반으로 완전한 체계를 갖춘 찬송가를 출간하려는 의도에서 한국 최초로 악보와 편집상 미국의 찬송가와 견주어 아무런 손색이 없는 완전한 체계의 찬송가를 출간하려 하였다. 이 과정에서 그는 신학적 논쟁을 겪었고 그 결과 심혈을 기울인 찬송가는 선교부의 공인도 받지 못하였을 뿐더러 일부 지역에서만 사용되는 아픔을 겪기도 하였다.

그럼에도 불구하고 언더우드가 발간한 『찬양가』는 장차 나타날 한국 찬송가의 모본이 되었다. 한국어 찬송가가 발전을 거듭할 수록 그 형태는 『찬양가』가 지향하던 방식을 따라 가게 되었다. 한국인의 한국어로 된 신앙고백의 중요성이 더욱 커졌고 음악도 한국인의 정서에 더 적합한 곡들이 선정되었다. 찬송가는 계속 고쳐져야 한다고 그가 예견하였던 것처럼 찬송가들은 계속 발전과 변화를 거듭하였다.

언더우드의 노력은 부수적 결과도 많이 수반하였다. 한글로 된 찬송가의 가사는 한글의 발전과 한국어 표현의 범위를 확장시켰다. 찬송가의 근대 음악적 성격은 20세기 한국음악의 판도를 바꾸는 전환점이 되기도 하였다. 그 문화적 전환의 근원에는 늘 완전한 찬송가를 만들려던 『찬양가』가 자리한다. 그런 점에서 『찬양가』는 크게는 서양문화와 한국문화의 만남 작게는 교회음악의 한국사회 속의 문화화의 첫 단계를 이루는 적응화의 핵심적 역량을 보여주는 역사적 매개체라고 평가할 수 있다.[130)]

130) 본 연구는 평택대학교 「피어선 신학논단」 제16집(2019년 2월)에 수록된 “언더우드의 『찬양가』와 한국 근대음악” 논문을 확장한 것임.

참고문헌

강순조. "天主歌辭의 表現技法과 意識에 관한 研究." 미간행석사학위논문: 동국대학교교육대학원, 1996.

강유식. "언더우드의 『찬양가』에 관한 연구." 미간행석사학위논문: 장로회신학대학교, 2000.
「기독일보」 2013년 10월 18일. 1.

김성대. "한국개신교회 공인 찬송가의 토착화(I)-한국개신교회 초기 공인찬송가에 나타난 적용화(Adaptation) 연구: 『찬양가』, 『찬미가』, 『찬셩시』를 중심으로." 서울: 장로회신학대학교 신학대학원, 2003.

_____. "적용화(Adaptation) 관점에서 본 한국교회 찬송가 연구." 「신학과 실천」, vol. 18. 2009.

김정희. "1930년대 한국 창작음악 문헌연구." 미간행 전문예술사 학위논문, 한국예술종합학교 음악원, 1997.

김태규. "초기 한국교회 찬송가에 나타난 성찬 이해." 「복음과 실천신학」, 제33권 2014. 74-113.

나진규. "『찬양가』에 수록된 한국인 찬송가들에 대한 연구." 「음악과 민족」, vol. 48. 2014. 103-129.

-----. "최초의 한국찬송가집들의 번역자, 작사자들에 대한 연구 I, II." 「음악과 민족」, vol. 50-51. 2015-2016.

-----. 『한국인 찬송가의 역사』. 서울: 세종출판사, 2001.

민경배. 『한국교회찬송가사』. 서울: 연세대학교 출판부, 1997.

문옥배. 『한국찬송가 100년사』. 서울: 예솔, 2002.

-----. 『한국교회음악수용사』. 서울: 예솔, 2004.

송방송. 『韓國音樂通史』. 서울: 일조각, 1984.

이경민. "天主歌辭 研究." 미간행박사학위논문: 전남대학교, 1997.

이규희. "한국장로교 찬송가의 시대적 변천 연구." 미간행박사학위논문, 백석대학교, 2012.

이만열·옥성득 편역. 『언더우드 자료집 1』. 서울: 연세대학교 출판부, 2005.

이민지. "한국인의 찬송가 수용과 선교사들의 대응-초기 개신교 선교 시기(1884-1919)를 중심으로." 「종교학연구」, 27권. 2008. 187-210.

이중태. 『한국 교회음악사』. 서울: 예찬사, 1979.

이해랑. 『韓國音樂史』. 서울: 대한민국예술원, 1985.

조숙자·조명자. 『찬송가학』. 서울: 장로회신학대학출판부, 2002,

조숙자. "한국 최초의 감리교 찬송가 『찬미가』 연구." 「장신논단「, vol. 17. 2001. 485-512.

-----. "한국 찬송가와 미국 Gospel Song." 「한국기독교신학논총」, vol. 14. 1997. 421-448.

-----. 『한국 최초의 악보 찬송가 「찬양가」 (1894) 연구자료집』. 서울: 장로회신학대학교 교회음악연구원, 1994.

조원형. "천주가사에 대한 텍스트언어학적 연구." 미간행박사학위논문: 서울대학교, 2009.

주성희. "「찬양가」 (1894년)의 편집구조와 내용에 관한 연구." 「음악연구」, vol. 34. 2005. 151-196.

한영제 편. 『한국 성서 찬송가 100년』. 서울: 기독교문사, 1987.

한국기독교역사연구소. 『한국기독교의 역사 1』. 서울: 기독교문사, 1995.

한국교회사연구소. 『한국천주교회사 1』. 서울: 한국교회사연구소, 2015.

Benson, Louis F. *The Hymnody of the Christian Church*, (Richimond Virginia: John Knox Press, 1956),

Hatch, Nathan. O, *The Democratization of American Christianity*, New Haven: Yale University Press, 1989.

Miller, F. S, "Early Korean Hymnology", *The Korea Mission Field*, September. 1930. vol.XXVI. No. 9.

Official Hymnal of the Methodist Episcopal Church and the Methodist Episcopal Church, South, New York : Eaton & Mains, Cincinnati : Jennings & Graham, 1905.

Robinson, C. S, *New Laudes Domini*, New York, The Century Co. 1892.

Sankey, I. D. & McGranahan, J, Stebbins, G. C. *Gospel Hymns Nos. 1 to 6*, Cincinnati New York Chicago: The John Church Co, 1894.

Underwood, H. G. 『찬양가』. 경성: 예수셩교회당, 1894.

Underwood, L. H. Underwood of Korea, New York: Fleming H. Revell, 1918.

----------. *Fifteen Years among the Top-Knots, or Life in Korea*, New York: American Tract Society, 1904.

02

한국인 교수의 음악 활동과 연전음반

정운형
연세대학교 연합신학대학원

*이 글은 연세대학교 「신학논단」 제99집(2020.3)에 투고한 "연희전문학교의 음악교육-한국인 교수와 연전음반을 중심으로" 논문을 보완한 것임.

02.
한국인 교수의 음악 활동과 연전음반

정운형 |

I. 들어가는 말

인간은 소리의 높낮이, 길이, 세기 등에 다르게 반응한다. 음악은 각양의 소리에 다르게 반응하는 청각을 자극해 아름다움을 추구하는 예술이다. 달리 표현하면, 음악은 소리에 긴장과 이완을 발생시켜 사상과 감정을 드러내는 시간의 예술이다.[1)] 감정은 인간의 삶을 추동한다. 그런데 인간은 사회의 일원으로 사는 동안 본능을 조절함으로써 공공성을 유지하며 더 나은 삶을 추구한다.

음악은 여타의 예술에 비해 대중의 감정 흐름을 주도하고 변화시키는 데 효과가 크다. 그만큼 음악은 새로운 능력과 자세로의 전환을 도모하는 데 실효적

1) *De Musica* Caput II, Accessed June 22, 2018, http://www.intratext.com/IXT/LAT0243/_P2.HTM, Junxiao Bai, "Numbers: Harmonic Ratios and Beauty in Augustin Musical Cosmology," Accessed August 10, 2018, https://www.cosmosandhistory.org/index.php/journal/article/view/642/1058.

이다. 그러므로 음악은 상황에 민감하고 정교하게 반응하되 여유를 갖는 품격을 배양하는 한 방편이다. 일찍이 음악이 극기복례를 위한 촉매제의 하나로 인식된 연유이기도 하다. 하지만 공감대 형성과 확산 가능성이 큰 만큼 제도와 권력의 수단이 될 가능성도 크다.

연희전문학교(Chosen Christian College, 이하 연전, C.C.C 병용)[2]는 'Liberal Arts College' 체제를 갖추기 위해 설립 초기부터 음악과를 설립하려고 했다. 하지만, 음악과의 설립은 실현되지 않았다. 이에 문과(文科), 성서과(聖書科)의 교과목으로 음악을 개설했다. 그리고 음악위원회를 두어 학생들의 클럽-성부(聲部)에 따른 사중창단, 관현악단 및 글리클럽(Glee Club)-활동을 장려했다.[3] 학생들은 다양한 음악

---

2) 교명 '연희전문학교'는 게일(James S. Gale, 1863~1937, 한국 이름: 기일), 백상규(1880~1957), 와타나베(渡邊暢, 1858~1939) 등이 관리이사회로부터 작명을 위임받아 짓고, 1916년 12월 13일 연례회의에서 확정되어, 조선총독부에 제출할 "설립신청서"(1917.3)에 "Enki Semmon Gakko"라고 사용되었으며, 朝鮮總督府官報 제1402호에 "延禧專門學校"로, 당시 영자신문 *The Seoul Press*는 *"Yun Hui Chunmoon Hakkyo"*라고 보도했다. 영어로는 Korea Christian University이었으나, 관리이사회 회의에서 University를 College로(1차), Korea를 Chosen으로(2차) 각각 변경하기로 의결함에 따라, Chosen Christian College(hereafter "C.C.C.")로 정해졌다. *"Chosen is the native name of the country, known abroad as Korea." Minutes of the First Meeting of the Field Board of Managers of the Korea Christian College, March 5, 1915; Minutes of the Second Meeting of the Field Board of Managers of the Korea Christian College, April 21, 1915; Annual Meeting of the Field Board of Managers,* December 13, 1916; Arthur L. Becker, *Korea Book II,* Unpublished, 179, 202; 鮮總督府官報 제1402호(1917.4.10.); *"Chosen Christian College in Chosen," The Seoul Press, June 17, 1917; Information Concerning the Chosen Christian College, 1918;* 연세학풍연구소 편집, 『연·세전 교장 에비슨 자료집 III』, (서울: 도서출판 선인, 2018), 367~388.

3) 유억겸은 학감보고서와 첨부한 연례보고서에서 교수들이 학생들의 과외활동을 위해 소속 위원회(Committee) 활동으로 일정한 역할을 하고 있음을 언급하였다. *C.C.C. Report of U.K.Yu, Dean,* September 20, 1928; *C.C.C. Annual Report 1928~1929;* 「연희전문학교 운영보고서(上)」, 141.

활동을 통해 자신을 존중하며, 외부 세계를 올바로 지각하고 전달하는 능력을 함양하는 한편, 시간과 질서의 개념을 터득했다.

선교사를 중심으로 설립된 연전에서, 한국인 교수가 건학 정신을 구현하는 길에 동행했다.[4] 음악 분야에서는 변성옥(1892~1950)[5], 백우용(1883~1930)[6], 백남석(1894~?), 김영환(1893~1978), 현제명(1902~1960) 등이 함께했다. 이들은 음악교육을 통해 학풍을 형성하는 데 일조했다. 이에 다년간 연전에 재직한 김영환, 백남석, 현제명을 중심으로[7] 연전 음악을 궁구하고자 한다. 연구 기간은 경신학교

---

4) 김득수(생물학, 식물학, 생리학), 신흥우(교육학, 사회학), 이노익(응용화학), 백상규(경제) 그리고 학생이면서 조교수 자격으로 학생을 가르친 임용필(물리 실습), 장세운(수학), 이원철(기하학, 미적분) 등이 있다. *Report of Registrar,* April 21, 1915, 5; *Report of Registrar of C.C.C., Dec. 28, 1915, 3; Application for the Establishment of the C.C.C., July 13, 1916, 3; Annual Meeting of the Board of Managers of the C.C.C.,* December. 13, 1916; *Report of Registrar for 1916, December 31, 1916, 2; C.C.C. Dean's Annual Report,* February 1919.

5) 변성옥(邊成玉)은 1913년 숭실대학을 졸업한 후 "숭실중학교 교원"으로 재직했으며, 1916년에 미국으로 유학을 떠났다. 그는 1924년에 출범한 조선예수교연합공의회 찬송가개정위원회 위원으로 참여했다. *Report of Registrar of C.C.C.,* April 21, 1915; 「每日申報」, (1914년 3월 13일), 4면; A. L. Becker, "Reports of Pyengyang Union Academy," in *The Korea Mission of the Methodist Episcopal Church* 1913, 79.

6) 백우용(白禹鏞)은 한국인 첫 군악대장이자 지휘자이다. 그는 연전에서 '양악대 강사'로 연전 밴드를 약 1년간 지도했다. 「皇城新聞」, (1900년 7월 3일); (1902년 8월 13일); 연전졸업앨범(1919)

7) 김영환(金永煥)에 관한 연구는 서우선, "피아노 도입기 수용계층의 특성과 피아노의 사회문화적 의미," 「음악과 민족」 33 (2007.4), 135~160; 김미현, "피아노와 근대-초기 한국 피아노음악의 사회사," 「音樂學」 18-2 (2010), 153~187; 이정희, "1910년대 고종 탄신 기념 연회의 공연 영상," 「공연문화연구」 제35집 (2017.8), 287~338 등에서 확인된다. 그리고 현제명(玄濟明)에 관한 연구는 노동은, "제국의 음악가 현제명 연구," 「音樂學」 20 (2011), 169~222; 손태룡, "현제명, 한국 양악사의 큰 별," 「한국음악사학보」 10 (1993), 77~102, "영남음악가의 유성기음반 고찰," 「음악문헌학」 2 (2011.1), 96~102; 김창욱, "한국 근대음악사의 빛과 그늘," 「음악문헌학」 2 (2011.1), 161~180 등이 있다. 노동은은 "제국의 음악

그림 1. 백우용(연전 제1회 졸업생기념 사진첩, 1919)

그림 2. 변성옥ⓒ동아일보(1921.8.25)

대학과(C.C.C)로 개교한 1915년부터 음반을 녹음한 1930년대를 포함한다.

이 연구를 통해 연전의 음악교육에 이바지한 한국인 교수들의 활동을 분별하는 한편 진지한 통찰과 예지력을 갖춘 사회의 인재를 양성하는 데 음악이 접목되었음을 밝히 드러내고자 한다

가 현제명 연구"를 통해 수양동우회 사건(1937.7) 이후 현제명의 친일활동을 밝히고자 했다. 하지만 그가 밝힌 현제명의 친일활동은 연전의 음악교육과 직접 관련된 것이라고 보기 어렵다. 백남석에 관한 연구는 전무하다고 할 수 있다.

Ⅱ. 연희전문학교

1. 건학 정신

연전은 한국의 근대교육을 주도한 개신교 선교사들에 의해 설립된 고등교육 기관이다. 선교사들은 기독 정신으로 나라 전체에 영향을 끼칠 지도자를 양성하기 위한 최고 수준의 교육 기관을 목표했다. 즉, 대한(大韓)의 청년들이 사회 각계에서 발휘할 능력을 연마하는 대학을 세우려고 했다. 하지만 일제의 피지배 민족에 대한 차별정책으로[8] 전문학교로 출발했다.

데라우치(寺內正毅, 1852~1919) 총독은 1915년 3월 24일 두 법령, 곧 <개정사립학교규칙>과 <전문학교령>을 제정·공포해 식민교육을 완성하고자 했다. 이는 <교육칙어>(1890.10.31)에 근거한 공교육을 각종 사립학교에도 적용해, 대한 사람을 메이지 천황의 신민(臣民)으로 삼겠다는 포석이었다. 그리고 반기독교 정서, 곧 기독교계 학교에서 행해지는 기독 정신의 전수와 확산을 제지하려는 시도였다.

서울에 기독교 연합대학을 추진하던 임시위원회는[9] 개교(開校)를 목전에 두고, 위에서 언급한 두 법령으로 인해 재단법인을 설립해야 하는 부담과 종교교육을 금지한 규칙을 극복해야 하는 난제에 봉착했다. 다른 한편으로는 서울에

---

8) 일제는 제국의 신민으로서의 자질과 품성을 갖추는 데 필요한 보통교육과 실업교육을 강요하며, 높은 수준의 고상한 학문을 억제했다. 김도형, 『민족문화와 대학』, (서울: 혜안, 2018), 85.

9) 임시위원회는 1914년 3월 27일 오후에 언더우드의 집(어성정 34번지)에 모여, 새로운 대학설립을 추진할 임시이사회(Provisional Boards of Control of the Union Christian College of Korea)를 구성하고, 언더우드와 베커를 각각 의장과 서기로 선출했다. *Meeting of the Provisional Board of Control of the Union Christian College of Korea*, March 27, 1914; 朝鮮總督府臨時土地調査局, 『京城府西部御成町 土地調査簿(1912)』.

대학설립을 반대하는 다수의 선교사가 있었다.[10)] 그들의 방해로 교장과 교수 인선은 물론 설립 용지 매입을 제때 하지 못했다. 그런 상황에서도 설립자들은 사람의 '평화'와 '자유'를 구현하기 위한 노력을 멈추지 않았다.

결과적으로 설립자들은 관립학교 및 평양의 숭실과는 다른 새로운 학교 상(像)을 지향하며, 정교분리의 원칙을 수용하는 대신 수물과(Mathematics and Physics)를 선택했다. 이렇게 해서 연전은 기독 정신으로 문과(Literature), 성서과(Biblical), 농과(Agriculture), 상과(Commercial), 수물과, 응용화학과(Applied Chemistry) 분야에 고등교육을 시행할 수 있는 'Liberal Arts College' 체제를 갖추었다.[11)]

---

10) 이사회는 일제의 교육정책을 극복하기 위해, 1910년 8월 말에 인가받은 경신학교 대학과(John D. Wells Training School for Christian Workers)에 베커(Arthur L. Becker, 1879~1978, 한국 이름: 백아덕)의 책임하에 배재학당 내에서 운영되던 '예비과 대학당'-미 감리회 조선매년회록(1913, 13)에서 사용한 용어-을 연합해 1915년 4월 종로 YMCA에서 개교하는 방법을 선택했다. 「皇城新聞」, (1910년 2월 26일), 1면; (1910년 8월 25일), 1면; (1910년 9월 6일), 4면; "基督敎學校," 「漢城府內基督敎學校狀況一斑」, 1~5; *Provisional President's report to the Field Board of Managers*, April 21, 1915; *Report of the Chosen Committee & the Executive Council,* Jan. 17, 1916; Arthur L. Becker, *History of the Evolution of the C.C.C.*, Feb. 1918. 하지만 평양의 마펫(Samuel A. Moffett, 1864~1939, 한국 이름: 마포삼열)을 위시한 미국 북장로회 소속 대다수 선교사는 뉴욕 합동위원회(Joint Committee)의 '연합대학 서울 설립 확정'을 거부하며 한국선교회의 이름으로 집단행동을 취했다. 이와 같은 갈등은 제2차 조선교육령(1922.2.4)으로 완전한 종교의 자유가 확보되었다는 판단 하에 1923년 4명의 이사를 추천, 파송함으로써 일단락되었다. *Chosen Christian College Minutes of Meeting of Field Board of Managers*, Sep. 21, 1922; *Chosen Christian College Minutes of Meeting of Field Board of Managers*, Sep. 15, 1923. 자세한 내용은 김도형, 『민족문화와 대학』, (서울: 혜안, 2018), 73~93; 최재건, 『언더우드의 대학설립』, (서울: 연세대학교 출판문화원, 2012), 제IV장을 참조하라.

11) 1915년 4월 YMCA에서 개교 시에는 문과(Literary Course), 이과(Scientific Course), 상과(Commercial) 등 세 학과를 개설했다. 이후 언더우드는 성서과를 개설하면 종교교육의 문제를 원만히 해결할 수 있다는 조선총독부 내무장관 우사미(宇佐見勝夫, 1869~1942)의 제안을 수용했다. 성서과 설립은 기독 정신의 근간인 성서를 교육과정에 편성하기 위한 합법

2. 교육 목표와 음악

언더우드(Horace G. Underwood, 1859~1916, 한국 이름: 원두우)는 1905년 을사늑약 때 대한 사람이 실질적인 식민 지배에 들어간 것으로 인식했다. 그는 대한 사람이 "더 나은 교육을 받았더라면 현재 당하고 있는 국가적 치욕을 잘 막아냈을 것"[12]이라며, 내한 초기부터 가지고 있었던 이상을 이루기 위해 교회 연합으로 대학을 세우고자 했다.[13] 언더우드의 이상에 합력한 선교사들은 사전 조사와 연구, 여러 차례의 논의를 거쳐 교회와 사회가 필요로 하는 학과(學科)를 파악했다. 이를 통해 대한의 청년들이 일본어와 영어에 높은 관심을 보이고 동시에 다양한 분야의 학습 욕구를 가졌다는 사실을 확인했다. 그리고 논의 단계에서 음악과를 포함해 11개 학과를 검토했다.[14]

설립 과정에서 음악과 설립을 고려한 것은 일제의 교육정책과 무관하지 않다. 그리스도의 복음을 주체적으로 받아들인 이들이 더는 대한 사람으로 살 수 없는 처지에 놓였을 때[15] 음악과 설립을 구체화했기 때문이다. 조선총독부는

적인 계책(計策)이었다. B. W. Billing, *Report of Registrar*, April 1915; *The Ordinance Relating to Separation of Religion and Education*, May 1916; Arthur L. Becker, *Korea Book*; Oliver R. Avison, *C.C.C. at Seoul Korea*, 1918.

12) Horace G. Underwood to Arthur J. Brown, January 16, 1906.

13) Lillias H. Underwood, *Underwood of Korea*, (New York: Fleming H. Revell Company, 1918), 44~45; Statement Concerning the Work of the C.C.C., Unknown Date; *Minutes of the First Meeting of the Field Board of Managers of the Korea Christian College*, February 13, 1915.

14) 논의된 학과(Department)는 철학, 일본 역사와 문학, 윤리, 물리, 영어, 화학, 수리 천문, 상과, 농과, 생물, 음악과 등이다. *Report of Registrar of C.C.C.* Dec. 28, 1915, 1~8.

15) 대한 그리스도인들은 선교사들에게 배운 찬송가를 일상에서 자유롭게 불렀다. 많이 불려진 찬송은 "예수 사랑 하심은," "예수의 피밖에 없네," "죄에서 자유를 얻게 함은," "하나님 아버지 주신 책은," "한 복지 있으니" 등이다. Horace G. Underwood to F.

동화(同化)를 꾀하기 위해 한국어 수업 시간을 줄이는 대신 일본어 시간을 늘리고, 일본인이 만든 음악 교과서를 보급 했다.[16] 선(善)과 덕(德)에 대한 분별력이 없는 제국주의자들의 인(仁)과 의(義)에 복종해야 하는 상황으로 바뀐 것이다.[17] 이러한 상황에서 찬미가 풍의 창가와 애국가 부류의 창가는 기독교 신자들과 일부 지식인에 국한된 것이었다.[18]

조선총독부는 대한 사람을 일제의 충량한 황국신민으로 양성하기 위한 교육정책을 시행했다.[19] 대한의 청년이 조선총독부의 교육정책을 따르다 보면 정체성의 혼란에 이어 자주독립을 맞이하더라도 새로운 사회를 향한 독자적인 문제의식을 느끼지 못할 가능성이 크다. 그뿐만 아니라 자주성의 상실로 야기된 노예근성으로 인해 대한의 정신을 회복하는 데 많은 시간을 허비하게 될 것이다.[20] 이에 연전은 대한 사람의 경계(境界)와 경계(經界)를 무력화하고 흐트러뜨리는 차별화와

F. Ellinwood,(August 14, 1885); Lillias H. Underwood, "Letters from Korea", *WWW* vol.4 no.12(1889). 328; Annie L. Baird, "Some Things that may be seen in Seoul, Korea", *WWW* vol.6 no.9 (1891), 236-238; Lillias H. Underwood, "A New Arm of Medical Missions in Seoul and a Korean Christian", *WWW* vol.9 no.8(1894), 206-208; Ellen Strong, "Letters from Korea", *WWW* vol. 9 no.8 (1894), 214. 한편, 알렌은 1884년 11월 27일 교동 소재 일본공사관에서 예배하며 "My Country Tis of Thee(America)"를 불렀다. *Horace N. Allen's Diary,* Nov. 27, 1884; Samuel Francis Smith, My country! 'Tis of thee. Accessed August 24, 2018, https://www.loc.gov/item/ihas.100010476/.

16) 오지선, 『한국근대음악교육』, (서울: 예솔출판사, 2003), 46; 이병담, 김혜경, "조선총독부 초등학교 음악교육의 일탈과 실상-일본 창가의 체계와 내용을 중심으로," 「일어일문학」 34, (2007.5), 233~234.

17) 정운형, "언더우드의 선교활동과 애민(愛民) 교육," (연세대학교 대학원 박사학위 논문, 2017), 142.

18) 오지선, 『한국근대음악교육』, 46.

19) 「朝鮮教育令」(1911.8.23), 제2조, 제3조.

20) 정운형, "언더우드의 선교활동과 애민(愛民) 교육," 148~149.

비인간화에 아랑곳하지 않고, 대한 사람이 가장 원하는 것을 '가장 완벽하게 구현하기 위해 기운을 낼 때를'[21] 기다리는 인재(人材)를 양성하는 데 음악을 접목했다.

한편, 서양음악의 유입은 "한 나라의 언어가 완전히 바뀐 것과"[22] 같은 수준의 문화적 변동이라고 할 수 있다. 이러한 변화는 주로 선교사와 학교가 이루어냈다. 여기에서 말하는 학교는 일본식 학교 제도를 따르며, 일본인 교사와 일본인이 만든 음악 교과서로 교육하는 곳이다.[23] 따라서, 연전은 초등학생 때부터 일본음악(창가)을 배운 학생들이 새로운 지식을 생산할 수 있는, 곧 '새로운' 길을 발견하며 다가올 시대를 품을 수 있는 인격 도야에 음악이 유익하다고 여겨 교과과정에 편성했다. 그리고 학생들은 사중창단, 글리클럽, 관현악단, 밴드 등의 활동을 자기계발의 기회로 삼을 수 있었다.[24] 그 결과 연전 음악은 "민중의 문화적 향상과 정신적 도야를 그 사명으로 한데 잇는 이상 현재에 있어서나 미래에 있어서"[25] 대한 사람의 희망이 되었다.

21) 정운형, "Arthur L. 베커 선교사와 근대 과학 교육," 「人文科學」 제111집 (2017.12), 87~113.

22) 배연형, "창가 음반의 유통," 「동악어문학」 51 (2008), 35~73.

23) 「朝鮮教育令」(1911.8.23) 제2장 제4조, 제5조, 제9조, 제10조, 제12조, 제13조; 박영기, "일제 초기 일본식 창가교육과 최남선의 순우리말 창가교육," 「청람어문교육」 Vol. 37, (2008.6), 244~251.

24) *C.C.C. Report of U. K. Yu, Dean*, September 20, 1928.

25) 漢陽學人, "新進學者 總評(一), 延禧專門學校 教授層," 「삼천리」 제10호 (1930.11), 42.

<표1> 음악교육 참여한 선교사와 한국인*

이 름	직 위	재직 기간	주요 활동	비 고
변성옥	교사(직위불명)	1915	기숙사 사감 겸직	베커 제자 1916년 유학
백남석	조교, 시간강사 음악주임	1916~19 1923~35(29)	밴드, 영어 음악부 관리	한영서원 1919년 유학
F. H. Smith[26]	전임강사	1917		미 북감리회 소속 일본 선교사로 C.C.C. 인가 서류에 이름을 올렸음.
백우용	강사	1919	밴드	대한제국 군악대장
김영환	강사, 조교수, 정교수	1918~29	성악, 기악, 글리클럽, 번역	숙명, 진명, 중앙 등 교사 겸직
현제명	전임강사, 조교수, 정교수	1929~37 1938~40	성악, 기악, 음악도서관, 관현악단, 작곡	숭실 수양동우회 사건
박경호	강사	1936~37 1938~40	총괄	숭실, 이화여전 교수
Mrs. A. L. Becker	강사	1914~40	오르간, 피아노, 성악, 채플 반주	A. L. Becker의 부인
Mrs. W. C. Rufus	강사	1915~17	밴드	밴드 창설
Mrs. H. A. Rhodes	강사	1918~32	관현악단, 글리클럽, 밴드, 채플 반주	Joshep L. Gerdine 후임 교회사 교수 H. A. Rhodes의 부인
Mrs. B. W. Billings	강사	1915~32	관현악단, 글리클럽	부교장, 감리교신학교장 B. W. Billings의 부인
Mrs. R. C. Coen	강사	1933~40	채플 연주	
Mrs. J. L. Boots	강사	1928~39	관현악단, 합창단, 밴드	세브란스치과의사 J. L. Boots의 부인
Mrs. J. E. Fisher	촉탁	1929~35		심리학 교수 J. E. Fisher[27]의 부인

26) Frank H. Smith, "The Work among the Japanese in Chosen," *The Christian Movement in the Japanese Empire including Korea and Formosa A year Book for 1916,* (Yokohama Japan: Fukuin Printing Co., 1916), 355~360.

27) 피셔(1886~1989. 한국 이름: 피시아) 선교사에 관해서는 J. E. Fisher, *Pioneers of Modern Korea,* (Seoul: The Literature Society of Korea, 1977)를 참조하라.

Mr. G. C. Spidel[28]	강사	1930~?	피아노	
Mrs. L. H. Snyder	촉탁	1934~40	음악	영어 조교수 L. H. Snyder의 부인
이유선	조교	1933~37		연전 상과 졸업[29]

* 표는 연례보고서, 학감보고서, 연전 및 세브란스의전 졸업생사진첩을 참조하여 작성함.

Ⅲ. 한국인 음악 교수

1. 피아니스트 김영환

김영환은 숭실중학교를 제3회로 졸업한 김상은[30]의 아들로 평양에서 태어났다. 김영환은 블레어(William N. Blair, 1876~1970, 한국 이름: 방위량) 선교사 집에서 들려오는 오르간 소리를 듣고 음악에 눈을 떴다고 한다. 10살 이전에 풍금을 배웠으며, 숭실에서 음악 이론을 김인식(1885~1963)에게 배웠다.

---

28) *C.C.C. Report of Dean, 1930; C.C.C. Annual Report for the fiscal year 1930~1931.*

29) 「每日申報」, (1929년 4월 4일), 2면; *Report of the President of the C.C.C. Seoul, Korea to the Board of Managers 1934~35; General Summary 1934~35*. March 31, 1935; 연전 졸업앨범(1933); 李侑善, 『2불 80센트의 기적: 이유선 회고록』, (서울: 도서출판 작은우리, 1999), 80; 김성보, "연희전문학교 졸업생들의 사회 진출 기초 연구," 『근현대 한국의 지성과 연세』, (서울: 혜안, 2016), <부록> 연희전문학교 졸업생 명부.

30) 김상은(?~1909)은 산정현교회 영수였다. 길진경 편집, "平壤山亭峴敎會史記," 『영계 길선주 목사 저작전집』 제1권, (서울: 대한기독교서회, 1968), 190~191.

김영환은 1910년 동양음악학교에 입학했다.[31] 1927년 작성된 '동양음악학교 학우회명부(學友會名簿)'에 의하면, 김영환은 1913년 3월 23일 다른 4명의 학생과 함께 동 학교를 제4회로 졸업했다.[32] 그리고 1915년 동경음악학교(동경음악대학 전신) 본과 기악부(피아노)에 입학해,[33] 1918년 3월 25일 제29회로 졸업했다.[34]

이와 관련해 당시 언론은 김영환이 평양 출신이며, "동교(동경음악학교_인용자)에 재학 중이라는 사실과 함께 학비 마련을 위해 가까운 시일 내 귀국할 것이라는

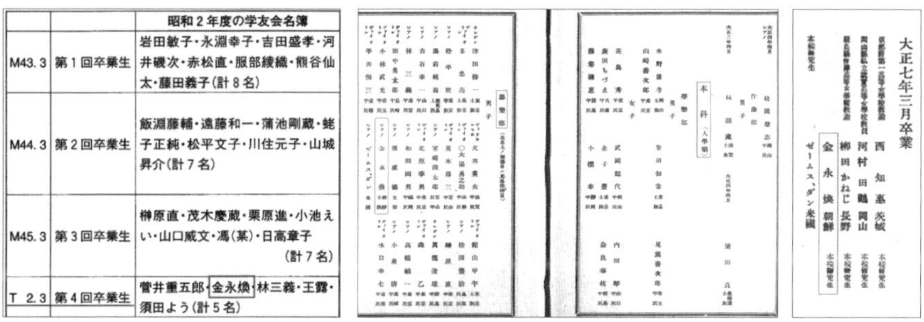

		昭和2年度の学友会名簿
M43. 3	第1回卒業生	岩田敏子・永淵幸子・吉田盛孝・河井磯次・赤松直・服部綾織・熊谷仙太・藤田義子(計8名)
M44. 3	第2回卒業生	飯淵藤輔・遠藤和一・蒲池剛蔵・蜷子正純・松平文子・川住元子・山城昇介(計7名)
M45. 3	第3回卒業生	榊原直・茂木慶蔵・栗原進・小池えい・山口威文・馮(某)・日高章子(計7名)
T 2. 3	第4回卒業生	菅井重五郎・金永煥・林三義・王露・須田よう(計5名)

그림 3. 김영환의 동양음악학교 졸업 명부(1913, 좌)와 동경음악학교 입학 명부(1913, 중), 졸업 명부(1918, 우)

---

31) 武石 みどり, "明治・大正期の東洋音楽学校　演奏に関連する記録・資料," 「研究紀要」 29 (2005), 27~48.

32) 앞의 논문, 29~33.

33) 東京音樂學校, 『東京音樂學校一覽』, (東京: 三秀舍, 1915), 107.

34) 東京音樂學校, (1918), 96; 東京音樂學校, (1919), 49. 이 시기에 김영환은 춘원 이광수(1892~1950)와 약 3년 동안 한 기숙사에서 같이 지냈으며, 김성수(1891~1955), 송진우(1890~1945), 김병로(1888~1964), 신익희(1892~1956), 김준연(1895~1971) 등과 사귀었다고 한다. 金永煥, "落花巖의 作曲," 「삼천리」 제7권 제6호 (1935.6), 11~12.

등의 유학 동정을 보도했다.[35] 일찍이 채규엽(1906~1949)은 김영환을 "조선 사람으로 동경 우에노음악학교 본과를 졸업한 첫 사람이며, 조선 악단에 피아노로 이 사람을 지나칠 사람이 없다"[36]라고 했다.

김영환은 어머니가 보내준 500원으로 구입해 유학 내내 사용한 피아노를 가지고 귀국했다.[37] 그 당시 한국에는 연주용 그랜드 피아노가 한 대도 없었다고 한다.[38] 김영환은 한국에 피아노가 들어온 시기에 관해 다음과 같이 회고하기도 했다.[39]

> 우리나라에서 피아노라는 것을 제일 먼저 가졌던 사람은 아마도 마르텔(Emile Martel, 1874~1948)이라는 사람일 것이다. 그는 우리나라에 군악대를 만든 에케르트의 사위로 나중에 경신학교(법어학교_인용자) 교장을 지냈다. 그의 부인인 아말리는 피아노도 잘 치고 개인교수도 했었다. 이때가 1900년대 초쯤이다.

---

35) 「大韓每日申報」, (1909년 1월 29일), 2면; 「매일신보」, (1915년 2월 19일), 3면; 「每日申報」, (1915년 7월 17일), 4면; 「매일신보」, (1917년 8월 8일), 3면.

36) 蔡奎燁, "人氣音樂家언파레-트," 「삼천리」 제4권 제7호 (1932.5), 36.

37) 「중앙일보」, (1974.4.23), 5면.

38) 한상우, 『기억하고 싶은 선구자들』,(지식산업사, 2003), 43. 1899년 대구에 부임한 미국 북장로회 선교사 사이드보탐(Richard H. Sidebotham, 1874~1908, 한국 이름: 사보담)은 1900년 3월에 피아노를 나루에서 집까지 운반한 과정을 상세하게 기록해 두었다. 손태룡, 『사문진과 한국 첫 피아노』, (서울: 민속원, 2015), 43~47; 부산근대역사관, 『도록 사보담의 100년의 약속』, (2009). 『도록 사보담의 100년의 약속』은 2018년 10월 27일, 부산근대역사관 학예사 이남식의 도움을 받았다. 한편, 이정희는 1918년 8월 31일 열린 고종 탄신축하 피아노 연주에 김영환의 피아노가 사용되었을 가능성을 언급했다. 이정희, "1910년대 고종 탄신 기념 연회의 공연 영상," 316~318.

39) 「중앙일보」,(1974.5.9), 5면; 하지만, 마르텔과 사이드보탐에 앞서 에비슨(Oliver R. Avison, 1860~1956, 한국 이름: 어비신)이 1893년 12월에 서울로 피아노를 들여왔다. 에비슨은 아내의 반주에 맞춰 "만복의 근원 하나님"을 불렀다고 한다. Oliver R. Avison, *Memoires of Life in Korea*, (Seoul: The Korean Doctors' Weekly, 2012), 91.

연전은 김영환을 음악강사로 초빙했다. 김영환은 음악주임을 맡아 글리클럽, 밴드 등을 조직해 지도했다.[40] 그는 음악을 "가장 인간과의 밀접한 관련을 맺고 있"[41]는 예술로 이해했다. 이러한 인식을 바탕으로 학생들이 마음의 여유를 가지고 현실을 직시하기를 원했다. 그리고 사비를 들여 그랜드 피아노를 구매해 연전 대강당에 비치하고 음악교육에 사용했다.[42]

당시의 학생들은 다양한 외부 연주 활동에 참여했다. 1923년 5월 YMCA 회관에서 열린 '학생청년회 하기 음악회'를 비롯해 평양 숭실에서 '연희전문음악회,' 홍영후, 김영환, 윤심덕 등이 출연한 '연희음악회'를 가졌다. 연주회 수익금은 주로 전도 활동비로 사용하였다.[43]

그림 4. 김영환과 글리클럽(연전 제9회졸업생사진첩, 1927)

40) *C.C.C. Dean's Report*, February 1919.

41) 「삼천리」 제13권 제4호 (1941.4), 50~51.

42) "Our music teacher Mr. Kim donated a new piano worth ¥2,200.00." *C.C.C. Report of President to Field Board of Managers*, September 15, 1923; 延世音樂55年史編纂委員會, 『延世音樂55年史』(이하 『55년사』). (光文印刷社, 1974), 74~78.

43) 「동아일보」, (1923년 5월 17일), 석간 3면; (1923년 7월 20일), 석간 4면; 「時代日報」, (1924년 5월 9일), 1면.

김영환은 연전 내에 음악과를 설치하려고 시도했으나,[44] 시기상조라는 연전 운영 합동위원회와[45] 다른 교직원들의 반대로 그 뜻을 이루지 못했다.[46] 하지만 김영환은 "No라는 거부의 비보"[47]에 낙망하지 않고, 수년 내 설립될 것이라는 희망으로 수업에 전념하며, 합창부를 비롯한 클럽 단위의 연주 활동을 독려했다. 그의 독려에 힘입어 문과생들이 합창 운동을 전개하였다. 이 시기에 슈베르트의 "월계꽃"(윤기성), "자장가"(홍순혁), 스페인 민요 "고향생각"(이경렬), "고향의 폐가"(이창희), 오페라 <리골레토>의 "여자의 마음"(김영환) 등을 우리말로 번역했다.[48]

---

44) 김영환은 3년 과정의 음악과 설립을 주장하였으며, 연전은 음악과 설치를 두 차례(1920, 1929) 시도했다. "The Faculty of the College have voted to ask the Board to establish a Music Department in connection with the College, the reason being the great need of development along the line of music among the Korean people, requiring specially trained leaders, and the additional reason that a music department will insure a lively interest among the students in all kinds of music, singing, glee clubs, orchesters, musicales, concerts, school songs etc., making all our religious services more attractive." *Harry Rhodes to the Board of Managers of the Chosen Christian College*, Feb. 12th, 1920; "The college will encourage the development of musical interest and ability in teachers and students, and will includes in the budget as large as a sum as possible for vocal and instrument of music each year. We will also keep in mind a department of music as a future possibility." Proposed New Department, *Report of the Special Committee of the Faculty of the Chosen Christian College on Educational Policy to the Faculty of Chosen Christian College at the Regular Meeting of the Faculty,* February 22, 1929; 『55년사』, 77~79.

45) 음악대학50년사편찬위원회 편집, 『연세대학교 음악대학 50년사』(이하 『50년사』). (서울: 연세대학교출판부, 2006), 5~12.

46) 당시 영어과 및 종교과를 담당했던 빌링스(Bliss W. Billings, 1881~1969, 한국 이름: 변영서) 등 일부 교수들은 음악부 학생들의 연습 활동이 '공부'가 아니라는 이유로 이를 자주 중단시켰다. 李侑善, 『2불 80센트의 기적: 이유선 회고록』, 81~82.

47) 『55년사』, 1974, 77~79.

48) 앞의 책, 146.

2. 연전 출신 백남석

백남석은 그의 아버지 백사겸(1860~1940)을 연구한 이들에 의해 '시각장애인 전도사'의 아들, 찬송 시 '가을'을 지은 연전 교수로 알려져 있다.[49] 연전 교수 시절 백남석은 재주가 출중하다는[50] 평과 개성의 '기다수재(機多秀才)'라 칭찬을 들었는가 하면, '학구적인 태도가 부족하고 유별난 인격을 가진 학자'라는 평을 듣기도 했다.[51]

---

49) 朴穌泉 編, 『숨은보배』, (京城: 東洋宣教會 聖潔教會出版部, 1938); 오명동, 『(한국초대교회) 맹인 전도사 백사겸 이야기』, (한들출판사, 2005); 연규홍, "점쟁이 이름 날리다 방랑 전도자로: 백사겸(白士兼)," 「새가정」 통권449호 (1994.8); 김진형, "숨은 보배 백사겸," 「기독교사상」 39 (1995.6); 이덕주, 『(새로 쓴 한국그리스도인들의) 개종이야기』, (한국기독교역사연구소, 2003); 이덕주, "성경을 외운 맹인 전도자," 「성서한국」 46권 2호 (2000) 등이 있다. 그런데 백남석은 롱펠로우(Henry W. Longfellow, 1807~1882)가 1855년에 발표한 시 "The Song of Hiawatha"를 번역한 것을 비롯해 다수의 번역서를 출간했다. 번역서 목록은 다음과 같다.
Hardie, R. A. 『구약총론, 샹』,(朝鮮耶蘇教書會, 1921)
Kern, John A. 『教衆에 對[한] 職務, 第1編, 禮拜에와 說教에』,(朝鮮監理教會 協成神學校, 1923)
뗌시, 엘남 F. 『감초인 생명』,(朝鮮耶蘇教書會, 1923)
Grant, G. M. 『世界宗教比觀抄』,(朝鮮監理教會 協成神學校, 1925)
Kern, John A. 『教衆에 對[한] 職務: 講道學 講演』,(朝鮮耶穌教書會, 1926)
Nuelsen, John L. 『루터의 偉跡』,(朝鮮耶穌教書會, 1929)
William E. 『純潔한 生活』,(朝鮮耶蘇教書會, 1930)
Biederwolf, James Orr. 『예수의 復活』,(朝鮮耶蘇教書會, 1930)
Imbrie, William. 『예수를 누구라 하는가』,(朝鮮耶穌教書會, 1930)
Culross, James. 『벳아니에 家庭』,(朝鮮耶穌教書會, 1931)
Orr, James. 『예수의 童貞女 誕生』,(朝鮮耶穌教書會, 1931)
Harrison, Norman B. 『확실한 재림』,(조선예수교서회, 1932)

50) "Preaches to Blind Sorcerers," *The Continent*, March 22, 1923, 366.

51) 김영장(金永藏), 이상춘(李常春)과 함께 개성이 낳은 인재로 꼽혔다. "新進學者 總評(一),

현 조교수가 연전에 오기 전부터 음악부장을 겸임한 백남석 교수가 있다. [....] 개성서 성장한 분으로 한영서원을 거쳐 연전서 수업하였다. 1919년에 도미하여 에모리대학 문과를 졸업하였으며 동 대학원에 입학하여 심리학을 전공하고 문학사 학위를 받은 후에 다시 콜럼비아대학에서 교육학을 연구하였다. 귀국해서 개성 호수돈여고에서 교편 생활을 했고 1923년부터 모교에 와서 영문법과 영문학을 교수하여 현재에 이르고 있다.[52]

현제명이 연전에 부임하기 전부터 백남석이 음악주임을 맡고 있었음을 소개한 글이다. 백남석은 송도고보의 전신 한영서원을 거쳐 연전에서 공부하고, 1920년 8월 에모리대학교 교양학부를 졸업(B.S.)한 후, 곧바로 동 대학원에 진학해, 1921년 6월 문학석사(M.A.) 학위를 취득했다.[53] 그리고 컬럼비아대학교 사범대학에서 공부하고[54] 돌아와, 1923년부터 1935년 초까지 연전에서 영어 교수로 재직했다.[55]

백남석은 복인(卜人)인 아버지 백사겸(1860~1940)의 영향으로 일찍이 글을 깨우친 것으로 추정된다. 아버지의 개종으로 기독교인이 되었으며, 윤치호가 설립한 한영서원을 졸업하고,[56] 곧바로 미국 유학을 준비했다.[57] 하지만 여권 발급

延禧專門學校 敎授層," 「삼천리」 제10호 (1930.11), 44; "三千里機密室(The Korean Black-chamber)," 「삼천리」 제6권 제5호 (1934.5), 26; 「每日申報」, (1926년 6월 9일).

52) 漢陽學人, 「삼천리」, (1930.11), 44.

53) *The Emory Catalogue*, April, 1921, 199, 211; *The Emory Catalogue*, March, 1922, 206, accessed December 22, 2018, https://babel.hathitrust.org/

54) "Teachers College", *Catalogue 1921-1922*. 259.

55) *C.C.C. Minutes of Annual Meeting of Field Board of Managers*, September 15, 1923; *C.C.C. Seoul, Korea Minutes of the Field Board of Managers*, February 15, 1935.

56) "한영셔원졸업식," 「그리스도회보」, (1913년 3월 31일).

57) 官秘 第357號 秘受 11686號, "米國本土及米領布哇行旅券下付出願者表," (1914.12.11).

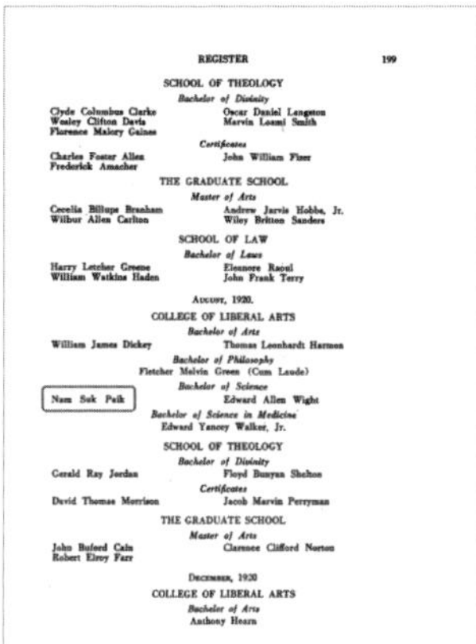

REGISTER 199

SCHOOL OF THEOLOGY

Bachelor of Divinity

Clyde Columbus Clarke / Oscar Daniel Langston
Wesley Clifton Davis / Marvin Loami Smith
Florence Malory Gaines

Certificates

Charles Foster Allen / John William Fizer
Frederick Amacher

THE GRADUATE SCHOOL

Master of Arts

Cecelia Billups Branham / Andrew Jarvis Hobbs, Jr.
Wilbur Allen Carlton / Wiley Britton Sanders

SCHOOL OF LAW

Bachelor of Laws

Harry Letcher Greene / Eleanore Raoul
William Watkins Haden / John Frank Terry

August, 1920.

COLLEGE OF LIBERAL ARTS

Bachelor of Arts

William James Dickey / Thomas Leonhardt Harmon

Bachelor of Philosophy

Fletcher Melvin Green (Cum Laude)

Bachelor of Science

Nam Suk Paik / Edward Allen Wight

Bachelor of Science in Medicine

Edward Yancey Walker, Jr.

SCHOOL OF THEOLOGY

Bachelor of Divinity

Gerald Ray Jordan / Floyd Bunyan Shelton

Certificates

David Thomas Morrison / Jacob Marvin Perryman

THE GRADUATE SCHOOL

Master of Arts

John Buford Cain / Clarence Clifford Norton
Robert Elroy Farr

December, 1920

COLLEGE OF LIBERAL ARTS

Bachelor of Arts

Anthony Hearn

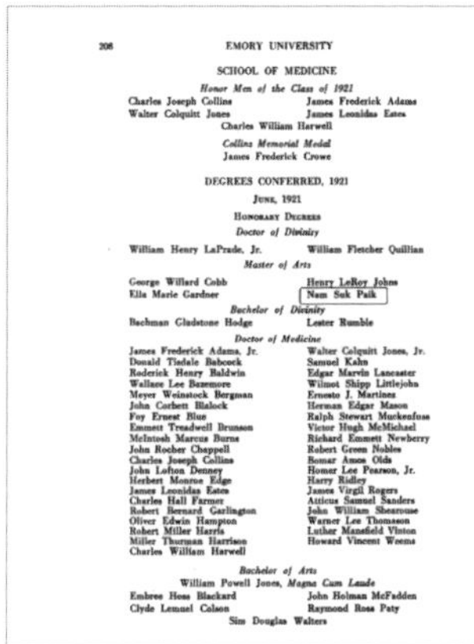

208 EMORY UNIVERSITY

SCHOOL OF MEDICINE

Honor Men of the Class of 1921

Charles Joseph Collins / James Frederick Adams
Walter Colquitt Jones / James Leonidas Estes
Charles William Harwell

Collins Memorial Medal

James Frederick Crowe

DEGREES CONFERRED, 1921

June, 1921

Honorary Degrees

Doctor of Divinity

William Henry LaPrade, Jr. / William Fletcher Quillian

Master of Arts

George Willard Cobb / Henry LeRoy Johns
Ella Marie Gardner / Nam Suk Paik

Bachelor of Divinity

Bachman Gladstone Hodge / Lester Rumble

Doctor of Medicine

James Frederick Adams, Jr. / Walter Colquitt Jones, Jr.
Donald Tisdale Babcock / Samuel Kahn
Roderick Henry Baldwin / Edgar Marvin Lancaster
Wallace Lee Bazemore / Wilmot Shipp Littlejohn
Meyer Weinstock Bergman / Ernesto J. Martinez
John Corbett Blalock / Herman Edgar Mason
Foy Ernest Blue / Ralph Stewart Muckenfuss
Emmett Treadwell Brunson / Victor Hugh McMichael
McIntosh Marcus Burns / Richard Emmett Newberry
John Rocher Chappell / Robert Green Nobles
Charles Joseph Collins / Bomar Amos Olds
John Lofton Denney / Homer Lee Pearson, Jr.
Herbert Monroe Edge / Harry Ridley
James Leonidas Estes / James Virgil Rogers
Charles Hall Farmer / Atticus Samuel Sanders
Robert Bernard Garlington / John William Shearouse
Oliver Edwin Hampton / Warner Lee Thomason
Robert Miller Harris / Luther Mansfield Vinton
Miller Thurman Harrison / Howard Vincent Weems
Charles William Harwell

Bachelor of Arts

William Powell Jones, *Magna Cum Laude*

Embree Hoss Blackard / John Holman McFadden
Clyde Lemuel Colson / Raymond Ross Paty
Sim Douglas Walters

그림 5. 백남석의 에모리대학 졸업(좌), 동 대학원 졸업(우)

이 순조롭지 않자 상황에서 C.C.C.에 들어와, YMCA 회원 및 양악대 단원으로 활동했다.[58]

연전 재학 중에 백남석은 이른바 한영서원 창가 편찬·보급 사건에 연루되기도 했다.[59] 이 사건은 정사인(1882~1958)[60]을 중심으로 항일 성격의 창가를 편찬해 보급한 것인데, 백남석은 연전 동료인 백남철과 함께 일경(日警)에 의해 검

58) *C.C.C. Dean's Annual Report*, February, 1919; 「연희전문학교 졸업앨범」, (1919).

59) 警高機發 第581號, "不穩者發見處分ノ件," (1916.12.22).

60) 정사인은 서울에서 태어나, 19살 때(1899) 대한제국 곡호대(曲號隊, 현 군악대)에 들어갔다. 군악대장 에케르트(F. Eckert, 1852~1916)에게 서양음악을 배웠으며, 플루트와 피콜로를 연주했다. 그리고 군대 해산 이후 이왕직양악대원으로 활동했다. 하지만 일제의 간섭으로 양악대를 그만두고, 한영서원 음악교사로 전직했다. 정사인은 한영서원 학생을 중심으로 관악대(管樂隊)를 조직해 연주 활동에 노력을 기울였다. 「大韓魂」 연주를 통해 학생들은 물론 지역 주민들의 애국심과 독립사상을 고취하고자 했다.

거됐다.[61] 그 무렵에 백남석은 루퍼스(W. C. Rufus)[62]의 부인 머드(Maude Squire)가 조직한 연전 양악대에서 트럼본 주자로 활동했다.

백남석은 김영환이 학교를 떠날 채비를 하던 1928년 가을학기부터 약 1년간 음악주임을 맡았다. 그는 베커 부인(Mrs. A. L. Becker) 등에 의해 이루어지는 음악 교육을 비롯해 학생들이 참여하는 학교 채플과 교내 여러 음악 단체의 활동을 지원했다.[63] 합창단은 시내 공회당에서 열린 4개 전문학교 음악회에 참가해 연전의 늠름한 기상으로 관객들의 감흥을 돋우었으며, 번외로 연전 교가를 제창하기도 했다.[64] 1929년 5월 24일에 열린 '경성 각학교 연합대음악대회'에도 참가했다.[65] 그리고 '제1회 연전추기음악대회'를 1929년 11월 29일 소공동 공회당에서 주최했다.[66]

그런데 백남석은 학생들로부터 '학생을 이해하지 못하는 선생[67]'이라고 배척받은 일이 있다. 이 일로 교수직을 내려놓고 연전 부속 연희보명보통학교장을 맡았다.[68] 그리고 1931년 4월 연전 내에 세워진 교회(Union Church)의 주일학교

---

61) 한영서원 창가 편찬·보급 사건은 서양음악을 배우면서 그 정신과 예도(禮道)를 탐구할 여유가 없었던 시기에 에케르트에게 서양음악을 전수한 정사인을 통해 백남석이 서양음악 기본이론과 관악기를 배웠을 가능성을 시사한다.

62) 루퍼스(1876~1946, 한국 이름: 유부수)는 미시건대학교 재직 시, 연전 제1회 졸업생 이원철(1896~1963)을 대학원생으로 받아들여, 그의 박사학위 논문을 지도했다. 손영종, "해설: 루퍼스(W. C. Rufus, 劉芙秀)의 한국 천문학(Korean Astronomy," 『루퍼스의 한국 천문학』, (서울: 도서출판 선인, 2017), 17~24.

63) *C.C.C. 1928~1929 Annual Report*, Appendix II.

64) 「동아일보」, (1928년 10월 17일), 석간 7면.

65) 「朝鮮新聞」, (1929년 5월 23일), 2면.

66) 제1회 연전추기음악대회는 '延專管絃樂團, 延專쓸리클럽, 玄濟明(獨唱), 郭正淳(17歲)의 提琴獨奏' 등이 연주되었다. 「동아일보」, (1929년 11월 28일), 석간 4면.

67) 「每日申報」, (1929년 6월 9일), 2면.

68) 연희보명학교(延禧普明學校)는 "연희전문학교의 구 교사(치원관_인용자)"에서 "대정

그림 6. 합창단과 함께 한 백남석(연전 제11회졸업생사진첩, 1929)

교장을 맡아 활동하기도 했다.[69] 그 무렵에 쓴 시(詩) '가을'은 현제명이 곡을 붙여(1931) 장로회총회 종교교육부에서 발행한 『아동 찬송가』(1936)에[70] 수록되고,

11(1922)년에 창립된 이후 부근 일대 무산아동"들이 다닌 "연전(延專)의 부속학교"로, 1936년에 이르러 "재학생이 四百명에 가^운 유일한 초등조선아동교육 긔관"으로 자리매김했다. 「조선중앙일보」. (1935년 3월 16일), 석간 2면; 「동아일보」, (1939년 8월 7일), 석간 2면; 「동아일보」, (1938년 5월 31일), 조간 2면; 「每日申報」, (1930년 9월 18일), 2면; 「매일신보」, (1936년 12월 8일), 7면.

69) 연전은 개교 15주년을 전후해 학교 분위기를 새롭게 하고자 했다. 종교주임 백낙준(1895~1985)은 그 방안의 하나로 교직원을 중심으로 기도와 찬양 모임을 통해 기독 정신을 풍성하게 하고, 나아가 이웃에 복음을 전파하는 교회를 교내에 설립하는 방안을 제안했다. 이 방안을 따라 연전은 장로교단과 감리교단에 "연합교회(Union Church)"의 설립을 제안해 장로회 경기노회의 승인을 받았다. 그리고, 1931년 부활주일(4.5)에 첫 정기예배를 드렸다. 그리고 Union 교회는 교목인 유백희 목사가 임시 담임을 맡았다. *C.C.C. Annual Report for the fiscal year 1930~1931: C.C.C. Field Board of Managers*, March 13, 1931; *C.C.C. Report of the Dean*, September 25, 1931; *C.C.C. Report of the Dean*, September 22, 1932.

70) 『아동 찬송가』는 현제명이 정인과와 함께 편찬하여, 1936년 8월에 발행했다. 이 찬송가

초등학교 음악 교과서에도 실렸다.

3. '한국 음악'의 개척자 현제명

현제명은 1929년 8월 미국 시카고에 있는 Gunn 음악예술대학에서 공부를 마치고 귀국했다.[71] 당시 언론은 현제명을 조선 최초의 음악학사로 음악계에 명성 높은 샛별이라고 했다.[72] 1927년 7월 27일에 시카고에서 열린 '전미 현상 음악회' 성악 부문에서 현제명이 1등에 당선한 영예를 높이 산 것이다.[73]

1929년 9월, 현제명이 연전의 음악강사로 부임했다.[74] 백남석이 음악주임을 맡은 가운데,[75] 베커 부인, 헤리 로즈 부인(Mrs. H. A. Rhodes) 등이 클럽활동을 이끌어가던 때였다. 현제명은 정규 교과 지도를 포함해 기존 클럽활동을 재편해,[76] 선교사 부인들과 괄목할 성과를 이뤄냈다.[77] 또한, 피아노와 다른 여러 악기를

에는 백남석의 시를 현제명이 작곡한 "가을"을 포함해 총 101곡이 수록되었다. 한편, 발행인 홀드크로프트(James G. Holdcroft, 1878~1972)인데, 3·1 운동 당시 일제의 잔악함을 일본 총리에게 직접 알린 선교사이다. 『아동 찬송가』에 실린 "가을"을 연구하는 데 도움을 준 박환규 장로(부산온천제일교회)께 감사드린다.

71) 현제명의 출생 및 가정사에 관해서는 손태룡, "현제명, 한국양악사의 큰 별," 「한국음악사학보」 제10권 (1993), 77~102을 참조하라.

72) 「동아일보」, (1929년 8월 11일), 석간 5면; 「조선일보」, (1929년 8월 18일), 석간 2면; 「동아일보」, (1929년 9월 26일), 석간 5면.

73) 「동아일보」, (1927년 10년 3일), 석간 2면; *Annual Meeting of Field Board of Managers*, September 20, 1929.

74) *C.C.C. Annual Meeting of Field Board of Managers*, September 20, 1929.

75) *C.C.C. Report of the Dean*, September 20, 1929.

76) *C.C.C. Annual Meeting of Field Board of Managers*, September 20, 1929.

77) *Report of the Dean 1935~1936*, February 26, 1936.

그림 7. 관현악단을 지도하는 현제명(1934©*Michigan to Korea*)

갖추어 클럽활동을 더욱 활성화했다. 1930년대 중반부터 사중창단(Male Quartet)과 현악 사중주단(String Quartet)[78] 활동을 시작했다.

그런데 음악관계자들은 연전음악회를 관람한 후, 선곡에 문제가 있다며 현제명의 음악적 기량을 의심했다.[79] 하지만 1년 후에는 "음악강습소 같은 것을 설립하여 연희전문만 돌보지 말고 좀 더 일반 후진 학도를 위하여 활동하여 주기를"[80] 기대했다.

현제명은 관현악단(오케스트라)을 결성했다. 당시 관현악단의 결성은 서양음악 연주와 향유에 있어 일대 혁신이었다. 기존의 관악기 중심에서 벗어났으며, 1930년대 중반부터는 단원이 70여 명으로 증가했다.[81] 당시 언론은 "조선관현

78) *C.C.C. Report of the Dean*, February 14, 1935.

79) 洪鍾仁, "半島 樂壇人 漫評," 「동광」 제22호 (1931.6), 38.

80) 蔡奎燁, "人氣音樂家언파레-트," 「삼천리」 제4권 제7호 (1932.5), 36.

81) 전체 단원은 70여 명이었으나, 실제 공연은 약 30~40명으로 편성했다. 한편, 전체 단원의 명부는 1936년 12월 4일 경성 부민관에서 열린 제15회 연전 음악대회의 프로그램을 근거로 재구성 할 수 있다. 연세대학교백년사 편찬위원회 편찬, 『연세대학교 백년사: 1885~1985. 1』, (서울: 연세대학교 출판부, 1985), 196.

악계에 혜성과 같이 출현"[82]한 연전관현악단이 조선음악가협회 산하에서 활동하고 있는 여러 연주단체 중 "앞선다"[83]라고 했다.

1930년에 이르러 현제명은 '여름 음악강습회'를 열어, 남녀학교에서 음악을 가르치는 이나 혹은 교회음악을 인도하는 이, 그리고 음악을 좀 더 알기를 원하는 이들을 대상으로 피아노, 바이올린 연주법, 성악 발성법, 교회음악 지도 및 합창단 지휘법 등을 강의했다.[84] 그리고 지방 순회 연주와 '전조선 남녀 중등학교 현상음악대회'[85] 등을 통해 "음악에 굶주린 서울의 음악 팬들"[86]에게 큰 반향을 일으켰다. 한편, 현제명은 교내에 음악도서관을 마련해 한국 음악학의 기반을 마련했다.

---

82) 漢陽學人, 「삼천리」 제6권 제9호 (1934.9), 44.

83) 漢陽花郎, "樂壇메리-그라운드," 「삼천리」 제6권 제9호 (1934.9), 155.

84) "夏休를 利用 男女音樂講習," 「동아일보」, (1931.7.11), 석간 4면.

85) 순회공연은 1929년 10월 함남, 함흥, 원산에서의 공연을 시작으로, 주로 현제명 또는 원한경의 인솔로 1936년까지 총 12회 이루어졌다. 음악회는 상당한 인기를 끌었던 연전 사중창단을 비롯해 관현악단과 취주악단, 테너와 소프라노 독창, 피아노 및 바이올린 독주 등으로 구성되는 경우가 보통이었는데, 당시 연주회 가운데 연전 순회공연만큼 다채로운 연주를 실행한 단체는 찾기 어렵다. 순회음악회마다 상당한 이목을 끌어 1933년 총 6회의 연주에 9,000여 명, 1935년에 12회 연주에 14,000여 명의 관객을 동원하는 기록을 세웠다. "延專音樂團 咸興서 大盛況," 「동아일보」, (1933년 6월 6일), 조간 3면; "夏休를 利用 男女音樂講習," 「동아일보」, (1931년 7월 11일), 석간 4면; 『50년사』, 20~21; 『55년사』, 1974, 160~162. 한편, 현상음악대회는 합창, 남자 성악, 여자 성악, 관악, 현악(바이올린), 피아노 등의 6개 부문에 걸쳐 경연을 벌여, 우승자에게는 일본악기주식회사(日本樂器株式會社, 야마하 전신) 경성출장소에서 피아노, 바이올린 등 악기 및 악보를 구매할 수 있는 상품권을 지급했다. "全朝鮮懸賞音樂," 「동아일보」, (1936년 6월 11일), 조간 2면.

86) "延專 主催 今夜 本社後援 男女懸賞音樂大會," 「동아일보」, (1936년 6월 13일), 조간 2면.

Ⅳ. 연전음반

1. 녹음과정 및 음원

개항 이후 서양음악은 다양한 경로를 통해 한국 사회에 유입되고 보급되었다. 그런데 일제강점기에는 서양음악의 유입과 보급이 대부분 일본을 통해서 이루어졌다. 하지만 조선총독부 체제에서 이루어진 음악교육은 황국신민화 교육의 본질, 곧 '충량한 황국신민의 연성'을 위한 것이었으며,[87] 따라서 체계적인 서양음악의 교육과 보급이 거의 이루어지지 않았다. 특히, 대한 사람의 연주와 음악교육 활동은 상당한 제약을 받았다.

연전은 현제명이 부임한 이후 교내의 다양한 클럽활동을 기반으로 학교 밖에서도 음악 활동을 전개했다. 그 가운데 음반(이하 연전음반) 녹음을 가장 획기적인 것으로 꼽을 수 있다. 연전음반 녹음은 1932년 일본 콜럼비아의 정식 초청으로 이루어졌다. 이는 연전 학생들이 음악적 기량과 수준 그리고 다양한 대외적 활동이 상업성과 예술성을 충분히 지니고 있었음을 시사하는 것이다.

> 연전 음악부에서는 일본 콜롬비아 축음기 회사의 초청을 받아 동교 교가, 응원가, 기타 가곡을 취임하기 위해 오는 19일 현제명(玄濟明) 교수 인솔하에 음악부원 4명이 동경을 향하여 출발할 예정이다.[88]
>
> 시외 연전에서는『일본 콜럼비아』 축음기주식회사(蓄音機株式會社)의 초청으

87) 이병담, 김혜경, "조선총독부 초등학교 음악교육의 일탈과 실상-일본 창가의 체계와 내용을 중심으로," 231~236.

88) 「동아일보」, (1932년 7월 19일), 석간 5면.

로 동교 교가, 응원가를 취입하기 위해 열흘 일정으로 현제명(玄濟明) 교수 인솔 하에 이피득(李彼得). 황재경(黃材景), 이유선(李宥善), 신원근(申源根) 4명 일행이 오는 19일 오전 10시 동경(東京)으로 떠날 예정이다.[89]

그림 8. 사중창단원(왼쪽)과 연전음반(오른쪽) © 연세학풍연구소[90]

위 두 기사를 통해 연전 음악부가 콜럼비아의 초청으로 연전음반을 녹음한 사실과 녹음에 참여한 단원을 확인할 수 있다. 이후 연전은 약 6년간에 걸쳐 총 26곡을 녹음했다. 그리고 제작된 음반은 1932년 9월부터 몇 차례로 나뉘어 발매되었다.

연전음반은 일제강점기에 대한 사람으로 구성된 단일 연주단체에 의해 녹음된 서양음악 음반으로는 최대 분량이며, 유일한 한국인 관현악단 연주 음반

89) 「每日申報」, (1932년 7월 17일), 2면.

90) 사중창단원 사진 설명: (뒷줄부터 시계방향으로) 이유선(1911~2005, 1933년 상과), 황재경(1906~1984, 1934년 문과), 이피득(1933년 수물과), 신원근(1935년 수물과).

을 포함하고 있다. 또한, 연전음반은 연전의 음악교육이 서양음악을 기계적으로 수용한 것이 아니라, 당시 대한의 현실과 정서를 고려해 음악적 변용과 번안을 시도한, 곧 연전의 학문적 이념인 "동서고근 사상의 화충(東西古近思想 和衷)"에 근거한 것이라고 할 수 있다.

연전음반에 관해서는 1974년에 연세대학교 음악대학 건축을 기념하기 위해 간행한 『55년사』 등에서 언급하고 있으나, 연전음반에 수록된 전체 곡목을 파악할 수 없다.[91] 이에 2017년 2월부터 연전음반 현황 및 음원 확보 방안 등을 연구하기 시작했다. 같은 해 6월, 당시 석사생 석지훈과 함께 연세대학교 박물관이 소장한 실물 연전음반(2매)을 확인한 후, 1932년부터 1938년까지 일본 콜럼비아·리갈(Regal) 레코드에서 취입·발매된 연전음반의 목록 및 관련 자료를 수집했다. 그리고 2018년 2월, 일본 오사카 소재 국립민족학박물관과 한국음반아카이브(소장 배연형)을 통해 연전음반 26곡 중 원반(原盤)이 확인된 20면의 목록과 음원을 확인했다(<표 2>).

<표2> 연전음반 목록*

발매번호	제목	연주자	작곡자	음원	가사지	발매연월
Col. 40358-A	延禧專門學校校歌	합창단	-	O	X	1932-09
Col. 40358-B	延禧專門學校應援歌	합창단	-	O	X	1932-09
Col. 40359-A	놀아보세	사중창단	-	O	X	1932-09
Col. 40359-B	멍텅구리 서울구경	사중창단	-	O	X	1932-09
Col. 40361-A	農夫歌	사중창단	黑人民謠	X	X	1932-11
Col. 40361-B	물방아	사중창단	玄濟明	X	X	1932-11
Col. 40415-A	나는 실혀	사중창단	쎌본	X	X	1933-05
Col. 40415-B	하. 하. 하	사중창단	크라운	X	X	1935-05
Col. 40450-A	朝鮮의 노래	사중창단	玄濟明	O	O	1933-09

91) 『55년사』, 44, 66~67; 『50년사』, 12~13.

Col. 40450-B	流浪民의 노래	사중창단	-	O	X	1933-09
Col. 40536-A	쏫싸이	사중창단	싸부리엘	O	O	1934-10
Col. 40536-B	멍텅구리 장가가요	사중창단	스미스	O	O	1934-10
Col. 40580-A	삽살개	사중창단	스미스	X	O	1935-08
Col. 40580-B	낫잠자는 마누라	사중창단	카레-	X	O	1935-08
Col. 40607-A	쏫차 보내라	사중창단	스미스	O	O	1935-10
Col. 40607-B	썰렁방울	사중창단	스미스	O	O	1935-10
Col. 40663-A	黑人의 望鄕歌	사중창단	-	O	O	1936-03
Col. 40663-B	쫘아! 쫘!	사중창단	-	O	O	1936-03
Col. 40739-A	그쌔가 조흔 쌔	사중창단	-	O	O	1938-05
Col. 40739-B	절늠발이	사중창단	玄濟明	O	O	1938-05
Regal C301-A	미뉴트 序曲	관현악단	세러듸	O	O	1936-02
Regal C301-B	모사익	관현악단	토바니	O	O	1936-02
Regal C361-A	하와이 노래	합창단	킹	O	O	1936-11
Regal C361-B	올드 블랙 죠-	합창단	꼬스터	O	O	1936-11
Regal C371-A	水夫의 노래	합창단	玄濟明	O	O	1936-11
Regal C372-B	만세반석	합창단	찬송가	O	O	1936-11

*** 목록은 일본 국립민족학박물관, 한국음반아카이브 소장자료, 연세대학교박물관 소장 음반 등을 참조하여 작성함.**

2. 연전음반의 의의[92)]

연전은 6년여에 걸쳐 총 26곡을 유성기음반에 녹음했다. 하지만 연전음반을 녹음하게 된 전후 사정을 확인할 수 있는 자료를 발견하지 못했다. 그리고 출시된 연전음반의 총량이 어느 정도인지 정확히 확인할 수 없었다. 따라서 이 글에서는 현존하는 연전음반의 실물에 담긴 정보를 통해 연전음반의 제작 과

92) '2. 연전음반의 의의'는 석지훈과 정운형이 함께 집필한 「和衷을 노래하다」(2018, 미간행)를 보완하여 재구성했다.

정과 총량을 추정할 따름이다.[93]

연전음반 중 가장 먼저 발매된 것은 1932년 9월 신보로 발매된 Columbia 40358("延禧專門學校校歌"/"延禧專門學校應援歌")이며, 이 음반의 원반번호는 각각 21603과 21605이다. 이 음반과 동시에 발매된 Columbia 40357(현제명 독창 "小夜樂"/"아이 아이 아이")의 원반번호는 21590과 21592이고, 동시에 발매된 또 다른 연전음반 Columbia 40359("놀아보세"/"멍텅구리 서울구경")의 원반번호는 21596과 21598이다. 이를 통해 1932년 7월에 현제명의 독창 음반 6면과 연전음반의 녹음 10면이 한꺼번에 이루어졌음을 알 수 있다.

그림 9. 연전 교가를 수록한 음반에 담긴 정보 ⓒ 연세학풍연구소

---

93) 음반의 레이블과 표면 압인(壓印)에 곡목과 연주자명, 작사·작곡자 이름, 상표 등 다양한 정보가 수록되어 있는데, 그중 서지 정리에 있어 가장 중요한 것은 카탈로그 번호(Catalog number)와 원반번호(Matrix number)이다. 원반번호는 실제 음반을 제작하기 위해 만드는 원반의 제작 과정에서 개별 원반에 부여하는 고유번호이다. 이 번호는 음반 제작 과정을 확인할 수 있는 중요한 정보를 제공한다.

그림 10. '조선의 노래'를 담은 연전음반 ⓒ 연세학풍연구소

한편, 음반 녹음이 한꺼번에 이루어진 것과는 달리, 발매는 나누어 진행되었다. 콜럼비아에서 제작한 음반에는 레이블의 12시 방향에 2-A-1 혹은 1-A-2와 같은 표기가 압인되어 있는데, 이는 각각 음반의 테이크(Take)[94] 번호와 마더(Mother) 번호[95], 스탬퍼(Stamper) 번호[96]이다. 현존하는 연전음반 중 이들 번호가

---

94) 유성기음반 시대에는 녹음 편집이 불가능했기 때문에, 같은 원반번호 아래 여러 차례 같은 곡을 녹음하였다. 이 각각의 녹음을 테이크라고 한다. 당시에는 이 중 가장 좋은 테이크를 골라 발매하는 것이 일반적이었다. Tim Brooks, "High Drama in the Record Industry: Columbia Records, 1901~1934", *ARSC Journal* 33-1, (Bloomington, IN, Association of Recorded Sound Collection, 2002) 34~36.

95) 원본 녹음이 새겨진 왁스 반(盤)을 도금하여 만든 금속 원반을 다시 도금해 만드는 것으로, 음반 제작 시 사용하는 스탬퍼는 이를 다시 도금하여 만들어기 때문에 '모반(母盤)'이라고도 한다.

96) 음반을 프레스에 넣고 찍기 위해 사용하는 금속판으로, 원본 레코드의 역상(逆象)으로 음강(音溝) 대신 요철이 찍혀 있다. 일반적인 음반은 이 두 금속판을 놓고 이 사이에 원료를 부어 찍어내는 것이다.

확인되는 것은 대부분 '2번' 테이크 음반인데, 이는 대부분 곡을 2회 이상 녹음했다는 것을 뜻한다. 그리고 현재까지 보고된 실물 연전음반의 대부분은 스탬퍼 번호가 '1'로 찍혀 있다. 당시의 관행에 비춰 음반당 최대 2,000매를[97] 제작해 발매한 것으로 해석할 수 있다.

녹음한 곡목 대부분은 당시 연전 사중창단의 순회공연 등을 통해 소개되었고, 청중들로부터 상당한 인기를 누렸다.[98] 연주곡은 미국의 찬송가 및 복음성가 작곡가인 가브리엘(Charles H. Gabriel, 1856~1932),[99] 포스터(Stephen Foster, 1826~1864) 등 미국 중심의 노래와 현제명이 작곡한 "절름발이"도 포함되어 있다. 그리고 연전음반 중 'Regal C301'은[100] 일제강점기에 대한 사람으로 구성된 관현악단이 연주한 것을 녹음한 유일한 음반이다. 이와 같은 사실은 콜럼비아사가 밝힌 음반 발매 취지에서 확인할 수 있다.[101]

---

97) Michael W. Sherman, *Collector's Guide to Victor Records, Revised Edition*, (Tustin, CA: Monarch Record Enterprises, 2010), 274~276.

98) 모기윤은 최고 인기곡으로 "멍텅구리 서울구경", "멍텅구리 장가가요"를 꼽았다. 『55년사』, 108~109.

99) Homer A. Rodeheaver, (compiler), Charles H. Gabriel, (edit), *Rodeheaver's Gospel Songs for Church, Sunday School, and Evangelical Services*, (Winona Lake, IN: The Rodeheaver Company, 1922), 267.

100) Regal C301번 음반에는 오스트리아 작곡가 바우만(Jörg Baumann)의 "미뇨네트 서곡"(Mignonette-Overture facile)과 미국인 작곡가 토바니(Theodore Tobani)의 "모자이크 환상곡"(Mosaic: Fantasia on Modern Themes)이 수록되어 있다. 한편, 토바니의 "모자이크 환상곡"은 1932년 11월 12일 열린 제7회 연전 음악회와 1933년 6월 8일 신축된 '노천극장의 낙성식'에서 연주되었다. "延專音樂會順序," 「동아일보」, (1932년 11월 13일), 석간 5면; "延專露天劇場 落成記念盛況," 「동아일보」, (1933년 6월 9일), 석간 2면.

101) 朝鮮레코-드 中에는 眞正한 意味의 管絃樂盤이 아직도 업다고 하겟습니다. 이에 우리 會社로서 생각해오든 바 잇서 朝鮮 樂界에 定評이 잇는 延禧專門學校 管絃樂團을 招聘하야 第一次로 여러분의 귀에 익은 세러듸 作曲 미뇨트 序曲과 토바니 作曲 모사익의 두 名曲을 吹込하야 그 再生된 藝術品을 이제 팬 諸氏에게 선사하는 것입니다. 特히 널니 宣傳

당시 연전음반 중 가장 주목받은 것은 'Columbia 40450' 음반에 수록된 "조선의 노래"이다. 이 곡은 1930년 12월 『동아일보』에서 공모한 '신춘대현상모집'을 통해 가사가 나왔다. 현상모집 광고에 그 취지를 다음과 같이 밝히고 있다.

> 모든 조선 사람이 기쁘게 부를 조선의 노래를 가지고 싶습니다. 조선의 땅과 사람과 그의 힘과 아름다움과 그의 빛난 장래에의 약속과 희망 - 이런 것을 넣은 웅대하고 장쾌하고도 숭엄한 노래 – 과연 조선의 노래라고 하기에 합당한 노래를 구하는 것은 아마 조선 사람 전체의 생각이라고 믿습니다. 본사에서는 이러한 本社에서는 이러한 경건한 정성(虔誠)으로 만천하에 조선의 노래를 모집합니다.[102)]

"조선의 노래"는 1920년대 말부터 동아일보와 연계해 활동한 다양한 부르주아 민족주의자들에 의해 주도되고 전개된, 민족주의적 문화운동의 하나로 만들어졌다. 공모 결과 1등으로 선정된 "조선의 노래"는 이듬해인 1931년 1월 21일자 『동아일보』에 그 전체가사가 게재되었고,[103)] 1932년 2월 발간된 『현제명작곡집』 제1집에[104)] 현제명 작곡으로 악보가 수록되었다.[105)]

코저 하는 一念에서 本社만의 特色인 奉仕的 大衆盤 리-갈·레코-드로 發賣하기로 된 것을 함씌 깃버하지 안흘수 업습니다. 曲에 對하야는 새삼스레 그 解說의 必要를 늣기지 아니합니다. 오직 들으심으로 더욱 親해지시기를 바랍니다. "미뇨트 序曲/모사익" 가사지.

102) 「동아일보」, (1930년 12월 11일), 석간 4면.

103) "當選唱歌 朝鮮의 놀애 (其一)," 「동아일보」, (1931년 1월 21일), 석간 4면.

104) 玄濟明 作·編, 『玄濟明作曲集 第一輯 獨唱曲 (Hyun's Vocal Album)』, (音樂出版社, 1932). 이 책에서 「朝鮮의 놀애」는 다른 현제명의 작품들보다 앞쪽에 序文을 대신해 수록되어 있어 현제명이 이 노래를 자신의 대표곡으로 인식하고 있었음을 보여준다. 한편, 로즈(Harry A. Rhodes, 한국 이름: 노해리)가 발행인이어서 출판에 연전이 관여되었음을 알 수 있다.

105) 발표 당시에는 작사자의 이름이 밝혀지지 않았으나, 이후 연전의 음반 발표와 함께 노산

연전음반은 서양음악을 보급하는데 크게 기여했다. 그리고 "조선의 노래" 등에서 알 수 있듯이, 서양음악 기법으로 대한의 정서 및 민족의식을 담아, 당시 연전의 교육 이념이었던 "동서고근 사상의 화충"을 구현하는 데 이바지했다.

V. 나서는 말

연전 설립자들은 기독 정신에 의한 자유와 문명의 확산을 기대했다. 기독교 문명을 통해 대한 청년들이 온전한 인격체로서 새로운 사회를 지향하는 주역이 되기를 원했다. 그들은 빼앗긴 개인의 자유와 종교의 자유를 되찾아 차별과 비인간적인 취급을 받는 치욕을 더는 당하지 않기 위해 그리고 새로운 사회에 대한 독자적인 문제의식으로써 주체적 인간의 길을 개척할 인재를 양성하기 위해 대학설립을 추진했다.

언더우드를 비롯해 연합대학 설립에 함께한 선교사들은 조선총독부의 비인간화와 차별정책에 따른 방해와 정교분리에 철저한 동료 선교사들의 견제를 받으며 연전을 세웠다. 정교분리 정책으로 기독 정신의 근간인 성서 교육을 금할 때, 삶으로 본을 보이겠다는 결기로써 문과, 성서과, 농과, 상과, 수물과, 응용화학과 분야에 이르는 고등교육을 시행하며 음악을 가르쳤다.

연전은 음악, 종교음악 과목을 교과과정에 편성해 수강하게 하는 한편, 학생들에게 음악위원회가 주관하는 다양한 클럽활동을 권장했다. 그리고 대한의 정

이은상(1903~1982)작시로 공표되었다. 이은상 외에 朝鮮語學會 회원이었던 申明均 역시 이 노래의 가사와 그 교열에 관여했다. 洪鍾仁, "近刊의 歌曲集 【三】 玄濟明作曲集," 「동아일보」, (1932년 8월 12일), 석간 5면.

신이 깃든 음악을 가르치는 장으로서, 명백한 대한 사람의 경계(境界)와 경계(經界)를 무력화하고 흐트러뜨리는 차별화와 비인간화에 굴하지 않고 인간의 자유와 해방 그리고 평등을 '가장 완벽하게 구현하기 위해 기운을 낼 때를' 기다릴 줄 아는 박애하는 인재를 양성하는 데 음악을 접목했다. 이 길에 변성옥, 백우용, 김영환, 백남석, 현제명 등이 강사, 교수로 참여했다. 이들은 음악과가 설립되지 않은 상황에서 음악의 특성과 속성을 살려 학생들이 일상에서 접하는 여러 가지 상황을 민감하게 인식하여 융통성이 있고, 눈에 띌 만큼 정교하고 막힘이 없는 새로운 능력과 태도를 함양하도록 이끌었다. 그 결과 백양로에는 합주와 합창이, 운동장에서는 교가와 응원가가 끊이지 않았다. 그리고 젊은이들의 절규는 교외 연주를 통해 나라를 잃은 겨레에게 용기와 긍지를 주었다.

이처럼 연전 음악은 1930년대에 최고의 전성기를 누렸으며, 그 시기에 일본 콜럼비아의 초청으로 교가 및 응원가, 가곡 등을 담은 연전음반을 녹음했다. 연전음반은 연전 음악의 음악적 기량과 수준, 그리고 클럽의 다양한 대외적 활동이 상업성과 예술성을 충분히 지니고 있었음을 뜻한다.

이상에서 살펴보았듯이, 연전은 설립을 준비하는 단계에서부터 음악교육을 염두에 두었으며, 음악을 전공한 선교사 부인, 선교사에게 음악적 재능을 인정받은 변성옥, 에케르트에게 양악을 전수한 정사인의 가르침을 받은 백남석 등이 설립 초기부터 음악교육에 의기투합했다. 그리고 기악을 전공한 김영환과 대한제국 군악대장 출신 백우용, 성악을 전공한 현제명 등이 촘촘하게 얽어져 음악교육에 임했다. 이들은 음악을 진지한 통찰과 예지력을 갖춘 사회의 인재를 양성하는 데 접목했으며, 이를 통해 기독 정신에 의한 "동서고근 사상의 화충"을 구현하고자 했다.

참고문헌

김도형. 『민족문화와 대학』. 서울: 혜안, 2018.

김미현. "피아노와 근대-초기 한국 피아노음악사의 사회사." 「音樂學」 18-2, (2010) 153~187.

노동은. "제국의 음악가 현제명 연구." 「音樂學」 20, (2011): 169~222.

대한민국 신문 아카이브, http://www.nl.go.kr/newspaper/index.do.

박영기. "일제 초기 일본식 창가교육과 최남선의 순우리말 창가교육." 「청람어문교육」 Vol. 37, (2008.6): 241~267.

『연세대학교사』. 서울: 연세대학교출판부, 1969.

『연세대학교 백년사: 1885~1985』. 서울: 연세대학교출판부, 1985,

『연세대학교 음악대학 50년사』. 서울: 연세대학교출판부, 2006.

『延世音樂55年史』. 서울: 光文印刷社, 1974.

연세학풍연구소 편. 『연·세전 교장 에비슨 자료집 Ⅲ』. 서울: 도서출판 선인, 2018.

오지선. 『한국근대음악교육』. 서울: 예솔출판사, 2003.

이만열·옥성득. 『언더우드 자료집 Ⅴ』. 서울: 연세대학교 출판부, 2010.

이병담·김혜경. "조선총독부 초등학교 음악교육의 일탈과 실상." 「일어일문학」 34, (2007.5); 231~251.

이유선. 『2불 80센트의 기적: 이유선 회고록』. 서울: 도서출판 작은우리, 1999.

정운형. "언더우드의 선교활동과 애민(愛民) 교육." 연세대학교 대학원 박사학위 논문, 2017.

____. "Arthur L. 베커 선교사와 근대 과학 교육." 「人文科學」 제111집,(2017.12): 87~113.

최재건. 『언더우드의 대학설립』. 연세대학교 출판문화원, 2012.

한국사 데이터베이스. http://db.history.go.kr/

警高機發 第581號. 「不穩者發見處分ノ件」, 1916.12.22.

官秘 第357號 秘受 11686號. 「米國本土及米領布哇行旅券下付出願者表」, 1914.12.11.

東京音樂學校.『東京音樂學校一覽』. 東京: 三秀舍, 1915.

武石 みどり.「明治・大正期の東洋音楽学校 演奏に関連する記録・資料」,「東京音楽大学研究 紀要」29, (2005): 27~48.

Annual Meeting of the Field Board of Managers. December 13, 1916.

Avison, Oliver R. *C.C.C. at Seoul Korea*. (1918).

Bai, Junxiao. "Numbers: Harmonic Ratios and Beauty in Augustin Musical Cosmology," *Cosmos and History: The Journal of Natural and Social Philosophy*, Vol 13, No 3 (2017): 192~217.

Becker, Arthur L. *History of the Evolution of the C.C.C.* Feb. 1918.

____. Arthur L. *Korea Book II*. Unpublished.

Billing, B. W. *Report of Registrar*. April 1915.

Brooks, Tim. "High Drama in the Record Industry: Columbia Records, 1901~1934," *ARSC Journal 33-1*, (2002): 34~36.

Columbia University Catalogue, 1921~1922.

De Musica, http://www.intratext.com/IXT/LAT0243/_P2.HTM.

Emory Catalogue, 1920~1922.

Heron, Harriet G. "Korea," *Woman's Work for Woman and Our Mission Field*. September 1886.

Minutes of the First Meeting of the Field Board of Managers of the Korea Christian College. (March 5, 1915).

Minutes of the Second Meeting of the Field Board of Managers of the Korea Christian College. (April 21, 1915).

Provisional President's report to the Field Board of Managers. April 21, 1915.

Report of the Committee on Educational Policy of the C.C.C., 1928.

Report of The Special Committee of the Faculty of the C.C.C. on Educational Policy to The Faculty of C.C.C. at The Regular Meeting of the Faculty. Feb. 22, 1929.

Rhodes Harry A. *To the Board of Managers of the C.C.C.* Feb. 12, 1920.

Sherman, Michael W. *Collector's Guide to Victor Records*, Revised Edition, Tustin, CA: Monarch Record Enterprises, 2010.

Smith, Frank H. *The Christian Movement in the Japanese Empire including Korea and Formosa A year Book for 1916*. Yokohama Japan: Fukuin Printing Co.,1916.

Statement Concerning the Work of the C.C.C. Unknown Date.

The Continent, March 1923.

The Ordinance Relating to Separation of Religion and Education. May 1916.

Underwood, Horace G, 『찬양가』. 예수성교회당, 1894.

_____. Horace G. *Provisional President's report to the Field Board of Managers*. April 21, 1915.

Underwood, Lillias H. *Underwood of Korea*. New York: Fleming H. Revell Company, 1918.

03

연희전문학교의 음악활동과 선교사 교원의 역할
- 1930년대 중반까지를 중심으로

문백란
연세대학교 학풍연구소

03. 연희전문학교의 음악활동과 선교사 교원의 역할

- 1930년대 중반까지를 중심으로

문백란 |

I. 서론

연세대학교의 전신인 일제강점기 연희전문학교(延禧專門學校, 이하 연전)의 음악부는 때때로 '음악과 아닌 음악부'라고 불리었다.[1] 이는 음악부가 음악과 못지않은 존재감을 보였던 데에서 기인하였다. 그 활약은 해방 후로 이어져 연전 출신들이 음악계에서 단연 두각을 나타내었다. 이는 해방 전에 교수들과 학생들이 기울인 많은 노력의 결과이다.

연전의 음악 역사는 학내에서 편찬된 "延世 音樂55年史"(1974, 이하 "55年史"),

1) 김영의, "한국 현대음악발전 소고," 「藝術院報」 7 (1961), 60; 나운영, "빛나는 역사와 전통-연세음악 55년에 즈음하여-,"『연세음악 55년사』 (서울: 연세대학교「玄濟明博士紀念館建立期成會」, 1974), 10; 민경찬, 『청소년을 위한 한국음악사 [양악편]』 (서울: 두리미디어, 2006), 75; 이유선, 『2불 80센트의 기적: 이유선 회고록』 (서울: 작은우리, 1999), 70.

"연세대학교 백년사: 1885~1985" 3·4 (1985, 이하 "백년사"), "연세대학교 음악대학 50년사" (2006, 이하 "50년사")에서 정리되었다.[2] "55年史"는 원로 동문들과 교원들의 회고록인데, 여러 일화를 소개하고 연세 음악사의 서술 방향을 제시하였다. 「백년사」와 「50년사」는 「55年史」를 저본으로 하여 연세음악사의 틀을 정립하였다. 그런데 이 책들은 회고담과 약간의 신문기사들을 자료로 삼아 기초조사가 미흡한 채 편찬되어 내용 구성에 다소 아쉬움을 남겼다. 예를 들면, 연전 음악사의 한 핵심 인물인 베커 부인이 1938년 학교 음악사를 개관한 글을 참고하지 않았다.[3] 그 글은 베커 부인이 1914년 예비학교 때 음악교육을 시작했다고 설명하고 있다. 그러나 "55年史"와 "백년사"에서는 음악교육이 1918년에, "50년사"에서는 1917년에 시작되었다고 기술되어 있다.[4] 그러한데도 이 책들 외에서는 연전의 음악사가 본격적으로 연구되지 못하였다. 개별적, 단편적으로 다룬 경우들은 있지만,[5] 연전 음악의 실체나 음악사적 의미를 본격적으로 연구한 학술논문은 찾아보기 어렵다.[6]

---

2) 『55年史』는 延世音樂55年史編纂委員會에서 편찬하고 延世大學校 玄濟明博士紀念館建立期成會에서 발행하였다. 『백년사』와 『50년사』는 연세대학교 출판부에서 발행되었다.

3) Mrs. A. L. Becker, "Pioneering In Music," *The Korea Mission Field*(이하 *KMF*) Vol. XXXIV (1938. 8), 180-181.

4) 나운영, 앞의 글, 9; 柳基興, "延世音樂 55年에 부쳐서," 『55년사』, 22; 『백년사』, 248; 『50년사』, 3.

5) 예를 들면, 김일심, "내한 여성 선교사들의 음악활동에 관한 고찰: 1945년 이전을 중심으로," (한국예술종합학교 음악원 예술전문사 학위논문, 2013)에서 연전 음악사가 『50년사』에 의거하여 약술되었다.

6) 타 대학과 비교하자면, 이화여전과 숭실전문의 음악사에 관해 다음 논문들이 있다. 이화여전: 김은하, "이화학당과 이화여자전문학교를 중심으로 본 초기 한국 여성작곡가 연구," 「韓國音樂史學報」 43 (2009); 허지연, "여성선교사의 고등음악교육과 한국 여성의 새로운 정체성 찾기," 「이화음악논집」 22-1 (2018); "이화여자전문학교 선교사 음악교사 연구: 연합감리회아카이브 소장자료를 중심으로," 「음악학」 25 (2013); "서양음악도입기 여성선교사의 교육활동: 이화여전 음악과의 설립(1925)을 중심으로," 「음악학」 28 (2015); ""제

한편 "50년사"에서는 학계의 친일비판론이 일부 반영되었다.[7] 한국 양악의 친일역사 비판론에는 논거가 빈약한 주장도 포함되어 있는데, 개신교나 개신교 선교사에 대한 지적이 여기에 해당한다. 한 예로 노동은은 "일본적 오리엔탈리즘에 동조하여 음악계를 주도한 음악인들은 압도적으로 개신교 출신의 음악인들이었다. 개신교와 그 신도의 음악인들에게는 한국음악이 미신음악이었고 구시대의 음악이었다"라고 하며 개신교 음악관과 일본 제국주의를 한데 묶고 이를 한국 전통음악에 대립시켰다.[8] 김미현도 '개신교 음악관' 자리에 '서양 선교사들의 오리엔탈리즘'을 놓고 비슷한 주장을 하였다.[9]

그러나 개신교 선교사들의 글은 이를 뒷받침하지 않는다. 연전에서 음악을 가르친 베커 부인(Louise S. Becker, 1888~1961)은 1914년 *The Korea Mission Field* 기사에서 한국어에 고유의 리듬이 있고 "많은 한국인의 가슴에 박동하는 시인의 심장이 있음을 의심"하지 말라고 호소하였다.[10] 세브란스의전 치과 교수의 부인이고 이화여전에서 음악을 가르친 부츠 부인(Florence E. S. Boots, 1896~1967)은

국 속의 제국": 일제강점기 한국의 고등음악교육과 미국의 해외선교" (이화여자대학교 대학원 음악학부 박사학위논문, 2017). 숭실전문: 김사랑, "새로운 음악문화 수용을 위한 제의적 공간으로써의 평양-1920~30년대 선교사들과 한국인들의 음악적 만남-," 「음악학」 30 (2016); "내한 여성선교사들의 음악활동과 청각적 근대화: 1885-1940년까지 미북장로교를 중심으로-" (이화여자대학교 대학원 음악학부 박사학위논문, 2017).

7) 예를 들면, "현제명은 1930년 친일 어용단체인 '조선음악가협회'를 결성하고 초대 이사장이 되는 등 시대의 흐름을 타기도 하였으나, 개인적으로 <조선의 노래>를 작곡하여 금지곡 처분을 받을 만큼 민족적 사상을 고취한 것으로 평가되었다"라고 하여 비판론을 일부 반영하였다. 그러나 1931년에 결성된 '조선음악가협회'는 친일단체가 아니었다. 『50년사』, 8; "樂界人士 總網羅 音樂家協會創立," 「朝鮮日報」 (1931. 2. 13), 석간 2면.

8) 노동은, "한국의 근대성과 음악전개," 「음악과 민족」 24 (2002), 77.

9) 김미현은 일본 제국주의와 손잡은 서양 선교사들의 오리엔탈리즘이 순수음악주의를 좇고 유행가나 재즈를 배격하게 만들었다고 주장하였다. 김미현, "피아노와 근대: 초기 한국 피아노 음악의 사회사," 「음악학」 19 (2010), 182.

10) Mrs. Baird·Mrs. Becker, "The Coming Song Book," KMF X (1914., 3), 182~185.

1933년 "新家庭" 기사에서 자기가 만일 조선여자라면 바이올린을 배워 조선 제일의 바이올리니스트가 되겠고 조선의 고대음악을 배울 기회가 있다면 기악도 배우고 소리도 배워 "조선음악을 부흥시키는 동시에 일반대중이 좀더 조선음악을 감상할수잇도록 만들겟습니다"라고 하였다.[11] 요컨대 선교사들은 한국 전통음악과 서양음악을 공존시키려 했다고 말할 수 있을 것이다.[12]

선교사의 음악활동에 관한 선행연구들에서는 다른 점들도 거론되었다. 허지연은 이화여전에서는 여선교사들이 교직을 통해 전문직 여성의 경력을 추구하였고 한국인 교수들이 선교사 교수들의 조력자가 되었다고 설명하였다.[13] 또한 이화여전에서는 음악교육이 한국 사회보다 선교공동체의 이익에 봉사했다고 지적하였다.[14] 그러나 이러한 평가들이 연전에는, 본문에서 설명되는 바와 같이, 해당하지 않는다.

이상에서 거론된 몇 가지 논점들은 연전의 음악사를 들여다볼 필요성을 일깨운다. 이 논문에서는 미국 드류신학교 도서관에 소장된 연전의 이사회 문서(회의록. 교장 보고서, 학감 보고서, 회계 보고서)와 3대 교장 언더우드(H. H. Underwood, 1890~1951, 이하 원한경) 문서(서신, 이사회 문서 포함), 연세대 박물관에서 펴낸 "연희전문학교 운영보고서 (上)"(선인, 2013), 연세대 박물관 소장의 연희전문학교 졸업앨범을 자료로

---

11) 世專敎授夫人 플로렌스·뿟스, "내가 만일 朝鮮女子라면: 提琴家로出身," 「新家庭」 2 (1933), 43.

12) 다른 선교사들의 견해도 예로 들면, 숭실전문 음악 교수 루츠(Lenore Lutz) 부인은 한국 전통음악의 역사가 길고 음악 양식이 다양하므로 찬송을 지도하려면 전통음악과 음악문화를 이해해야 한다고 주장하였다. 평양 장로회신학교에서 36년간 가르친 클라크(Charles A. Clark) 선교사는 예전에 다른 종교에 쓰였던 전통 악곡도 배격하지 말고 가사만 고쳐서 성가에 많이 응용하는 것이 좋다고 제언하였다. Lenore Lutz, "Music in Korea-Old and New," *KMF* XXXIV (1938. 4) 8, 76~77; 곽안련, 『목회학』 (서울: 대한기독교서회, 1991(개정판, 초판: 1925년)), 219-219.

13) 허지연, "이화여자전문학교 선교사 음악교사 연구," 118.

14) 허지연, ""제국 속의 제국"," 180.

활용하려 한다. 그밖에 *The Korea Mission Field* 기사, 개별 선교편지, 정기간행물 기사, 개인 회고록 등도 참고하려 한다.

그런데 이 논문에서는 고찰 대상을 음악을 가르친 이들로만 국한하지 않는다. 이는 음악교육이 학교 전체의 운영방침과 맞물려서 이루어졌기 때문이다. 또한 교직을 맡은 자들로 국한하지도 않는다. 이는 음악을 가르친 선교사로서 강사 이상의 자리에 오른 사람이 거의 없었기 때문이다. 그 이유를 알려면 학교운영 상황과 학내 분위기를 이해해야 한다. 그러므로 이 논문에서는 먼저 연전의 운영방식과 학풍형성에 선교사 교수들이 어떤 영향을 미쳤는지를 살피고, 다음으로 음악과 설치 운동과 음악부 운영, 음악 교사들의 역할이 어떠하였고, 연전이 주최한 각종 음악회, 음악강습회, 경연대회, 그 밖의 공연 등이 어떻게 펼쳐졌는지를 살피려 한다. 이렇게 하여 연전 음악사를 개관하고, 그 모든 활동의 이면에서 선교사들이 어떠한 역할을 했는지 이해할 수 있게 하려 한다. 이러한 개괄적인 연구를 바탕으로 이후에 연전 음악사가 여러 방면에서 더 본격적으로 세밀하게 연구되기를 기대한다.

II. 학풍 형성

1. 학풍 형성과정

연희전문의 학풍을 이해하려면 먼저 학교의 설립과정과 운영진의 생각을 이해할 필요가 있다. 언더우드(H. G. Underwood, 1859~1916)는 내한 초기부터 기독교 대학의 설립을 희망하였다.[15] 그러나 1906년 평양에서 숭실학당 대학부가 먼저 세워진 후에야 서울에서 언더우드 등이 본격적으로 대학설립 운동을 벌였다. 두 곳은 설립 목적이 서로 달랐다. 평양에서는 교인 자녀를 세속으로부터 지켜서 교회 지도자로 만들기 위해 대학을 세웠다. 서울에서는 기독교 정신을 지닌 청년들을 한국사회의 지도자로 만들기 위해 대학을 세우려 하였다. 언더우드는 1910년 7월 선교본부에 보낸 편지에서 "이 나라에 있는 모든 컬리지들의 중심이 될 초교파적인 기독교종합대학을 내다보고 있다"고 진술하였다.[16]

그 후 1914년 봄 숭실대학부 교수인 감리교 선교사 베커(Arthur L. Becker, 1879~1978)가 동료들과 합의하고 언더우드에게 알린 후, 배재학교에서 대학예비학교를 개설하였다. 이 예비학교를 바탕으로 1915년 4월 12일 종로 YMCA 건물에서 조선기독교대학(Chosen Christianity College)이 개교되었다. 이때는 경신학교 대학부 인가로 개교되었다. 그 후 1916년 10월 언더우드 교장이 사망하고 에비슨(O. R. Avison, 1860~1956) 부교장이 1917년 2월 교장에 취임하여 세브란스병원의학교

---

15) 한 예로 다음 기고문에서 그런 희망을 피력하였다. H. G. Underwood, "A Powerful Appeal from Korea," *The Missionary Review of the World* V-3 (1888), 210.

16) H. G. Underwood to A. J. Brown, July 18, 1910. PCUSA, Board of Foreign Missions Correspondences and Reports, 1833~1911(이하 PCUSA, BFMCR, 1833~1911), Reel #282.

(5월 이후 세브란스의학전문학교)의 교장을 겸직하였다. 이 학교는 1917년 4월 7일 연희전문학교의 인가를 받았고, 1918년 캠퍼스를 이전하였다.

에비슨 교장의 교육선교관은 학교운영에 많은 영향을 끼쳤다. 그는 1924년 동료 선교사들에게 다음과 같이 호소하였다. "우리가 이 나라를 개종시킬 것이라는 생각을 버리자. 대신 우리의 역할은 기독교를 전하여 자생적인 활동으로 더 큰 일이 이루어지도록 준비시키는 것이라는 사실을 인식하자. …… 그들에게 우리를 도우라고 요청하기를 중단하고 우리가 그들을 돕도록 하자"라고 호소하였다.[17)] 이런 생각은 실행에 옮겨졌다. 사실 연전에서는 이미 1922년에 전체 정교수와 조교수 18명 가운데 한국인 10명, 서양인 7명, 일본인 1명으로 한국인 교수가 선교사보다 많았다.[18)] 1922년 12월 18일 이사회는 가까운 장래에 학감(Dean)을 한국인으로 임명하도록 부교장과 과장이 협의해야 한다는 결정을 내렸다.[19)] 그 후 1925년 학감이 베커에서 유억겸으로, 수물과 과장이 베커에서 이춘호로 교체되었다. 문과 과장은 1928년 6월 빌링스(B. W. Billings, 1881~1969)에서 백낙준으로 교체되었다. 상과는 1915년 개교 때부터 한국인 교수가 맡아왔다.

에비슨 교장은 또한 학문의 발전과 시대환경의 변화에 열린 자세로 대응하였다. 이는 마르크스주의 경제학자들인 이순탁과 백남운을 각각 1923년과 1925년 상과에 임용하여 사회적 관심사를 학교 연구과제로 수렴하게 하는 것으로

---

17) O. R. Avison, "Can it be Done?" *KMF* II (1924. 1), 8-9. 에비슨은 자주 선교사는 언젠가 떠날 사람이므로 현지인을 교육해야 한다고 주장하였다. 그런 생각에서 다수 선교사의 반대를 무릅쓰고 세브란스병원에서 의학교육을 시작하여 1908년 한국 최초로 의사들을 배출하였다.

18) Dean's Report for 1921-22 (Mar. 16, 1922). C.C.C. Board (1915-1922) #318.

19) "Report of the Committee on Administration"(Dec. 18, 1922). C.C.C. Board (1915~1922) #318. 이때 이미 전체 정교수와 조교수 18명 가운데 한국인 10명, 서양인 7명, 일본인 1명으로 한국인 교수가 선교사보다 많았다. "Dean's Report for 1921~22" (Mar. 16, 1922). C.C.C. Board (1915~1922) #318.

나타났다. 1929년에는 연전 교수회가 종합대학 승격 계획을 세우고 시대환경의 변화에 따라 학교의 목표, 방법, 조직을 재고해야 한다고 주장하였다.[20] 상과 교수들은 한국의 경제상황을 개선하기 위해 상과 교육이 필요하다고 주장하였고, 수물과 교수들은 한국사회의 문제점을 해결하기 위해 졸업 후 교육이 필요하다고 역설하였다. 특히 주목할 점은 문과 교수들이 '문학·역사·철학 등의 전반적인 문화과정'에서 "한국문화를 특별히 강조할 것이다"라고 설명한 것이었다. 이 진술은 보고서 뒷부분의 한 문장과 연결하여 이해될 수 있다. "지금 관립 제국대학이 잘 세워져 있고 그곳의 졸업생이 매년 배출되고 있는 상황에서 주민들에게 기독교적인 요소를 갖춰줄 필요를 채우기 위해 동등한 수준의 기독교 교육기관이 있어야 할 필요가 점점 더 크게 긴박해지고 있다".[21] 교수회는 이처럼 경성제대와 대등한 수준의 대학을 만들기를 꿈꾸었다.

이 일은 조심스럽게 추진되었다. 경성제대 교수들이 일제의 식민통치를 돕기 위해 조선학 연구에 박차를 가하던 시기에 연전의 교수들은 연전을 경성제대에 맞서도록 발전시키고 경성제대의 관학에 대항하는 조선학을 발흥시키기를 희망하였다. 유억겸 학감과 백낙준 문과 과장은 교수들을 시켜 동양사 수업을 빙자하여 한국사를 가르치게 하였고, 조선어 과목을 신설하였다. 1929년 과마다 연구실이 설치되자 문과연구실의 교수들은 조선학을 연구하여 1931년 연구논문집인 "朝鮮語文硏究"를 간행하였다.[22] 이 일에 대해 당시의 한 잡지는 경성제대의 관학에 대응하는 사학의 진출로서 매우 의의 있는 일이라고 평하

---

20) "Report of The Special Committee of the Faculty of the Chosen Christian College on Educational Policy to The Faculty of Chosen Christian College at The Regular Meeting of the Faculty"(Feb. 22, 1929), 3-10. Chosen Christian College Board of Managers(이하 C.C.C. Board) (1928~1931) Film #318(이하 Film' 생략). 『연희전문학교 운영보고서 (上)』에도 동일한 제목의 문서가 실려 있다.

21) Ibid., 23.

22) 김도형, "1920~30년대 民族文化運動과 延禧專門學校," 「東方學志」 164 (2013), 203.

였다.[23)]

한국인 교수들의 조선학운동은 학교 교육방침에 반영되었다. 1932년 학교 당국은 '기독교주의 하에 東西古近 사상의 和衷'으로 교육하겠다는 교육방침을 천명하였다.[24)] 동서사상융합의 교육 취지는 1934년에 교장이 된 원한경의 취임사에서 재확인되었다.[25)] 그는 먼저 단군의 종교정신과 기자의 유물, 신라 최치원의 가르침과 이후의 위인들께 감사하고 다음으로 이 학교의 이상인 예수 그리스도께 감사한다고 하였다. 학교의 목표에 관해 동양과 서양의 교육기관들에서 발전해온 가장 우수한 과정을 취해 세계로 나아갈 도구로 삼겠고, 학생들이 모든 나라, 모든 계층, 모든 교회와 협력하도록 교육하겠으며, 기독교 지식으로 사회적 책임감을 길러 한국사회의 문제점들을 해결하도록 교육하겠다고 하였다.

당시 사회에서는 전통을 무시하고 서양문물을 좇는 경향이 만연하였다. 1926년 연전 문과 교수 히치(J. W. Hitch)는 한국인들이 자신들의 과거를 크게 불신하여 잊어야 할 것으로 여기고 있다고 기술하였다.[26)] 이런 상황에서 연전 문과의 최현배 교수는 "동아일보"에 "朝鮮民族 更生의 道"(1926년)를 연재하였다. 정인보 교수는 "동아일보"에 "朝鮮古典解題"(1931)와 "陽明學演論"(1933)을 연재하였다. 연전 교수들의 이러한 조선학 연구는 동서고근 사상의 융합을 꾀하는 화충학풍 안에서 이루어진 것이었고, 이 연구는 1934년에 사회적 이슈가 된 조선학운동의 학적 토대가 되었다.[27)]

---

23) "讀書室: 私學의 進出,"「東光」 19 (1931. 3), 68.

24) "延禧專門學校狀況報告書 (1932): 本校教育方針,"『연희전문학교 운영보고서 (下)』 (서울: 연세대학교 박물관, 2013), 30; 김도형, 위의 글, 212.

25) H. H. Underwood, "The Inaugural Address," *KMF* XXX (1934. 12), 260-261; [元漢慶], "大學을目標로!,"「延禧同門會報」 3 (1935), 1.

26) J, W. Hitch, "Present Tendencies in Korean Literature," *KMF* 21 (1926. 6), 129.

27) 김도형, 앞의 글, 211쪽; 도현철, "조선학운동과 연희전문의 실학 연구,"『일제하 연세학풍과 민족교육』 (서울: 혜안, 2015), 192.

2. 학풍과 음악활동의 관계

현제명(玄濟明, 1902~1960)은 에비슨 교장의 초빙으로 1929년, 연전의 문과 교수들이 종합대학 승격운동을 벌이면서 조선학의 발흥을 꾀하던 그해에 문과에 부임하였다. 그런 상황에서 서양음악을 가르쳤지만, 그로 인해 갈등을 겪지는 않았다. 서양의 학문과 문화가 연전의 화충학풍 안에서 동서융합의 다른 한 축이 되었기 때문이었다.[28] 현제명은 훗날 "延專音樂이 韓國에 끼쳐 놓은 功이 있다면 필자와 音樂學徒들보다 이것을 激勵, 聲援하여 주시던 고 언더우드, 俞億兼 兩氏와 白樂濬博士의 功이 컸었다"라고 회고하였다.[29]

사실 현제명도 이 기간에는 동료 문과 교수들과 비슷한 문제의식을 나타냈다. 그는 1933년 "新東亞"에 실린 "朝鮮音樂의普遍化"란 글에서 '조선음악'을 아악과 민속음악으로 나누고, 아악에 대해서는 "古典的이고 大規模的이며 莊嚴하고도 優雅한 音樂이다"라고 평하였다.[30] 그러면서 널리 제자를 양성하고 악기 제작에 노력해야 하며 일반 민중도 이 일을 원조해야 한다고 주장하였다.[31] 민속음악에 대해서는, '고상한 음악'과 '야비한 음악'으로 나누고, '시창'(詩唱)과 '가극(춘향전 심청전 등 기타)'과 민요를 고상한 음악으로 분류한 후, "그自體가 高尙한 音樂이며 朝鮮固有의 創作的音樂藝術品이다. 이音樂은 우리民衆의게서 써나서는아니될것이며 언제까지든지 保存할것이며 사랑하여야할 것이다"라고 하였다. 야비한 민속음악으로는 '화류계 음악'을 꼽고 사회도덕을 위해 없애야 할

---

28) 연전에서 동양(조선)과 서양 학문이 실제로 어떻게 융화되었는지에 관해서는 허경진, "연희전문의 문학 교육에서 보여진 동서고근 화충의 실제," 『일제하 연세학풍과 민족교육』 참고.

29) 玄濟明, "音樂生活三十年記," 「現代文學」 1-6 (1955), 86.

30) 玄濟明, "朝鮮音樂의普遍化," 23.

31) 위의 글, 24.

것이라고 하였다. 그런 다음 서양음악의 대중화 문제를 논하면서, 서양음악의 역사가 짧기 때문에 이 문제가 큰 과제가 되고 있다고 하였다. 이로써 그 자신은 서양음악을 대중화할 책임의식을 갖고 있음을 인정하였다.

조선음악의 보편화와 서양음악의 대중화를 논한 현제명의 글은 그 역시 다른 교수들과 마찬가지로 계몽운동적인 사고를 지녔던 것을 보여준다. 실제로 그가 주도했던 1930년대 전반의 연전 음악활동은 주로 "동아일보"를 통해서 홍보되었는데, "동아일보"는 이 시기에 '브나로드운동', '문자보급운동' 등의 문화운동을 전개하고 있었다.[32] 이 신문은 연전이 주최한 춘·추기 음악회, 중등학교 현상음악대회, 하기음악강습회도 후원사업으로 정하고 보도하였다. 이렇듯 연전의 음악활동은 민족운동가들의 민족문화운동과도 연결되어 있었다.[33] 당시에 학생들은 몰랐을 수도 있었지만, 연전의 교수들은 실로 계몽운동의 차원에서 음악활동을 벌였다. 이런 정황은 당시 일을 회고한 이유선의 아래 글에서 느껴볼 수 있다.

> 매일 하학 후 전원이 모여 오케스트라, 합창, 밴드 등 일정대로 음악학교 학생 같은 음악생활이 시작되었다. 학교의 계획은(언더우드 학장의 의견으로) 매년 춘추로 음악회를 가지며 지방순회로 학교를 선전하면서 음악계몽 사업을 전개한다는 것이었다. 나는 테니스 선수로 뽑혀 바쁘기 한이 없었지만 재미있어 피곤함도

32) "동아일보"가 주도한 이 운동들은 역사학계에서 부르주아우파의 타협적인 민족운동으로 분류되었지만, '조선학운동'도 주도했던 점에서 한 노선으로만 단정하는 것은 옳지 않다는 반론들이 제기되었다. 윤덕영, "위당 정인보의 교유 관계와 교유의 배경-백낙준·백남운·송진우와의 교유 관계를 중심으로-," 「東方學志」 173 (2016); 최선웅, "정인보의 동아일보를 통한 '조선학운동'전개" 1934년 조선학운동 80주년기념 제8회 민세학술대회 자료집, 「1930년대 조선학운동 참여인물 연구」 (2014).

33) 연전의 학풍과 문화운동의 연결성에 대해서는 다음 논문 참고. 김도형, 앞의 글, 192; 윤덕영, 앞의 글, 40.

느끼지 아니했다.[34)]

이상에서 살펴본 바와 같이, 선교사 교수들이 한국인 교수들의 주도권을 인정하고, 기독교의 사회적 책임을 중시하며, 한국의 전통문화를 존중했던 것은 연전에서 한국인 학감과 과장, 교수들이 선구적으로 조선학 연구와 교육을 시작할 수 있게 하였다. 그러는 동안 동서고근 사상의 화충을 꾀하는 학풍이 정립되었고, 이를 힘입어 서양음악을 가르친 한국인 교수도 교육과 음악활동을 주도하는 동시에 당시 사회의 민족문화운동과 짝하여 서양음악 방면의 계몽운동을 전개할 수 있게 되었다.

III. 행정과 교육

1. 음악과 설치운동, 음악부 운영

(1) 음악과 설치운동

① 제1차 설치운동

연전의 음악과 설치 운동은 두 번, 1920년과 1929년에 일어났다. 제1차 운동이 일어났던 때는 개교 후 체제를 확립해가던 시기였다. 연전에는 처음에 문학과, 신학과, 상학과, 수학 및 물리학과, 응용화학과. 농학과의 6개 과가 설치되었다. 이 가운데 신학과와 응용화학과와 농업과는 지원생이 거의 없어 유명무

34) 이유선, 『2불 80센트의 기적: 이유선 회고록』, 63. 참고로 원한경은 이때 부교장이었다.

실해졌다. 신학과는 전교생에게 종교교육을 하기 위한 것이었기 때문에 학과생은 없이 교수만 있는 채로 끝까지 유지되었다. 나머지 과들은 시간이 지나면서 자연스럽게 '문과', '상과', '신과', '수물과'로 명칭이 축약되었다. 연전은 제2차 조선교육령에 따라 1923년 전문학교 인가를 다시 받았다. 이때 문과, 상과, 신과만 인정되었다가, 이듬해에 수물과가 복설되었다.

첫 번째 음악과 설치 운동은 3.1운동 후 일제가 교육제도의 개혁을 시사한 것에서 촉발되었다. 신과 교수로서 학감을 대행하고 있던 로즈(Harry A. Rhodes, 1875~1965)는 1920년 2월 21일 이사회 회의 때 교수회의 교육과정 변경요청서(Proposed Request for Changes in the Courses of Study)를 제출하였다. 이 요청서에서 그는 교육령이 개정되는 이 시기에 교육과정을 개선하기 위해 교수들이 몇 개월간 많은 회의를 거쳐서 이것을 작성했다고 설명하였다.[35] 그 안에는 10가지 권고안이 들어있었는데, 음악에 관한 권고안은 3가지였다. 그것은 5항, "대학에 음악과를 두는 것을 승인해주도록 정부[총독부]에 요청할 것", 6항, 정부[총독부]에 교육과정의 변경을 요청할 것, 10항, 미국에 있는 베커 부인에게 피아노를 구해오도록 편지로 요청하고 $500을 음악 비품비로 즉각 지급하도록 권고할 것이었다.[36]

이 가운데 6항의 "정부[총독부]에 제출할 교육과정 변경 요청안에 별도의 요청서가 첨부되어 있었는데, 이 요청서를 보면, 모든 학과에 2년의 예과과정을 둘 것, 채플 시간을 매일 가질 것 등의 10개 항목이 나열되어있었다.[37] 음악에 관해

35) "Dean's Report to the Board of Managers"(Feb. 21st, 1920), C.C.C. Board (1915~1922) #318.

36) "Dean's Report to the Board of Managers: Dean's Report .... Recommendations"(Feb. 21, 1920), 6. C.C.C. Board (1915~1922) #318.

37) "To the Members of the Board of Managers of the Chosen Christian College: Re Proposer Request to the Government for revision of course of study"(Feb. 21, 1920). C.C.C. Board (1915~1922) #318.

서는 3항에서 전체 학생에게 음악을 필수과목으로 주 2시간씩 가르치도록 요청하고 있었다. 이 문제는 2월 21일 이사회에서 이 3항대로 결정되었다. 음악 시간은 이후에 거듭 조정되었는데, 이 문제는 뒤에 '음악수업' 항목에서 다룰 것이다.

또한 이 3항 아래로 5항에서 음악과 설치를 요청하였는데, 여기에 음악과 설치요청서(뒷페이지 사진)가 첨부되어 있었다.[38] 이 문서는 1920년 2월 12일 작성되었는데, 서두에 연전 교수회가 표결로써 음악과의 설치를 요청하기로 했다는 설명이 있다. 요청하는 이유는 한국에서 음악 발전과 음악지도자 양성을 위해 음악과를 설치할 필요가 크기 때문이고, 학교를 위해서도 노래하기, 글리클럽, 오케스트라, 뮤지컬, 음악회, 교가 등 모든 종류의 음악에 학생들이 큰 흥미를 갖게 해줄 것이기 때문이었다. 교수들은, 악기구입 계획표에서 보듯이, 오케스트라를 만들 생각까지 하고 있었다.

교수들은 또한 음악과 설치안이 이사회에서 통과되고 나면 총독부에 교과과정의 변경을 요청하는 단계를 밟게 될 것인데, 안식년 중인 베커 부인이 미국에서 돌아온 후에 이 일을 추진하는 편이 좋을지를 그녀와 편지로 상의하게 하였다. 이 부분은 음악과가 생기면 가창과 악기 교육을 분담하도록 조교수를 새로 임용할 필요가 있다고 보았던 것과 관련 있는 것 같다. 이때 음악과를 3년 과정으로 할 것을 주장한 사람은 당시에 조교수이고 1918년에 부임한 김영환 음악교수였는데, 음악과를 두면 그의 지위가 영향을 받을 수 있었다. 어쨌든 베커 부인의 부재 시에 작성된 이 요청서는 김영환의 3년제 안을 인정하고 있었다.

38) "To the Board of Managers of the Chosen Christian College, Seoul, Chosen" (Feb. 12th., 1920), (학감 보고서 첨부문서) C.C.C. Board (1915~1922) #318.

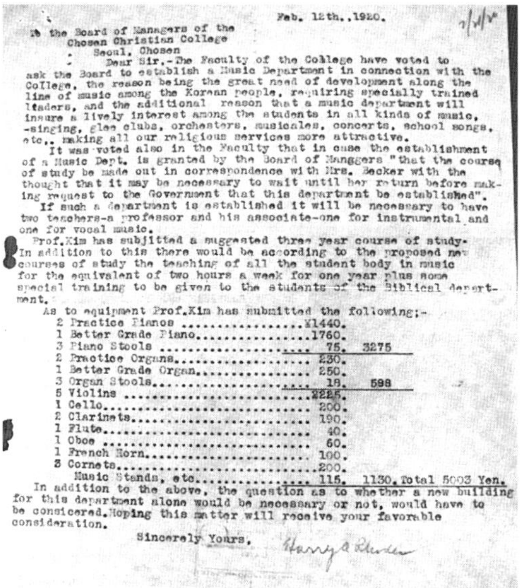

Feb. 12th.,1920.

To the Board of Managers of the
Chosen Christian College
Seoul, Chosen

Dear Sir,-The Faculty of the College have voted to ask the Board to establish a Music Department in connection with the College, the reason being the great need of development along the line of music among the Korean people, requiring specially trained leaders, and the additional reason that a music department will insure a lively interest among the students in all kinds of music, -singing, glee clubs, orchesters, musicales, concerts, school songs, etc., making all our religious services more attractive.

It was voted also in the Faculty that in case the establishment of a Music Dept. is granted by the Board of Manggers "that the course of study be made out in correspondence with Mrs. Becker with the thought that it may be necessary to wait until her return before making request to the Government that this department be established".

If such a department is established it will be necessary to have two teachers-a professor and his associate-one for instrumental and one for vocal music.

Prof.Kim has subjitted a suggested three year course of study. In addition to this there would be according to the proposed new courses of study the teaching of all the student body in music for the equivalent of two hours a week for one year plus some special training to be given to the students of the Biblical department.

As to equipment Prof.Kim has submitted the following;-

2 Practice Pianos ....¥1440.
1 Better Grade Piano....................1760.
3 Piano Stools 75. 3275
2 Practice Organs.................... 230.
1 Better Grade Organ.................... 250.
3 Organ Stools.................... 18. 598
5 Violins ....2225.
1 Cello.................... 200.
2 Clarinets.................... 190.
1 Flute.................... 40.
1 Oboe .... 60.
1 French Horn.................... 100.
3 Cornets....................200.
Music Stands, etc.................... 115. 1130. Total 5003 Yen.

In addition to the above, the question as to whether a new building for this department alone would be necessary or not, would have to be considered. Hoping this matter will receive your favorable consideration.

Sincerely Yours,

그림 1. 음악과 설치 요청서 (1920년 2월 12일)[39)]

이 요청서는 또한 음악과 건물을 세울 필요가 있음을 언급하였다. 그러나 교수회의 음악과 설치와 교육과정 변경 요청은 총독부의 승인이 필요하였다. 그러므로 이사회는 수업과정 변경 건에 대해서는 교장이 그것을 총독부 학무국에 제출하기 전에 학무당국과 미리 상의해보게 하였고, 음악과 설치 건은 대구에서 활동하는 블레어(H. E. Blair) 선교사의 제안에 따라 심의를 보류하기로 하였다.[40)]

---

39) C.C.C. Board (1915~1922) #318. 드류신학교 내 감리교아카이브 소장 연희전문학교 문서.

40) "Mr. Hitch moved, that the President be instructed to communicate with the educational authorities of the Government in regard to such of the foregoing recommendations as require government approval, Carried. Mr. Blair moved, that the proposal for the establishment of a Music Department be laid on the table. Carried." "Minutes of Field Board of Managers"(Feb. 21, 1920), 3. C.C.C. Board (1915~1922) #318.

이사회 회의록의 이 기록은 음악과 설치가 무산된 사실에 관한 기존 통설을 재고하게 한다. 그 통설이란 베커 부인, 원한경, 김영환이 계획서를 작성하여 미국의 본교 재단본부로 발송했으나 시기상조 등의 이유로 거부당했다는 것이다.[41] 그러나 그때 베커 부인은 한국에 없었고, 학교운영은 몇 사람에 의해 임의로 이루어지지 않고 정한 절차에 따라 이루어졌으며, 미국에 있는 '협력이사회'(재단이사회)는 과의 설치와 교육과정 변경을 요청할 대상이 아니었다. 음악과 설치는 블레어의 심의 보류 동의를 이사회가 통과시킴으로써 무산되었을 것으로 짐작된다.

② 제2차 설치운동

두 번째 음악과 설치 운동은 1929년 종합대학 승격운동과 연동되어 추진되었다. 1920년대 후반에 한국인 교수들이 학감과 과장이 되고, 학교의 기본재산이 $400,000을 넘어서게 되었다.[42] 이러한 상황에서 유억겸 학감이 1928년 9월 20일 이사회에 제출한 학감보고서에서 학생들의 과외 음악활동이 발전하여 음악과를 설치하게 되기를 희망한다는 진술을 하였다.[43]

이사회는 1929년 3월 13일에 열린 회의에서 세브란스의전을 대학의 한 과로

---

41) 『55년사』의 내용과 한상우의 저서에서 설명된 내용이 비슷하면서도 조금씩 다르다. 『55년사』에서는 베커와 원한경이 이 계획을 공동으로 주도하면서 김영환을 시켜 계획서를 작성케 한 후, 원한경이 계획서를 미국의 본교 재단본부로 발송했다가 거부당했다고 설명되었다. 한상우의 『한국양악인물사1 기억하고 싶은 선구자들』에서는 베커 부인이 음악과 설치의 필요성을 언더우드에게 설명하고 김영환을 끌어들였으며, 이에 김영환이 계획서를 작성해서 미국 선교본부로 보냈으나 시기상조여서 보류되었다고 한편 문백란은 『동방학지』 189집(2019)에 실린 논문에서 음악과 설치가 이사회에서 통과된 후 총독부에 의해 거부되었을 가능성이 있다고 하였으나, 여기에서 수정한다. 『55년사』, 78, 144; 한상우, 『한국양악인물사: 기억하고 싶은 선구자들』 (서울: 지식산업사, 2003), 30.

42) A. L. Becker, 159.

43) "Report of U. K. YU, Dean" (Sept. 20, 1928), 9. C.C.C. Board (1928~1931) #318.

만드는 문제를 논의한 다음,[44] 1929년 2월 22일 교수회 회의에서 채택된 '교육 정책에 관한 연희전문 교수회의 특별위원회 보고서'를 검토하였다. 그 보고서에서 교수들은 신중히 숙고한 후에 대학을 종합대학으로 승격시키는 문제에 관해 결정을 내릴 때가 왔다는 생각을 갖게 되었다고 진술하고, 한국인의 삶의 다양한 방면, 곧 지식과 과학, 문학과 예술, 경제와 교육, 정치와 경제, 윤리와 종교를 개조하도록 노력하겠다고 진술하였다.[45] 교수들은 또한 농업과, 음악과, 종교교육과를 신설할 것을 보고서에 명기하였다. 음악과에 대해서는 아래와 같은 계획을 표명하였다.

> 이 대학은 학교 선생들과 학생들의 음악에 대한 관심과 음악 역량의 계발을 격려할 것이고, 예산에 매년 가창과 악기 교육에 필요한 금액을 가능하면 많이 포함시킬 것이다. 또한 장차 음악과를 설치할 가능성을 마음에 간직할 것이다.[46]

이사회는 이 종합대학 설립안을 검토한 후 7년 동안 준비 기간을 갖는다는 조항을 삽입하게 하였다. 그리고 그 기간에 재정을 늘리고, 교수들을 양성하고, 교육의 질을 향상시키게 하였다.[47] 이 결정에 따라 이 계획은 7개년의 장기과

44) "Minutes of the Chosen Christian College Annual Meeting of Field Board of Managers" (Mar. 13, 1929), 5~6. C.C.C. Board (1928~1931) #318.

45) "Report of The Special Committee of the Faculty of the Chosen Christian College on Educational Policy The Faculty of Chosen Christian College at The Regular Meeting of the Faculty"(Feb. 22, 1929), 2~3. C.C.C. Board (1928~1931) #318.

46) Ibid., 10.

47) "Minutes of the Chosen Christian College Annual Meeting of Field Board of Managers" (Mar. 13, 1929), 5. C.C.C. Board (1928~1931) #318. 종합대학 설립계획이 7개년 계획인 사실은 "동아일보"에서도 보도되었다. 이 기사는 학교 측이 음악과 신설을 포함한 7가지 계획을 세우기로 하면서 금후 7년이면 기어코 가장 완전한 대학을 증설할 것이라 했다고 소개하였다. "四百萬圓 巨資로 延禧專門校 大擴張," 「東亞日報」 (1929. 3. 28), 2면.

제가 되었다. 더불어 이후 7년은 종합대학 설립운동의 일환으로서 음악과의 설치를 준비하는 기간이 되었다.[48] 실제로 1929년 9월 20일 이사회 회의 때부터 문서들에서 달라진 점들이 나타났다. 학감의 보고서에서 '음악'이 단독 항목으로 설정되어 활동내용이 보고되었고,[49] 회계보고서에서도 음악부 예산이 늘어나고 규칙적으로 보고되었다. 전에는 음악 예산이 문과 예산에 때때로 포함되었으나, 1928년부터 단독으로 취급되기 시작했으며, 정기적으로 보고되고 지출 내역도 상세해졌다.

<표1>연희전문학교 회계보고: 음악부 지출비 현황 (￥)[50]

연도	음악부	
	지출 예산	실제 지출
1927-28	620	
1928-29	180	
1929-30	870	1,966.52
1930-31	2,915	3,025.38
1931-32	2,795	2,858.88
1932-33	3,140	3,185.76
1933-34	3,780	3,793.59
1934-35	3,526	3,576.56
1935-36	2,847	3,762.31
1936-37	2,985	3,788.63

48) 미국에서 발행된 "신한민보" 기사에서 "현제명씨난 一년 휴가를 얻어 연전의 음악부 확장계획에 관한 사명을 띄고 거월 三十일에 본국을 출발하여" 시카고에 왔다고 보도된 것도 이 사실을 뒷받침한다고 할 수 있다. "현제명씨 도미," 「新韓民報」 (1936. 4. 30), 2면.

49) 에비슨 교장의 1927~28년 보고서에서도 음악 항목이 단독 항목으로 설정되어 설명되었다. O. R. Avison, "Annual Report, 1927~1928"(Mar. 28, 1928), 7. C.C.C. Board (1928~1931) #318.

50) 회계연도 기간: 4월 1일 ~ 3월 31일이다. '*' 표시가 있는 1937-38년, 1940-41년의 지출 액수는 1월 31일까지의 지출비이다. 이 통계표는 드류신학교 내 감리교아카이브에 소장된 연희전문학교 회계보고서들에서 음악 부분만 취합하여 모은 것이다.

1937-38	3,805	2,845.93 *
1938-39	3,255	3,700.13
1939-40	3,405	2,009.28
1940-41	3,010	3,098.82 *
1941-42	3,010	

(2) 음악부 운영

교수회의 종합대학 설립계획은 실행되어갔다. 음악 분야에서는 현제명이 1929년 가을학기부터 가르치기 시작하였고, 음악부장이 1930년 백남석(白南奭, 1894~?)에서 최순주(崔淳周, 1904~1956)로 교체되었다. 백남석은 초창기부터 재직하다가 1923년 영어와 교육학 정교수가 되었고, 최순주는 1930년 상과에 부임하여 1932년부터 학교 회계를 맡았다. 음악부는 교수회 산하의 상설위원회(部)로서[51] 학교의 음악활동을 관리·지원·대변하는 역할을 하였다. 음악부장을 비전공자들에게 맡긴 것은 사실상으로 매니저의 일을 하게 한 것이었다.

백남석이 언제부터 음악부장을 맡았는지는 확실하지 않다.[52] 1929년 9월 20일의 학감 보고서에는, 아래와 같이, 백남석이 음악부장으로 명시되어 있다.

> 2. 음악 – 백남석 교수(N. S. Paik)가 음악부 부장이고, 베커(A. L. Backer) 부인, 로즈(H. A. Rhodes) 부인이 있으며, 부츠(J. L. Boots) 부인이 자문위원으로 있다.[53]

51) 1931년에는 교수회 안에 박물관부, 체육부 등 12개 상설위원회가 있었다. "Standing Committee of the Faculty," Chosen Christian College Bulletin(이하 Bulletin) 1914-1931 (1931), 28; 『운영보고서 (上)』, 141.

52) 1923년경 음악부 시작설이 있다. 김영의, 앞의 글, 60; 『백년사』, 4, 205; 『50년사』, 4.

53) "Report of the Dean"(Sept. 20, 1929), 9. C.C.C. Board (1928~1931) #318.

그가 음악부장에서 물러난 사실은 1930년 『三千里』의 한 기사에서 "요 얼마 전 모 사건으로 인하여 음악부장의 한직을 사퇴하였다는데 모 사건에 있어서 그의 인격이 들어난 바와 같이 면접한 사람이면 누구나 후한 인상을 잊지 못한다"라고 설명되었다.[54)]

영문으로 된 1931년 학교 회보를 보면, 음악부장 최순주 아래 부원으로 현제명, 로즈, 스피델(G. C. Speidel), 베커 부인, 오웬스(H. T. Owens), 가이야(H. Kaiya), 로즈 부인, 빌링스 부인이 있었다.[55)] 1933년에는 베커 부인이 빠지고(안식년 때문인 듯하다), 음악과 무관한 부인 선교사들이 준회원으로 있었다.[56)] 1937년에는 베커 부인이 준회원으로 있었다.[57)] 최순주는 악단을 인솔하고 다녔는데, 단원이었던 이유선은 음악회 후에 주최 측에서 제공한 식사가 충분하지 않은 밤이면 "崔淳周博士의 會計帳簿에 赤字의 要因이 되는 우동代가 굉장하다"라고 회고하였다.[58)] 현제명도 "그는 그때 音樂部長으로 이것을 運轉하기에 가진誠心과 勞力을 다하였었다. 그것도 地方巡演 때는 더 그랬었다. 그분의 功勞는 全樂壇이 공이 謝意를 표해야 할 것이라고 생각한다"라고 최순주의 지원을 높이 평가하였다.[59)]

---

54) 漢陽學人, "新進學者總評(一) 延禧專門學校教授層," 「三千里」 10 (1930. 9), 44.

55) "Standing Committee of the Faculty," Bulletin (1931), 28; "운영보고서 (上)" 141.

56) "Standing Committee of the Faculty," Bulletin (1933), 35; "운영보고서 (上)" 237.

57) "Standing Committee of the Faculty," Bulletin (1937), 33; "운영보고서 (上)" 339.

58) 李宥善, "자라난 大延世의 音樂의 발자취," 『55년사』 91.

59) 玄濟明, "音樂生活三十年記," 86.

2. 음악 교수, 음악 수업

(1) 음악 교수

베커 부인은 1938년 *The Korea Mission Field*에 기고한 글에서 연전 음악교육의 역사를 회고하였다.[60] 그 글을 요약해서 소개하면, 음악교육은 1914년에 개교한 예비학교 시절에 시작되었고, 이때 벌써 루퍼스 부인에 의해 작은 관악대가 만들어졌다. 베커 부인도 집에서 학생들에게 음악을 가르쳤는데, 종교음악만 가르쳤고, 때마침 미국으로부터 올갠을 선물 받아 피아노와 함께 사용하였다. 1915년 공식적인 개교 후에는 YMCA 건물 맨 위층에서 올갠 두 대, 피아노 한 대, 직접 만든 차트를 사용하여 수업하였다. 학생들이 연주회를 열기도 했지만, 루퍼스 부부가 학교를 떠나면서 밴드를 이끌 사람이 없어졌다. 그 기간에 변성옥이 가창과 올갠 수업을 도왔고, 1918년 새 캠퍼스로 이전한 후에는 김영환이 음악교수로 왔으며, 그랜드 피아노를 기증하였다. 그가 사임하고 현제명(Rody Hyun) 교수가 부임하기까지는 로즈 부인이 오케스트라를 맡고 베커 부인이 가창을 맡았다. 현제명은 우인들의 기부를 받아 피아노 두 대와 오케스트라와 밴드를 조직할 만큼 여러 악기를 가지고 왔다. 현 교수의 수고로 오케스트라가 공중 앞에서 연주할 수 있게 되었고, 정기 연주회를 열게 되었다. 그러나 정규 음악과가 없어서 모든 활동이 자원에 의해 방과 후에 행해졌다. 1936년 현 교수가 음악박사 학위를 받으러 미국에 갔을 때는 이화여전 교수 박경호가 와서 도왔다.

베커 부인의 글 외에 연전의 이사회 회의록들과 학감 및 교장의 보고서들을 보면 당시 동향을 실시간으로 파악할 수 있다. 이 자료들에서는 음악교육과 관련하여 스미스(F. M. Smith)란 이름도 등장한다. 그는 서울에서 사는 일본인들에

---

60) Mrs. A. L. Becker, op. cit., 180-181.

게 선교하는 감리교 선교사였는데, 1917년 3월에 작성된 전문학교 설립신청서에서 음악 전임강사로 기입되어 있다. 그의 교육 활동은 연전 출신의 회고담에서 한 번 거명된 것에 의해 간접적으로 확인된다.[61)]

그 외에는 부인 선교사들이 음악교육에 나선 것으로 나타난다. 그런데 그들의 활동은 현제명에 대한 기록 안에서 더 자주 거론되었다. 현제명은 1929년 9월 20일 이사회에서 소개되고 전임강사로 임명되었으며,[62)] 1930년 조교수, 1932년 정교수가 되었다. 1930년 유억겸 학감은 음악교육이 "현제명 교수의 지도와 베커 부인, 로즈 부인, 빌링스 부인의 조력 아래 매우 만족스럽게 발전하였다"고 보고하였다.[63)] 1931년에는 "음악부의 훌륭한 관리와 현제명 교수의 지도, 베커 부인 · 로즈 부인 · 빌링스 부인의 정성스러운 협력과 도움으로 괄목할 만한 발전을 이루었다"고 보고하였다.[64)] 1936년에는 "이 대학의 음악활동은 현 교수와 매우 밀접히 연결되어 있다. …… 어떻게 하면 한 사람이 그처럼 많은 일을 할 수 있는지 때때로 의아하다"라고 하였다.[65)] 이상의 기록들은 현제명의 주도권을 확인해주고 있다.

음악을 가르친 부인 선교사들은, 베커 부인이 초창기에 잠깐 시간강사로 기재되었던 것 외에는 강사도 되지 못하였고, 1930년대에는 'Part Time'(촉탁)으로 일

---

61) "선교회 학교였던 만치 선교사 교수가 많았으며, 한국인 교수도 물론 있었다. 영어와 서양사를 가르치던 빌링스(邊永瑞)를 위시하여 …… 벡커 부인, 원한경 부인, 음악의 金永煥, 스미스, 백상규, 다까하시, 이찌지마 같은 이들이 있었다." 西山鄭錫海刊行委員會 편, 『西山 鄭錫海-그 人間과 思想』 (서울: 연세대학교출판부, 1989), 22.

62) "Annual Meeting of Field Board of Managers" (Sep. 20, 1929). C.C.C. Board (1928~1931) #318.

63) "Report of the Dean" (1930. 10. 2), 9. C.C.C. Board (1928~1931) #318.

64) "Report of the Dean" (Sept. 25, 1931). 7. C.C.C. Board (1928~1931) #318.

65) "Report of the Dean (1935~1936)" (Feb. 26, 1936), 16. C.C.C. Underwood (1936) #316 & #317.

하였다. 그러면서 한국인 교수가 없을 때는 공백을 메꾸었고, 한국인 교수가 있을 때는 교육을 돕거나 한국인 교수가 이어받아 결실을 거둘 일을 시작하였다.

수물과 교수 베커의 부인 루이스(Louise)는 1914년 예비학교가 시작할 때부터 1940년 학교를 떠날 때까지, 안식년 기간을 제외하고는, 시종 음악을 가르치고 한국인 교수들을 도왔다. 기록에 의하면, 그녀는 1931년 현제명과 함께 격주로 학생들을 연습시켰고, 과외로 가창을 지도하였다.[66] 박경호가 가르쳤던 시기에도 "그녀의 희생적인 봉사가 없었더라면 지난해 음악사역이 성공적으로 이루어지지 못했을 것이다"라고 기록되었다.[67]

수물과 교수 루퍼스(W. C. Rufus)의 부인 모드(Maud S. Rufus, 1880~1945)도 예비학교 시절부터 학생들을 지도하며 양악대를 조직하였다. 1916년 12월의 한 보고서에서 "루퍼스 부인은 대학의 밴드를 시작하고 훈련하는 힘든 일을 맡았고, 많은

그림 2. 베커 부인(Mrs. Louis Smith Becke), 연희전문학교 1935년 졸업앨범

66) "Report of the Dean" (Sep. 25, 1931). 7. C.C.C. Board (1928~1931) #318.

67) "Report of the Dean 1936~1937," 16. C.C.C. Underwood: Jan.~Aug. (1937) #316.

그림 3. 양악대(College Band), 연희전문학교 1919년 졸업앨범

실망 후에 매우 유망한 연주자들을 발굴하였다"라고 기록되었다.[68] 루퍼스 부부는 1917년 사역을 중단하고 미국으로 돌아갔는데, 1919년 제1회 졸업앨범의 양악대 사진 윗부분에 연전 밴드의 창단자이자 첫 번째 지도교사인 루퍼스 부인의 떠남을 기념한다는 글이 새겨져 있다.[69]

1918년에 부임한 신과 교수 로즈(H. A. Rhodes)의 부인 에디스(Edith B. Rhodes, 1881~1974)가 언제부터 음악을 지도했는지는 분명하지 않다. 그녀는 베커 부인, 빌링스 부인 블리스(Bliss)와 함께 오케스트라를 창단하였고, 채플 시간에 반주를 하였다. 오케스트라를 조직하는 데에는 이화여전에서 음악을 가르치고 중앙악우회 관현악단의 조직(1926)에 기여한, 세의전 교수 부츠의 부인 플로렌스(Florence)의 도움도 컸다. 이러한 활약들 때문에 1929년 연례보고서에서 "현 씨

68) "Report of Registrar for 1916" (Dec. 31, 1916). C.C.C. Board (1915~1922) #318.

69) "IN MEMORY OF THE DEPARTURE OF MRS. W. C. RUFUS, THE FOUNDER OF THE FIRST INSTRUCTOR CHOSEN CHRISTIAN COLLEGE BAND, SEOUL, KOREA, JUNE 15, '17" 『財團法人 延禧專門學校 第一會卒業生紀念寫眞帖』 (1919).

그림 4. 관현악대원(Orchestra), 연희전문학교 1929년 졸업앨범

가 오기 전에도 이 분야에서 많은 성취가 이루어졌다. 교수회의 음악부는 로즈 부인, 베커 부인, 부츠 부인의 도움을 받아 합창단, 밴드, 오케스트라를 크게 발전시켰다. 한 해 동안 이 악단들이 몇 차례 공연을 하여 많은 칭찬을 받았다"라고 기술되었다.[70)]

현제명의 부임 전에 오케스트라가 창단된 사실은 여러 곳에서 확인할 수 있다. 가장 먼저는 1928년 3월 31일 이사회 회의에 제출된 에비슨 교장의 1927~28년도 보고서에서 다음과 같이 설명된 것을 찾아볼 수 있다.

> 음악
>
> 음악 분야는 로즈(Rhodes) 부인과 빌링스(Billings) 부인이 쏟은 노력으로 큰 소득을 얻었다. 그래서 좋은 오케스트라와 매우 훌륭한 합창단이 생겨났다. 그와 동시에 관악대가 조직되어 잘 발전할 것을 약속하고 있다.[71)]

---

70) "Annual Report 1928~1929" (Sep. 20, 1929). C.C.C. Board (1928~1931) #318.

71) "The Musical interest have greatly profited from the efforts put forth by Mrs. Rhodes and Mrs. Billing fo that a good orchestra and a very creditable Glee Club

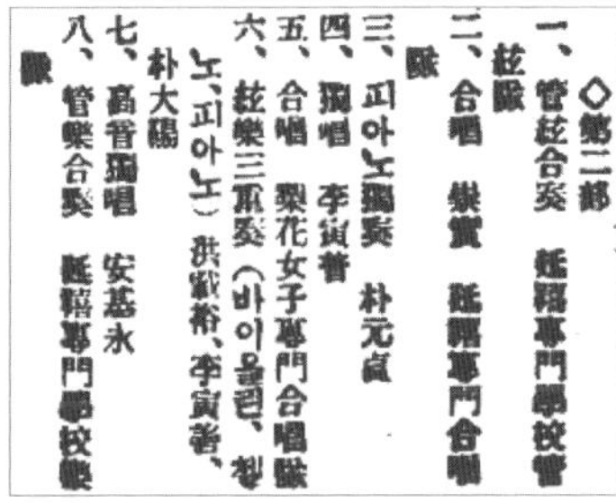

◇第二部
一、管絃合奏 延禧專門學校管絃團
二、合唱 崇實 延禧專門合唱團
三、피아노獨奏 朴元貞
四、獨唱 李寅善
五、合唱 梨花女子專門合唱團
六、絃樂三重奏（바이올린、첼로、피아노）洪鍾裕、李寅善、朴大陽
七、高音獨唱 安基永
八、管樂合奏 延禧專門學校樂團

그림 5.「朝鮮日報」 1928년 10월 15일 기사

당시에는 학년이 4월에 시작되어 3월 중순에 끝났다. 그러므로 에비슨이 이 문서에서 "a good orchestra and a very creditable Glee Club have come into being"이라고 한 일의 시간 범위는 1927년 4월과 1928년 3월 사이가 된다. 그렇다면 1928년 2월 4일 첫 공연을 했던 경성제대 오케스트라와 비슷한 시기에 오케스트라가 창단되었을 가능성이 없지 않다.[72] 연전의 관현악단이 1928년 10월 15일 4개 전문학교 연합음악회의 2부 순서에서 "관현합주"를 한 사실은 당일 "조선일보" 기사에서 찾아볼 수 있다.[73]

에비슨은 또한 위의 보고서에서 부츠 부인이 오케스트라를 위해 매주 시간을 내어 수고하였고, 조만간 진짜 음악과가 생겨나서 대학의 한 부분이 되기를 기대한다고 진술하였다.[74] 이처럼 1929년 초의 종합대학 설립계획에 음악과 신설이 포함된 것은 부인 선교사들에 의한 오케스트라의 창단과 합창단·밴드의 활성화를 배경으로 한 것이었다.

---

come into being, while at the same time a brass band has been organized and gives promise of fine development." O. R. Avison, "Chosen Christian College Annual Report, 1927~1928" (Mar. 31, 1928), 7. C.C.C. Board (1928~1931) #318.

72) 1928년 졸업앨범에 "C.C.C. Band"라고 적힌 매우 단출한 관현악단 사진이 있다. 졸업식이 3월 중에 거행되었으므로 촬영 시기를 가장 늦게 잡으면 그즈음까지로 추정해볼 수 있다. 『延禧專門學校 第十會卒業生寫眞帖』 (1928). 참고로 글리클럽은 1926년 앨범에 사진이 있고, 관악대는 학교 초창기부터 창단되어 있었다.

73) "男女四專門校聯合 未曾有의 大音樂會,"「朝鮮日報」(1928. 10. 15), 석간 2면.

74) O. R. Avison, "Chosen Christian College Annual Report, 1927~1928" (Mar. 31, 1928), 7. C.C.C. Board (1928~1931) #318.

(2) 음악 수업

1914년 배재학교에서 시작된 예비학교 시절부터 음악은, 비록 베커 교수의 집에서 가르치기는 했어도, 선택과목으로 배정되어 있었다. 1915년 4월 대학이 공식 개교한 후에도 음악은 선택과목이었고, 학점이 인정되지 않아 과외로 수업을 했지만, 30명이 등록하여 YMCA 건물 맨 위층에서 수업하였다.[75] 그 후 앞서 설명된 대로 1920년 2월 21일 이사회 회의 때 교수회가 음악을 필수과목으로 바꾸고 문과는 전학년 또는 최소한 1년 동안 주 2시간씩 배정하도록 총독부에게 요청해달라는 내용이 포함된 교육과정 변경요청서를 제출하였다. 이때 이사회는 전체 학생이 1년 동안 주 2시간을 필수과목으로 이수하게 하는 결정을 내렸다.

그러나 1923~24년의 보고서를 보면, 음악이 문과와 신과는 전체 학년에, 상과는 1학년에 필수과목으로 1시간이 배정되어 있었다.[76] 총독부 학무국에 의해 또는 다른 일로 시간이 조정되었던 듯하다. 음악 시간은 그 후 다시 축소되었다. 1931년의 영문 회보를 보면, 문과 1학년에만 1시간이 배정되어 있었다.[77] 그런데 이 회보의 '음악' 항목을 보면, 학생들은 음악수업 시간에 기보법, 초견, 음악사, 화성학을 배우고 과외 음악 활동에 많은 시간을 쏟고 있었다. 성악, 바이올린, 피아노, 올갠이 가장 인기가 있었고, 음악을 특별히 배우기 원하는 학생들을 위한 악리, 작곡 등의 수업이 행해지고 있었다. 이런 점들은 1930년대에 학교 당국이 전교생에 대한 기초교육보다 과외교육을 통한 일종의 엘리트 양

---

75) Mrs. A. L. Becker, op. cit., 180.

76) "Report of Chosen Christian College 1923~1924," 14-16, 연세대학교 박물관 편, 『연희전문학교 운영보고서 (上)"(이하 『운영보고서 (上)』 (서울: 선인, 2013), 28~30.

77) "Chosen Christian College Bulletin: Annual Catalogue(이하 Bulletin) 1931~1932," (1931), 48, 『운영보고서 (上)』, 161.

성에 역점을 두었던 것은 아닌가 하는 의문을 갖게 한다. 1934~35년간에 문과 2학년생 이인범이, 1935~36년간에 문과 3학년생 문학준이 "음악 실력과 학업성적이 뛰어나다"는 이유로 각각 75원씩 장학금을 받았던 것[78]도 어쩌면 이 사실을 뒷받침한다고 할 수 있을 것이다.

IV. 학생활동 지원

1. 연주회 지원

베커 부인은 1938년에 쓴 글에서 1915년 개교 후 어느 때에 몇몇 학생들이 연주회를 열었다고만 기술하고 더 설명하지 않았다.[79] 신문에서는 김영환이 교수로 있던 1920년부터 연전 학생들의 연주회들이 보도되었다.[80] 현제명이 부임한 1929년 가을부터는 실로 많은 음악회가 연전 주최로 개최되었다. 먼저 '순회음악회'는 1929년부터 1936년까지 춘추로, 1934년의 춘기만 빼고 개최되었다. 이 순회공연을 위해 20명 이상의 악단이 이동했는데, 현제명과 최순주 외에 부교장인 원한경과 베커 부인, 로즈 부인 등도 인솔 교수단에 합류하였다.[81] 1934

78) "Report of the Dean (1934~1935)," 21; "Report of the Dean (1935~1936)" (Feb. 26, 1936), 17. C.C.C Underwood (1935) #317.

79) Mrs. A. L. Becker, op. cit., 180.

80) "延專音樂會 이십일일청년회에서," 「東亞日報」 (1920. 5. 23), 3면.

81) "延專地方巡廻音樂" "每日新報" 1931. 5. 21, 2면. 1936년 10월에 평양과 사리원 공연 때는 박경호와 베커 부인이 단원을 인솔하였다. "延專廿六名樂團 平壤서 大演奏會," 「每日新報」 (1936. 10. 29), 3면; "延專音樂團 沙里院서도 演奏" 「每日新報」 (1936. 10. 30), 7면.

년 10월 말에서 11월 초까지 선천, 신의주, 안동, 봉천, 무순을 순회할 때는 관현악단, 관악단, 합창단의 연주 외에 베커 부인의 피아노 연주까지 순서에 포함되었다.[82] 서울에서 열린 '춘기·추기 음악회'는 1929년 가을부터 1940년까지 18회 공연까지 이어졌다. '전조선 남녀 하기 음악강습회'는 1931년부터 연전 주최로 매년 열렸다. 이 강습회는 본래 교회 지도자들을 위한 것이었는데, 1935년부터 보통학교 교사들도 강습대상에 포함되었다. '전조선 남녀 중등학교 현상음악대회'는 1932년부터 1937년까지 연전 주최로 매년 열렸다. 베커 부인은 이 대회에서도 심사위원단의 일원으로 활동하였다.[83]

당시에 연전에는 오케스트라(관현악단), 글리클럽(합창단), 밴드(취주악단), 현악사중주단, 사중창단이 조직되어 있었고, 이 가운데 바이올린 독주자들과 성악 독창자들도 있었다. 그들은 각종 음악회 외에 라디오 방송에도 거의 매주 출연하였다. 이같이 하여 연전 음악단은 1930년대에 전국을 누비며 많은 찬사를 받았다. 1933년 6월 2일 성진에서 열린 공연 때는 성진 개항 35주년기념 축하운동회가 끝난 날과 겹쳐서 대만원을 이루었고 입장권을 사고도 입장하지 못한 사람이 300명이나 되었기 때문에 예정을 변경하여 다음날 다시 공연을 했는데 또다시 대만원을 이루었다고 보도되었다.[84] 1936년 10월의 평양 공연 때는 "매일신보"에 의해 "관악(管樂) 현악(絃樂)의 규모 굉대함이라든가 또는 음악적 기능의 난숙오묘한점등이라든가 과연조선서 첫손가락을 쉽지 안흘수가업는것"이라고 선전되었다.[85]

---

82) "延專巡廻音樂會," 「東亞日報」 (1934. 10. 29), 3면.

83) 1936년의 현상대회 심사위원은 "이승학, 계정식, 뻬커부인, 미쓰영, 정동모, 박경호, 팍쓰, 노벨, 홍난파, 海谷秀雄, 채선엽 등"이었다. "懸賞音樂會도 切迫" 「東亞日報」 (1936. 5. 28), 2면.

84) 「延專巡廻音樂 城津에서 盛況」, 『朝鮮日報』, 1933년 6월 8일, 조간 4면.

85) "延專廿六名樂團 平壤서 大演奏會" 3면.

연전 악단은 1936년 후반부터 총독부 기관지인 "매일신보"가 초청한 음악회에서 연주하였다. 이는 연전의 음악활동이 새로운 국면에 접어든 것을 시사한다. 1936년의 추기 음악회는 이전과 달리 『동아일보』가 아닌 『조선일보』에서 보도되었다. 이는 손기정 선수의 일장기말소사건으로 『동아일보』와 『조선중앙일보』가 정간 또는 폐간되었기 때문이었던 것으로 생각된다. 1936년 8월 부임한 미나미지로(南次郞) 총독은 어느 정도 자유로운 활동을 용인했던 전임 총독과 달리 내선일체 동화정책을 강화하였다.[86)]

어쨌든 현제명은 학생들의 악단이 조선의 악단을 대표하게 된 사실을 안타깝게 여겼지만,[87)] 당시의 독특한 상황 속에서 연전 학생들은 당대의 최고 음악가들과 함께 무대에 섰다. 선교사들은 개교 이래로 이 악단을 조성하고 연습시키고 인솔하고 함께 공연하면서 수준을 높이는 데에 일조하였다.

2. 악기와 악보 조달

베커 부인은 1915년 개교 후 음악 시간에 11명이 올갠 두 대와 피아노 한 대로 공부했다고 설명하였다.[88)] 그 피아노는 베커 부인이 집에서 가르칠 때부터 사용했던 개인 물품이었을 것으로 짐작된다. 교수들은 1920년 2월 음악과의 설치를 요청할 때 미국에 가 있는 베커 부인에게 피아노 한 대를 구해오게 하였다. 베커 부부는 피아노를 구해오지 못하였고,[89)] 1923년 김영환 교수가 그랜드피아

86) 조규태, "1930년대 한글신문의 조선문화운동론," 「한국민족운동사연구」 61 (2009), 248.

87) 玄濟明, "切實히要求되는 團體音樂의 出現" 「東亞日報」 (1935. 1. 1), 1면.

88) Mrs. A. L. Becker, "Pioneering In Music," 180.

89) "Synopsis of Dean's Report, Apr. 1, 1920~Mar. 31, 1921," 3. C.C.C. Board (1915~1922) #318.

노를 기증하였다.[90)]

한편 예비학교 시절에 조직된 관악대를 위해서는, 베커 부인의 설명에 따르면, 루퍼스 부인이 노력하여 몇몇 관악기들을 구입했거나 학생들이 구해서 가져왔다. 그 후 1920년의 음악과 설치 운동 때 교수들이 13종(피아노와 올갠의 등급 구분을 빼면 11종) 20점의 관현악기 구입을 요청하였다. 1927~28년간에 오케스트라가 창단된 후에는 학교 회계보고서의 1929~30년도부터 음악 분야 예산에서 '오케스트라' 항목이 나타나기 시작하였다.

<표2>1929-30년 음악부 지출예산[91)]

음악교수			600
밴드	플루트 70, 피콜로 40, 코넷 40 악보 각종 지출	150 50 100	300
오케스트라	지휘자 차비 악기 (첼로) 악보 각종 지출	66 150 50 20	286
악보	악보		50
기타	악기 수선 피아노 수선 및 조율 예비비	50 60 24	134
	계		1,370

음악활동이 크게 활성화된 1930년대에는 선교사 교수들도 악기와 악보를

90) "Minutes of Annual Meeting of Field Board of Managers (Sept. 15, 1923): Appendix II, page 3," C.C.C. Board (1923~1927) #318.

91) 여기에서 교수 지급금은 김영환의 것이다. 현제명은 그의 유학 후원자 로디히버(Homer Rodeheaver)의 기부금 1,860원을 연봉으로 받았다. 1932년에는 로디히버의 기부금이 크게 줄고, 지출예산 항목이 더 상세해졌으며, 1933년부터 로디히버 기부금이 중단되었다."General Summary of Budget for 1929~1930" (Mar. 15, 1929), C.C.C. Board (1928~1931) #318.

기부하였고,[92] 현제명도 1937년 미국에서 귀국하면서 피아노 4대와 기타 악기들을 가져왔다.[93] 당시에 악기들을 기부받은 내용은 『55년사』에 아래와 같이 제시되어 있다.[94]

① 재미 본교 후원자: 피아노 1대

② 재미 본교 후원자: 레코드 200매

③ 콜럼비아 축음기 주식회사 경성지점: 휴대동 축음기 1대

④ 언더우드: 피아노 2대, 바이얼린 2개, 밴죠 2개, 만돌린 2개, 기타 2개, 크라우 바이얼린 3개, 레코드 82매, 악보 182점

⑤ 에이 엘 벡커: 합창 악보 53점

⑥ 이 엠 케블: 4중주곡 악보 32점

⑦ 호머 로디히버: 음악책 6권, 악보 8점

⑧ 현제명: 피아노 4대

---

92) "Report of the Dean (1934-1935)," p. 21. C.C.C. Board (1932-1935) #318; "Report of the Dean 1936-1937," p. 16. C.C.C. Underwood January-August (1937) #316.

93) 현제명은 1936년 3월에 도미하여 6월 5일 박사학위를 받고 이듬해에 귀국하였다. 도미 전에 그는 음악실이 도서관 바로 위층에 있어서 서로에게 방해가 되었기 때문에 미국에서 음악관을 마련할 기금을 구해올 수 있기를 희망하였다. 1937년 초에 학감은 현제명이 미국에서 장학금 후원처 네 곳, 피아노 4대, 다른 악기들을 확보하고 음악관을 지을 기금을 약정받았다는 소식을 알려왔다고 보고하였다. "연세대학교 음악활동: 연희전문과 음악활동," 『55년사』, 169-170; "Report of the Dean (1934~1935)," 21. C.C.C. Board (1932~1935) #318; "Report of the President to the Chosen Christian College for the year 1935~36," 5. C.C.C. Underwood (1936) #316 & #317; "Report of the Dean 1936~1937," 16. C.C.C. Underwood Jan.~Aug. (1937) #316.

94) 이 기부 명세는 학감과 교장 보고서들에 의해 뒷받침된다. 「연세대학교 음악활동: 연희전문과 음악활동」, 『55년사』, 169-170.

이렇게 하여 음악실에 오케스트라의 편성에 필요한 모든 악기가 구비되어 학생들이 빈손으로 가서 연습할 수 있었다.[95] 요컨대 선교사 교수들은 악기와 악보 등을 확보하는 일도 도왔다.

V. 결론

이상에서 살펴본 바와 같이 일제강점기 연전의 음악교육 및 음악활동은 학교의 운영상황, 교육방침, 학풍과 맞물려서 이루어졌다. 그런 점에서 이 논문은 먼저 학교 음악사를 학교 역사 속에서 조명하고 그 후에 음악의 제반 분야를 개관하였다. 그 과정에서 음악교육의 시작, 음악과의 설치, 음악부의 실체, 오케스트라의 창단 등에 관한 기존 통설이 부정확하고 학내 선교사들의 영향력이 일반인식과 달랐음을 알게 되었다. 음악교육의 시작에 대해서는 이제까지 1917년설이 유력하였으나, 베커 부인이 직접 쓴 글에서 1914년 예비학교 시절부터 시작되었음을 알게 되었다. 음악과의 설치문제는 이제까지 베커 부인 또는 원한경이 시도했다가 미국 재단 본부의 불허로 좌절한 것으로 알려졌으나, 학교 자료에 의해 음악과 설치가 두 번 시도되었고, 교수회가 이사회에 요청하는 정식 절차를 밟아 추진하였으나 이사회에서 제동이 걸렸을 개연성이 있음을 알게 되었다. 음악부의 실체는 이제까지 모호하였고 음악교수가 음악부장이었을 것으로 추정되었지만, 학교 자료에 의해 음악부가 교수회 안의 한 위원회였으며 음악을 전공하지 않은 한국인 교수들이 부장을 맡았던 사실을 알게 되었다. 연전 오케스트라의 창단도 이제까지는 한국 오케스트라 역사상 세 번째로

95) 金聖道, "올챙이의 回想記," 『55년사』, 104.

(중앙악우회와 경성제대에 이어) 1929년 현제명에 의해 이루어진 것으로 알려졌으나, 학교 자료에 의해 1927~28년간에 부인 선교사들(특히 로즈 부인)에 의해 이루어졌음을 알게 되었다.

연전의 음악 역사는 1914년 4월 개교한 예비학교 때 베커 선교사의 집에서 음악을 가르친 부인 선교사들과 수업을 받은 학생들의 자발적인 노력으로 시작되었다. 이후 다른 선교사 교수들도 음악교육의 필요성을 인정하여 음악을 비정규 선택과목 또는 필수과목으로 편성하고 김영환과 현제명을 교수로 초빙하였다. 연전의 운영진이 얼마만큼 적극적으로 음악교육을 지원했는지는 단정하기 어렵다. 그들은 이상과 현실 사이를 오갔다. 1920년, 아직 변변한 교육관도 없던 때에 교수회는 3년 과정의 음악과 설치와 음악관 건축을 요청하기로 결의하였다. 또한 기존의 밴드 외에 합창단과 오케스트라까지 조직하기를 희망하여 20점의 악기 구입을 요청하였다.

그 후 1929년 교수회가 종합대학 설립계획 안에서 다시 음악과 설치 운동을 벌였다. 이 일은 이사회의 결정으로 7개년의 장기과제가 되었다. 그에 따라 1930년대에 연전의 음악활동이 음악과의 설치를 위한 준비운동의 성격을 지니고 매우 활발히 전개되었다. 더불어 1929년부터 연전 교수들이 노력한 조선학 연구와 1930년대 전반에 "동아일보"가 추진한 민족문화운동과 짝하여 한국 사회에 대한 음악계몽운동의 성격을 지니고 전개되었다. 이는 당시에 순회공연으로 학교도 선전하고 음악계몽도 하려 했다고 이유선이 회고한 것과 같았다.

1930년대에도 음악활동은 학생들의 자발적인 참여로 이루어졌고, 배우기를 희망하거나 재능 있는 학생들을 위한 특별 수업도 과외 시간에 행해졌다. 이런 교육과 활동을 통해 연전의 악단은 한국의 악단을 대표하게 되었다. 그러나 1936년 신임총독의 부임과 1937년 중일전쟁의 발발로 일제의 식민정책이 변화하면서 연전은 검거와 전향의 회오리에 휘말렸다. 이후 현제명을 비롯한 음악교수의 친일문제는 별도의 연구주제로 남겨놓기로 한다.

연희전문의 음악활동의 이면에는 선교사 교수들이 있었다. 그들은 기독교가 한국사회의 모든 방면의 향상에 기여하게 해야 한다고 믿었고, 한국인에게 책임을 넘겨 한국사회를 스스로 개선해가게 하려 하였으며, 한국의 전통문화를 존중하는 자세를 보였다. 이러한 인식과 태도를 힘입어 한국인 교수들이 조선학 연구와 교육을 시작하였고, 이로써 동서고근 사상의 융합을 꾀하는 화충학풍 형성의 한 주체가 되었다. 나아가 경성제대의 관학과 식민통치 이데올로기에 대항하는 사학의 길을 닦았다. 그런 분위기에서 서양음악을 가르친 한국인 교수와 음악활동을 관리한 한국인 음악부장도 지도력을 잘 발휘할 수 있었다.

음악교육에 종사했던 부인 선교사들은 교수의 직책을 맡지는 않았지만, 학생들을 가르치고, 연습시키고, 인솔하고, 때로는 무대에서 함께 공연하였다. 그러는 동안 한국인 교수의 인력의 공백을 메꾸었고, 한국인 교수가 진 업무의 과중함을 덜어주었다. 그뿐 아니라 밴드와 오케스트라를 조직하여 이후에 한국인 교수들이 더 발전시켜 결실을 거둘 수 있게 하였다. 이로써 한국인 교수들과 학생들이 연전의 음악활동을 크게 활성화하는 데에 일조하였다.

참고문헌

<정기간행물>

김영의. "한국 현대음악발전 소고," 「藝術院報」 7 (1961).

"讀書室: 私學의 進出," 「東光」 19 (1931. 3).

世專敎授夫人 플로렌스 · 뱃스. "내가 만일 朝鮮女子라면: 提琴家로出身," 「新家庭」 2 (1933).

漢陽學人. "新進學者總評(一) 延禧專門學校敎授層," 「三千里」 10 (1930. 9).

玄濟明. "朝鮮音樂의普遍化," 「新東亞」 3-1 (1933).

_____. "音樂生活三十年記," 「現代文學」 1-6 (1955).

Avison, O. R. "Can it be Done?," *The Korea Mission Field*. vol. II (1924. 1).

Becker, A. L. "Growing Pains: Process of Development," *The Korea Mission Field*. vol. XXXIV (1938. 8).

Mrs. A. L. Becker. "Pioneering In Music," *The Korea Mission Field*. vol. XXXIV (1938. 8).

Mrs. Baird · Mrs. Becker. "The Coming Song Book," *The Korea Mission Field*. vol. X (1914. 3).

Underwood. H. G. "A Powerful Appeal from Korea," *The Missionary Review of the World*. vol. V, no. 3 (1888. 3).

Underwood. H. H. "The Inaugural Address," *The Korea Mission Field*. vol. XXX (1934. 12).

<신문 · 간행물>(일자순)

"延專音樂會 이십일일청년회에서," 「東亞日報」, 1920. 5. 23.

"男女四專門校聯合 未曾有의 大音樂會," 「朝鮮日報」, 1928. 10. 15.

"四百萬圓 巨資로 延禧專門校 大擴張," 「東亞日報」, 1929. 3. 28.

"樂界人士 總網羅 音樂家協會創立," 「朝鮮日報」, 1931. 2. 13.

"延專地方巡廻音樂" 「每日新報」, 1931. 5. 21.

"玄濟明, 切實히要求되는 團體音樂의 出現," 「東亞日報」, 1935. 1. 1.

"현제명씨 도미" 「新韓民報」, 1936. 4. 30.

"현제명의 박사위" 「新韓民報」, 1936. 6. 11.

"延專廿六名樂團 平壤서 大演奏會," 「每日新報」, 1936. 10. 29.

"延專音樂團 沙里院서도 演奏," 「每日新報」, 1936. 10. 30.

<자료집>

『延禧專門學校 第十會卒業生寫眞帖』. 1928.

연세대학교 박물관 편. 『연희전문학교 운영보고서 (上)』 · 『연희전문학교 운영보고서 (下)』. 서울: 선인, 2013.

<연희전문학교 자료>(드류신학교 United Methodist Archives 소장)

Chosen Christian College Board of Managers (1915~1922) Film #318.

Chosen Christian College Board of Managers (1923~1927) Film #318.

Chosen Christian College Board of Managers (1928~1931) Film #318.

Chosen Christian College Board of Managers (1932~1935) Film #318.

Chosen Christian College: Underwood, Horace H. (Dr.): Oct. 1913~Dec. 1923 Film #317.

Chosen Christian College: Underwood, Horace H. (Dr.): (1935) Film #317.

Chosen Christian College: Underwood, Horace H. (Dr.): (1936) Film #316 & Film #317.

Chosen Christian College: Underwood, Horace H. (Dr.): Jan.~Aug. (1937) Film #316.

<북장로교 선교부 편지>(필라델피아 Presbyterian Historical Society Archives 소장)

H. G. Underwood to A. J. Brown, July 18, 1910. Presbyterian Church in the U.S.A., Board of Foreign Missions Correspondences and Reports, 1833~1911, Reel #282.

<논저>

김도형. "1920~30년대 民族文化運動과 延禧專門學校." 「東方學志」 164 (2013).

김미현. "피아노와 근대: 초기 한국 피아노음악의 사회사." 「음악학」 19 (2010).

김사랑. "새로운 음악문화 수용을 위한 제의적 공간으로써의 평양-1920~30년대 선교사들과 한국인들의 음악적 만남-." 「음악학」 30 (2016).

______. "내한 여성선교사들의 음악활동과 청각적 근대화: 1885-1940년까지 미북장로교를 중심으로-." 이화여자대학교 대학원 음악학부 박사학위논문, 2017.

김일심. "내한 여성 선교사들의 음악활동에 관한 고찰: 1945년 이전을 중심으로." 한국예술종합학교 음악원 예술전문사 학위논문, 2013.

김은하. "이화학당과 이화여자전문학교를 중심으로 본 초기 한국 여성작곡가 연구." 「韓國音樂史學報」 43 (2009).

노동은. "한국의 근대성과 음악전개." 「음악과 민족」 24 (2002).

도현철. "조선학운동과 연희전문의 실학 연구." 『일제하 연세학풍과 민족교육』, 서울: 혜안, 2015.

민경찬. 『청소년을 위한 한국음악사 [양악편]』. 서울: 두리미디어, 2006.

서산정석해간행위원회 편, 『西山 鄭錫海-그 人間과 思想』. 서울: 연세대학교출판부, 1989.

『연세대학교 백년사: 1885~1985』 1 · 3 · 4. 서울: 연세대학교 출판부, 1985.

『연세음악 55년사』. 서울: 연세대학교 玄濟明博士紀念館建立期成會, 1974.

윤덕영. "위당 정인보의 교유 관계와 교유의 배경-백낙준 · 백남운 · 송진우와의 교유 관계를 중심으로-." 「東方學志」 173 (2016).

이유선. 『2불 80센트의 기적: 이유선 회고록』. 서울: 작은우리, 1999.

조규태. "1930년대 한글신문의 조선문화운동론." 「한국민족운동사연구」 61 (2009).

최선웅. "정인보의 동아일보를 통한 '조선학운동' 전개." 1934년 조선학운동 80주년기념 제8회 민세학술대회 자료집. 「1930년대 조선학운동 참여인물 연구」 (2014).

한상우. 『한국양악인물사1 기억하고 싶은 선구자들』. 서울: 지식산업사, 2003.

허경진. "연희전문의 문학 교육에서 보여진 동서고근 회충의 실제." 『일제하 연세학풍과 민족교육』, 서울: 혜안, 2015.

허지연. "이화여자전문학교 선교사 음악교사 연구: 연합감리회아카이브 소장자료를 중심으로." 「음악학」 25 (2013).

______. "서양음악도입기 여성선교사의 교육활동: 이화여전 음악과의 설립(1925)을 중심으로." 「음악학」 28 (2015).

______. ""제국 속의 제국": 일제강점기 한국의 고등음악교육과 미국의 해외선교." 이화여자대학교 대학원 음악학부 박사학위논문, 2017.

______. "여성선교사의 고등음악교육과 한국 여성의 새로운 정체성 찾기." 「이화음악논집」 22-1 (2018).

04

연희전문학교 음악 활동의 음악사적 의의

지형주
연세대학교 음악연구소

04. 연희전문학교 음악 활동의 음악사적 의의

지형주 |

I. 들어가는 말

한 학교의 음악 활동을 정리하는 것은 그 역사적·사회적 입지에 따라 그 나라의 문화사를 재정비하는 것과 같은 일이다. 최근 심층적 연구를 통하여 연희전문학교가 한국의 근대사에서 서양 음악의 도입과 정착에 구심적 역할을 했다는 사실이 점차적으로 명확해지고 있다.[1] 초창기 연희전문학교의 음악 활동은 선교사 교수의 부인들에게서 비롯되었다. 기록에 의하면 연희전문의 역사

1) 학술적인 중점연구로 두 가지 학술심포지엄을 들 수 있다. 첫째는 본서의 출발이 되는 2018년 11월 20일에 개최되었던 <연희전문학교의 음악교육과 기독교 정신>이며, 둘째는 그보다 일 년 뒤 2019년 11월 20일에 열린 <연세음악 100년의 비상(飛上)>이다. 본고에서는 2018년의 학술심포지엄에서 정운형, 문백란의 1차자료를 통한 심화연구 자료들에 의거해 『연세대학교 음악대학 50년사』 (서울: 연세대학교 출판부, 2006, 이하 『연세대학교 음악대학 50년사』)에 수록된 초창기 연희전문의 음악역사를 수정·보충하였다.

는 1914년까지 거슬러 올라간다. 연희전문이 1915년 YMCA에서 공식적으로 개교하기 일 년 전, 평양 숭실학교 대학부에 재직 중이던 선교사 교수 베커(Arthur L. Becker, 1879-1978)가 서울에 내려와 4월 1일부터 대학 배재학교 옛 삼문인쇄소 자리에서 예과를 시작했다.[2] 그의 부인 루이스(Mrs. Louise Ann Smith Becker, 1880-1961)는 그 때 자신이 집에서 학생들에게 찬송가를 통해 교회음악을 가르쳤으며, 수물과 교수 루퍼스(W. Carl Rufus, 1876-1946)의 부인 머드(Mrs. Maude Squire Rufers, 1880-1945)의 노력으로 몇몇 관악대가 구입되어 작은 관악대의 조직되었다고 기록이 남아있다.[3] 특히 베커 부인은 미시건의 앨비온 대학(Albion)에서 피아노를 전공한 전문음악가로,[4] 1940년 한국을 떠날 때까지, 오르간, 피아노, 성악, 채플 반주, 가창, 관현악단 지도 등 다양한 음악 교육을 시행하였고, 연희전문의 음악과 설립을 시도하였으며, 한국인 음악 교수들

그림 1. 베커 부부(1908)

2) Evelyn Becker McCune and Heather McCune Thompson, *Michigan to Korea: Arthur L. Becker. 1899-1926* (Lexingtonm, KY: Lulu, 2009), 397.

3) Mrs. A. L. Becker, "Pioneering In Music," The Korea Mission Field(이하 KMF) Vol. XXXIV (1938. 8), 180.

4) 이덕주, 『백아덕과 평양 숭실. Arthur L. Becker』 (서울: 숭실대학교 출판국, 2017), 101 이하, 296; Evelyn Becker McCune and Heather McCune Thompson, Michigan to Korea: Arthur L. Becker. 1899-1926, 27이하. 베커 교수 부부와 루퍼스 교수 부부는 모두 앨비온 대학 동문이다.

을 도와 연희전문의 초창기 음악 확립에 크게 기여한 인물이다(그림 1).[5]

선교사 부인들에 의해 시작된 음악 교육은 이후 변성옥(1892-1950), 백남석(1894-?)의 도움과 함께 계속 이어오다가,[6] 1918년 한국 최초의 전문음악인 김영환(1893-1978)이 음악부 교수로 초대되면서 본격적인 체계를 갖추게 되었다. 그 뒤를 이어 1929년 제2대 음악부 교수로 부임한 현제명(1902-1960)은 다양한 활동을 통해 연희전문의 음악을 한 단계 도약시켰다. 현제명의 제자인 문학준(1914-1988)이 1946년부터 제3대 음악부 교수를 이어갔다. 연세대학교가 오늘날의 모습으로 변모하기에 중심에 있었던 인물은 1948년 제4대 음악부 교수로 취임한 박태준(1900-1986)이었다. 그는 연전의 마지막 교수진으로 전쟁 후의 혼란 속에서도 1956년 종교음악과 탄생의 초석을 다지는데 공헌하였다.[7]

그렇다면 한 세기 전 연희전문에서 음악 활동이 시작되기까지 한국 땅에는 어떻게 서양 음악이 유입되었는가? 또한 연희전문에서 이어지는 음악 활동이 가지는 음악사적 의미는 무엇인가? 필자는 전자의 질문을 배경으로 후자의 질문에 대해 집중적으로 논의하고자 한다. 먼저 찬송가 보급과 양악대 창설을 중심으로 서양 음악의 유입에 대해 살펴보고 그 역사적 맥락을 짚어본다. 본론적으로 1918년 음악부 교수의 초빙으로 체계적인 교육과 활동이 시작된 이후 1955년 '연희대학교 신과대학 종교음악과'로 전공학과가 설립되기까지 연희전문학교의 음악 활동을 중심으로 신앙, 교육, 연주, 창작의 측면에서 그 음악사적 의의를 고찰하고자 한다.

---

5) Evelyn Becker McCune and Heather McCune Thompson, Ibid., 249.

6) 이들에 관해서는 정운형의 글을 참고하라.

7) 『연세대학교 음악대학 50년사』, 6-9. 현재의 음악대학은 1963년 12월 문교부의 허가를 받아 1964년부터 음악대학으로 승격되어 교회음악과, 성악과, 기악과 및 작곡과로 세분되었고, 1976년 현재의 단독 건물로 옮기면서 보다 갖추어진 시설과 체제를 갖추게 되었다. 앞의 책, 29-30, 61-62, 305-306.

II. 서양 음악사 속의 한국 음악[8)]

한국의 서양 음악 유입에 대해서는 개신교 찬송가 전파설, 양악대 창설설, 카톨릭 전래설의 기존 학설이 있다. 여기에 서양 음악의 출발을 정두원(鄭斗源, 1581-?)의 『직방외기』(職方外紀)나 이규경(李圭景, 1788-1863)의 『오주연문장전산고』(五洲衍文長箋散稿, 1834-1839)로 보자는 새로운 학설들이 추가되었다.[9)] 『직방외기』 도입설은 노동은이 "한국 양악사, 100년사인가? 360년사인가?"(1993)에서 제기한 학설이다. 한국에서의 양악의 시작을 조선시대 정두원이 1633년 중국의 제수이트 신부들로부터 가져온 『직방외기』까지 거슬러 올라가자는 것이다. 조선의 실학자들은 서양 음악이 대학 철학과에 속하는 학문이라는 사실과 중국 외에서 서양에서 고도로 발달한 음악문화가 존재한다는 사실을 알고 있었다는 기록 때문이다.[10)] 『오주연문장전산고』 최남선의 "서양 음악이 언제부터 어떻게 조선인에게 알려졌는가"(1929)에 언급된 사항이다. 여기에 서양 음악의 기초 이

8) '한국 음악'은 통상 한국에서 일어나고 있는 음악을 말한다. 20세기에 들어서 한국 음악은 서양 음악이 들어온 이래 '국악'(國樂)과 '양악'(洋樂)으로 분리되어 사용되었다. 의미론적으로 한국 음악은 당시 '국악'이었으나, 현재 한국 음악은 '양악'의 개념이 훨씬 강하다. 서양 음악이 한 세기 동안 전면적으로 부상했기 때문이다. '국악'이라는 말은 여전히 사용하지만, '양악'이라는 어휘는 적어도 국악인이 아니고는 낯설게 되었다. 본고에서는 동시대적인 맥락에서 서양에서 들어온 음악을 '서양 음악' 혹은 '양악'으로 통칭한다. 이에 대한 첨예한 논의는 다음을 참조하라. 이건용, 『한국음악의 논리와 윤리』 (서울: 세광음악출판사 1987), 서문 및 17-35.

9) 이강숙·김춘미·민경찬, 『우리 양악 100년』 (서울: 현암사, 2001), 16.

10) 앞의 책, 19; 노동은, "한국 양악사, 100년사인가? 360년사인가?," 「음악과민족」 5 (1993), 58-59. 노동은은 정두원이 1631-1632년의 중국 체류 "이듬 해" 『직방외기』를 비롯한 서학한역서(西學韓譯書)를 가져온 것으로 쓰고 있다. 논문이 쓰여진 1993년으로부터 360년 전이고 2018년으로부터는 387년 전이다.

론, 즉 보표, 음자리표, 변화표, 음표 등이 소개되었으므로 한국 서양 음악의 시작을 이때로부터 봐야 한다는 것이다.[11] 『오주연문장전산고』는 나운영(羅運榮, 1922-1993)의 미발표 원고 "양악 150년사(1810-1960)"를 홍정수가 해제하면서 제기된 것이다.[12]

한국 양악의 역사를 2020년의 시점에서 새로이 연도 정리가 되어야 한다는 점을 차치하고라도, '최초'라는 의미는 그러나 새로운 발견에 의해 늘 바뀌는 것이므로 본 논의에서는 정두원과 이규경의 일회적인 기록은 제외하기로 한다. 또한 1866년 병인박해에서 외국 신부들이 형장으로 이송될 때 그들이 배웠던 그레고리오 성가 형태의 "찬송가(Hymn)와 시편(Psalm) 낭독이었을 것으로 보인다"와 "또한 가사는 1880년 이전에 유행했던 것으로 보인다"[13]의 서술에서 연도가 역으로 설정된 추측성 기사임을 감안하여 카톨릭 전래설도 서양 음악의 일반적 수용으로 보기에는 더 많은 연구가 필요하다고 여겨진다. 따라서 한국에서의 서양 음악의 도입은 개신교 선교사의 입국으로 이루어진 찬송가의 보급과 이 후 공식적으로 창설된 양악대로부터 보는 것이 타당할 것이다. 실제 두 관점에 대해서는 비교적 많은 연구와 확증이 이루어졌다.

---

11) 이강숙·김춘미·민경찬,『우리 양악 100년』 19-21.

12) 홍정수(해제), "나운영 음악자료(1)-양악 150년사 메모(1)," 「음악과민족」 17 (1999), 200. 여기서 나운영은 『오주연문장전산고』의 연대기를 1810년으로 기록하고 있고, 이에 따라 "양악 150년(1810-1960)"을 제목으로 하고 있다. 제목 옆에 "(1834-1839)?"라는 연필로 쓴 기록이 있는데, 실제 『오주연문장전산고』의 집필연도에 해당하는 이 메모를 후에 추가한 것인지에 대해서는 설명이 없다. 그렇다면 나운영이 쓰려고 했던 것은 실제 '양악 120년사', 2019년으로부터는 '양악 180년사'로 추청해 볼 수 있다.

13) 서우석, 『전통문화와 서양문화 1』 (서울: 성균관대학교출판부, 1985), 180, 이강숙·김춘미·민경찬, 『우리 양악 100년』, 19에서 재인용.

1. 찬송가 보급

19세기 말 개화의 분위기를 타고 한국에 전파된 기독교는 암울한 시대적 상황에 새로운 안식처라는 종교적 위력과 함께 신교육 및 과학적 의료 사업으로 한국인의 삶에 파고들었다. 이들이 가지고 온 음악도 종교만큼이나 빠르게 수용되면서 한국에 서양 음악의 바람을 불러 일으켰다. 한국에 찬송가를 체계적으로 보급한 것은 미국 선교사들이다. 이들 중 1885년 미국장로교회에서 한국으로 파견한 최초의 선교사 아펜젤러(Henry G. Appenzeller, 1859-1916)와 언더우드(Horace G. Underwood, 1859-1916)가 내한하면서 찬송가가 본격적으로 보급되기 시작했다.[14)] 이들보다 앞선 기독교인들이 중국과 일본을 통해 들어온 찬송가를 중국어와 영어로 불렀으나, 중국 찬송가는 그 뜻을 파악하기 어려운 경우가 많았다.[15)] 찬송가 보급에 대한 기록으로는 1880년 경 처음 한국에 입국한 선교사들이 예배 의식에서 쉬운 찬송가를 한국어로 번역하여 부른 것을 들 수 있으나,[16)] 일반적으로 양악사 연구에서 1886년 언더우드가 세운 배재학당과 스크랜턴 선교사가 세운 이화학당에서 찬미가를 부르거나 교과목을 가르친 '양악 사건'을 말한다.[17)]

찬송가의 보급은 1892년 존스(George H. Jones, 1867-1919)와 로드와일러(Louisa C. Rothweiler, 1853-1921)가 편집한 『찬미가』로부터 한층 박차를 가한다. 이는 한국 최초의 찬송가로 당시 중국어 및 영어 번역 찬송가 중 많이 불리던 27곡이 수록된 가사판이다.[18)] 언더우드에 의해서 편집되어 1894년 발간된 『찬양가』는 최

---

14) 이강숙·김춘미·민경찬, 『우리 양악 100년』, 23.

15) 문옥배, 『한국 찬송가 100년사』 (서울: 예솔, 2002), 32-34.

16) J.E. Fisher, *Democracy and Mission Education in Korea* (Seoul: Yonsei University Press, 1970 Printing, c1928), 132; 문옥배, 앞의 책, 35 재인용.

17) 노동은, "한국 양악사, 100년사인가? 360년사인가?," 57-58.

18) 문옥배, 『한국 찬송가 100년사』, 90-91.

초의 오선보 악보판 찬송가라는 의미를 가진다. 미국 표준찬송가와 복음성가에 기초한 총 117곡이 4성부로 수록되어 있다. 그 후 1895년에는 북장로교단선교부 찬송가위원회에 의해 『찬셩시』가 출판되어 1902년 '장로회공의회'서 공인 찬송가로 승인을 얻었는데, 이는 우수한 가사 번역 때문에 1983년의 『통일찬송가』에 50곡이 그대로 수용되었다.[19] 이 외에도 교파별로 1899년 『복음찬미』(침례교), 1903년 『셩회송가』(성공회), 1904년 『천도찬사』(성공회), 1905년 『찬미가』(감리교), 1905년 『찬미가』(성공회), 1907년 『복음가』(성결교), 1908년 『구세군가장』(구세군) 등이 출판되었다.[20] 선교사들의 노력에 의한 초기 한국 찬송가는 1908년 『찬숑가』에서 일단락을 짓는다. 최초 장로교·감리교 통합 찬송가로 『찬미가』, 『찬양가』, 『찬셩시』를 통합한 것이다. 초판은 262편이 실린 가사판이고, 1909년에는 267곡이 실린 악보판으로 출간되었다.[21] 『찬숑가』는 무엇보다 당시 문제가 되었던 가사 번역의 문제를 어느 정도 해소해 주었다. 『찬숑가』에 있어 주목할 만한 것은 영미의 찬송가들이 한국 교회에 정착하는 초기 단계에서 1930년까지 서양 음악의 보급에 널리 이용되었다는 점이다.[22]

2. 양악대 창설

서양 음악이 한국에 전파된 것은 기독교와 함께 유입된 찬송가에서 시기적으로 먼저 이루어졌으나, 제도적으로 보다 적극적 차원에서 서양 음악이 보급된 것은 양악대의 창설로 볼 수 있다. 양악대 창설은 개화기 정책의 일환이었

19) 문옥배, 앞의 책, 130.

20) 이강숙·김춘미·민경찬, 『우리 양악 100년』, 29 도표 참조.

21) 앞의 책, 30-31.

22) 홍정수, 『한국 교회음악 사상사』 (서울: 장로회신학대학교출판부, 2000), 11-12.

다. 당시 일본, 미국, 러시아 등을 방문하고 돌아온 시찰단 겸 대표단이 군악대 창설의 제안하여 1900년 12월 12월 양악대 창설을 공포하였다.[23] 물론 이전에도 군악대가 없었던 것은 아니다. 1882년 최초로 서양식 나팔수 편성을 계기로 나팔수 양성이 있었고, 1895년 러시아로부터 구입한 군악기 등으로 구성된 '곡호대'(曲號隊)의 발족이 있었다. 그러나 곡호대는 군악대라기 보다 간단한 신호와 행진에 구령을 맞추는 방식의 악대였기에,[24] 근대적 의미의 양악대가 필요하다고 판단했던 것이다.

양악대를 육성할 인물로는 독일인 음악가 에케르트(Franz Eckert, 1852-1916)가 초대되었다. 그는 발덴부르크(Waldenburg)에서 태어나 브레슬라우(Breslau)와 드레스덴의 음악학교에서 오보에와 음악이론을 공부하였다. 졸업 후 육군 군악대에서 활동했고 빌헬름스하펜(Wilhelmshaven)의 군악대 소위로 임명되어 해군 군악 지휘자로 근무하던 중 해군악 대장 펜톤(John W. Fenton)의 후임으로 1879년 일본에 발을 딛게 된다.[25] 에케르트는 20년간 일본에 체류하며 군악대 활동 뿐 아니라 서양음악 이론, 연주법, 악기론 등의 이론 수업을 가르치거나, 다양한 일본 가곡을 작곡하고 일본 가곡을 서양의 악기에 맞도록 편곡하는 일에 힘썼다.[26] 그의 일본 체류 중 가장 주목해야 할 사실은 1880년 일본 국가 <기미가요>를 작곡한 것이다. 엄밀한 의미에서 작곡보다는 편곡에 더 가깝다. 왜냐하면 일본 국가 작곡 제의를 받았을 때, 일본인 하야시 히로모리(1831-1896)가 이미 국가를 위해 선별해 놓은 일본 선율들을 선택하고 조화시켜 관악기에 적합한 화음으

23) 이강숙·김춘미·민경찬, 『우리 양악 100년』, 46.

24) 유진영, "대한제국 시기 독일인 군악대장 프란츠 에케르트(1852-1916)의 활동에 관한 연구," 「독일연구」 23 (2002), 85.

25) 앞의 글, 76-77.

26) 앞의 글, 80-81.

로 재구성하였기 때문이다.[27)]

건강상의 이유로 독일로 돌아가 프로이센 육군 군악대장으로 근무하던 에케르트는 1901년 3년 계약으로 한국에 발을 디딘는다. 그는 50개의 목관악기와 금관악기를 가지고 한국에 들어와 본격적으로 양악대를 지도하기 시작하였다.[28)] 일본에서의 경험을 바탕으로 단기간 내에 한국의 양악대를 성장시켰는데, 50명의 나팔수를 선발하여 훈련시킨 결과 6개월 만에 서양악기를 연주할 수 있는 궁정악대를 구성할 수 있게 되었다. 이후 궁정악대는 70명까지 증원되었고 데뷔연주회는 사람들을 놀라게 할 정도로 성공적이었다.[29)] 에케르트는 한국에서도 애국가 작곡의 제안을 받는다. 그의 손을 거친 한국 최초의 국가 <대한제국애국가>는 1901년(혹은 1902년) 고종의 생일에 국내외의 손님들과 함께 한 연회에서 연주되었다. 불행히도 이 애국가는 1909년 일제의 탄압 정책에 의해 금지되었고 아이러니하게 그 자리를 에케르트의 <기미가요>가 대신하게

그림 2. 에케르트와 양악대

27) 앞의 글, 78-79.

28) 앞의 글, 89.

29) 앞의 글, 90-91; 이강숙·김춘미·민경찬, 『우리 양악 100년』, 49.

되었다. 어쨌든 "에케르트 곡에 문관이 작사를 하여 독일어로 번역한 후 민영환이 발문을 붙여 발행했다"[30]는 기록에 의해 <대한제국애국가>가 에케르트 작곡임을 누구도 의심하지 않았다. 그러나 최근 논문 중에 <대한제국애국가>가 에케르트가 '작곡'한 것인지에 대한 의문을 제기하는 연구가 나왔다.[31] 연구자들은 <대한제국애국가>가 고종의 밀사 헐버트(Homer Hulbert, 1863-1949)가 타령과 같은 민요에서 채보한 <바람이 분다>와 매우 흡사하며, 여기에 에케르트가 약간의 수정을 더해 재탄생했음으로 '작곡'으로 보기에 무리가 있다고 주장한다. 새로운 연구는 아직 기존의 에케르트 작곡설을 바꿀 만큼은 되지 않았지만, 최초의 <대한민국애국가>가 만들어진 과정에 대해 새롭게 점검해 보아야 할 계기를 마련해 주었다.

서양 음악의 유입 경로 가운데 연희전문의 음악활동과 밀접하게 관련이 있는 사항은 찬송가 보급이다. 연희전문학교가 선교사들에 의해 세워진 기독교학교라는 점과 설립자 언더우드가 최초의 악보판 『찬양가』를 편집했다는 사실은 연희전문학교의 음악 활동 중 기독교 음악의 정착화와 직접 연결된다. 찬송가 보급은 우선적으로 개인에게 기독교 신앙을 고취시키는데 그 목적이 있었으나, 초창기 한국 작곡가들의 대다수가 교회를 통하여 음악을 접하였고 연주 뿐 아니라 창작에서도 그 영향을 받았으니, 실로 찬송가 보급이 한국의 음악문화 전반에 끼친 영향은 막대한 것이었다.

---

30) Horace N. Allen, *Korea: Fact and Fancy* (서울: 경인문화사 2001 printing, c1904), 226; 이경분·헤르만 고체프스키, "프란츠 에케르트는 대한제국 애국가의 작곡가인가?-대한제국 애국가에 대한 새로운 고찰," 「역비논단」 101 (2012), 397, 각주 10에서 재인용.

31) 이경분·헤르만 고체프스키, 앞의 논문, 373-401.

3. 동시대의 서양 음악[32)]

한국에서 선교사들에 의해 찬송가가 불려지고 왕궁에서 양악대의 음악이 울려 퍼질 때 동시대 서양에서는 음악적으로 어떤 일들이 일어나고 있었을까? 어떤 세계사적 음악의 흐름에서 한국에 서양음악이 유입된 것일까? 한국에 유입된 양악이 서양의 음악사에 뿌리를 두고 있다는 점을 감안해 볼 때, 찬송가가 도입된 미국과 양악대를 이끌었던 에케르트가 살았던 유럽의 음악사를 나누어 살펴볼 필요가 있다.

유럽의 음악사를 보자면, 서양 음악사의 중추적 역할을 하고 있었던 유럽, 특히 독일어권에서 19세기는 일반적으로 낭만주의 시대로 간주된다. 오늘날 무대에서 가장 많이 재연되는 작품이 이 시대의 산물이며, 클래식 작곡가로 인정된 가장 많은 작곡가를 배출한 시기이다. 현실을 떠나 이상과 감정을 음악에 표현하려고 하는 경향은 낭만시대 음악에서 가장 잘 드러났다. 그러나 19세기는 낭만주의 외에도 역사주의(Historismus), 사실주의(Realismus), 비더마이어(Biedermeier), 의고전주의(Klassizismus), 국민주의(Nationalismus) 등의 다양한 양식적, 미학적 경향들이 혼재되어 있는 시기이다.[33)] 한국 땅에 서양 음악이 도입된 19세기 말에는 낭만주의적 전통에서 급격하게 벗어나 국민주의와 함께 현대음악을 예견하고 있었다. 과도기적 역할을 담당하는 19세기 말에서 20세기 초의 음악은 '세기전환기' 혹은 '모던시대' 등으로 불린다.[34)] 세기전환기 나타나는 주요 경향은 대체

---

32) '동시대의 서양 음악'이라는 이 항목은 하나의 돌출구처럼 전개상 비논리적 단락으로 보일 수 있다. 그러나 본서 전체가 연희전문의 음악을 다루고 있기 때문에 폭넓게 음악사적인 맥락을 짚어보는 것도 유의미한 일이라 생각한다. 연희전문의 음악사적 입지를 위해서 기록되었으니 잠시 쉬어가는 페이지로 읽어도 좋겠다.

33) 김용환, "음악사의 시대구분, 이대로 좋은가," 「서양 음악학」 2 (1999), 22; 김용환, 『19세기 음악. 서양 음악사』 (서울: 모노폴리, 2018), 20.

34) 도날드 J. 그라우트 외/민은기 외 옮김, 『그라우트의 서양 음악사』, (서울: 이앤비플러스,

적으로 전통적 조성의 붕괴가 이루어지고 형식과 양식의 변화가 일어나는 후기 낭만파 음악, 서유럽이 주도하던 음악적 영향에서 벗어난 자국의 민족적 양식을 확립하려는 민족주의 경향, 프랑스 미술에서 먼저 발생된 사조로 음악에서 색채와 분위기를 중시하는 인상주의 음악의 세 가지로 정리할 수 있다.[35)]

유럽에서 세기전환기에 이전시기와 비교되는 새로운 양식이 주도되고 있었을 때 미국에서는 어떤 음악사적 일들이 일어나고 있었을까? 미국의 음악사는 아메리카의 역사 자체가 유럽보다 훨씬 단기간인 만큼 그 음악도 철학적 미학적 깊이를 말하기에는 아직 시기 상조였다. 무엇보다 각지의 이민자들로부터 수입된 다양한 문화가 복잡한 정체성 문제가 나타났다. 음악은 크게 유럽의 클래식을 추구하는 경향, 가정에서 출발하여 상업성을 추구하는 대중음악, 미국 원주민(American Natives)의 민속음악과 아프리카계 이주민들이 가져와 미국화 시킨 민속음악의 범주로 크게 나눌 수 있다. 이 중 민속음악은 널리 대중에게 알려지기도 했으며 클래식 작곡가들에게 민속적인 요소를 제공하기도 했다. 특히 20세기 초에는 미국 뿐 아니라 유럽에서도 많은 클래식 작곡가들이 그들의 작품에 재즈적 요소를 도입하였다. 미국의 민속음악이자 대중음악인 흑인영가

2009), 206-207. '세기전환기'는 1890년부터 1910년까지를 일컫고, '모던시대'는 좀 더 20세기에 중점을 두고 1898-1918년까지를 말한다. 1898년은 스페인-미국전쟁이 발발한 시점이다. 이 전쟁에서 미국은 스페인을 이기고 푸에르토리코, 쿠바, 필리핀 및 기타 스페인 식민지에 대한 지배권을 획득한다. 1918년은 세계 제1차 대전이 끝나는 해이다. 시기 구분이 전쟁과 관련된 것은 고대 그리스 역사 등에서도 심심치 않게 볼 수 있다. 여기서는 모두 승리로 종결되거나 종전에 영향을 끼친 미국의 입장이 부각되었다.

35) 세기전환기의 음악을 세 가지로 나누는 경우는 다음의 음악사에서 공통으로 나타난다. 홍정수 외, 『두길 음악사』 (서울: 나남출판, 2006); 허영한 외, 『새 들으며 배우는 서양 음악사 2』 (서울: 심설당, 2009); 홍세원, 『서양 음악사 II. 고전·낭만·현대』 (서울: 연세대학교 대학출판문화원 2014); 도널드 J. 그라우트 외, 『그라우트의 서양 음악사』. 특히 그라우트의 서양 음악사에서는 19세기 말을 지역적으로 구분하여, 프랑스, 동유럽과 북유럽, 그리고 미국을 포함시켰다. 세 가지 경향에 대한 설명은 이들 음악사를 종합 정리한 것이다.

는 구약성경을 내용으로 하는 가사나 종교적 전통을 가지고 있는 만큼 미국의 찬송가에 많이 편입되면서 교회음악과 결합하였다.[36)]

그렇다면 이들 서양의 음악사와 한국 음악의 관계는 어떠한가? 양악대 창설자 에케르트가 독일인이라는 점을 생각해 볼 때 한국의 서양 음악은 유럽 음악사의 영향을 받았는가? 이에 대해서는 '예'와 '아니오'로 답할 수 있다. '아니오'에 대한 설명을 먼저 한다. 에케르트가 공부한 브레슬라우 대학은 브람스(Johannes Brahm, 1833-1897)가 1879년 명예학사학위를 받은 곳으로서, 그는 답례로 《대학축전서곡》을 작곡했다. 그렇다 해도 에케르트가 작곡을 전공한 것이 아닌 이상 19세기 후반의 예술 사조를 탐닉하지는 않았을 것이다. 대부분의 실용음악 작곡가처럼 그는 기초적인 이론적 바탕 위에 군악대에서 필요한 기능 음악을 주로 작곡하거나 편곡하였다.

'예'에 대한 대답은 좀 더 포괄적으로 설명될 수 있다. 먼저 후기 낭만과의 관계이다. 기능화성의 붕괴나 급진적인 조성은 실용음악을 작곡하는 에케르트의 음악세계와는 거리가 멀어 보인다. 하지만 후기 낭만의 음악적 특징 중 하나인 금관악기의 발달은 군악대 음악을 지도하는 에케르트에게 직접적인 영향을 끼쳤을 것이다. 그는 자신이 공부한 오보에를 통해서 목관악기에 능숙했으며, 오랜 군악대의 경험으로 취주악에 강세를 보인 음악가이기 때문이다. 다음으로 민족주의 음악에 대한 영향이다. 당시 유럽에서 각 나라의 민속 음악을 연구하며 작품에 적용한 예들을 에케르트가 직접적으로 공부했다는 기록은 찾을 수 없으나, 에케르트가 일본에서는 일본 음악을 연구하며, 한국에서는 전통음악을 연구하며 그 지역의 정서와 결합한 음악을 작곡 혹은 편곡했다는 사실은 넓게 민족주의적인 경향이라고 할 수 있다.

---

36) 세기전환기의 미국 음악사의 내용에 관해서는 다음을 참조하라. 도날드 J. 그라우트 외, 『그라우트의 서양 음악사』, 195-203; 강현모, "미국음악사 서술의 역사와 미국음악의 정체성: 멕다웰과 아이브스의 역사적 수용," 「음악이론연구」 28 (2017), 102-134.

유럽의 세기말 음악 중 인상주의 음악은 에케르트와는 직접적인 연관이 없으며 한국의 양악이 들어온 지 반세기 이후 정체성의 문제와 관련하여 강한 영향력을 행사한다. 1929년대까지 출생한 작곡가들 중 윤이상(1917-1995), 이상근(1922-2000), 나운영(1922-1994) 등은 조성탈피적인 경향을 보인 작곡가들이다. 그들은 스트라빈스키(Igor Stravinsky, 1882-1971)나 바르톡(Bela Bartók, 1881-1945) 등 민족주의 작곡가들에게도 영향을 받았지만 무엇보다 드뷔시의 인상주의 음악을 한국적 전통과 결합하며 정체성 문제에 골몰했다. 이들 중 특히 나운영은 1952년 <현대음악학회>를 창립하면서 다른 이들보다 먼저 12음 기법, 우연성 음악, 클러스터, 그래픽 악보 등 동시대의 아방가르드 음악을 시도하였다.[37] 뒤이어 1956년 '한국작곡가협회', 1957년 '후반기악회', 1958년 '창악회'가 설립되면서 동시대의 현대 음악은 1950년대야 이 땅에 퍼지기 시작했다. 나운영은 1964년부터 1973년까지 연세대학교 음악대학 초대 작곡과장을 지내면서 현대 음악의 수용과 보급에 중심에 서 있었다.

한국의 양악 음악이 이들 서구의 음악과 만나는 공통적인 접점은 소리 체계, 즉 조성 음악(tonal music)이라는 점이다. 미국의 찬송가가 영국에서 건너온 것을 생각할 때, 영국의 찬송가가 루터의 종교개혁에서 기인한 것을 고려해 볼 때, 한국 서양음악의 뿌리는 유럽의 음 체계 변화에서 찾아볼 수 있다. 루터(Martin Luther, 1483-1546)가 선법에 의거해 만들고 수집한 '코랄'(Choral)은 다음 세대, 특별히 바흐(J.S. Bach, 1685-1750)에 의해 화성화 되었고, 그의 칸타타와 수난곡 등에서 뛰어난 조성적 예술 음악으로 탈바꿈했다. 교회는 일부 민속적 요소를 도입한 예를 제외하고 대부분 조성적 찬송가를 부른다. 선법적인 군대 음악이나, 무조적인 군대 음악은 역사에도 존재하지 않았고 도무지 상상하기도 어렵다. 한국에 들어온 서양 음악은 미국의 찬송가나 양악대의 음악 모두 조성 체계에

37) 지형주, "윤이상과 동시대 한국 작곡가에게 끼친 드뷔시의 영향에 대한 비교 연구," 「음악과민족」 56 (2018), 39-41, 55.

의해 쓰여진 음악이다. 모두 기능 음악이니만큼 만큼 단순한 선율과 형식, 화성 양식으로 쓰여졌다. 전형적인 조성 음악적 구조이다.

소리 체계의 변화는 유럽 음악사 내에서도 변화의 획을 긋는 핵심 요소로 17세기 초 선법 음악(modal music)에서 조성 음악으로의 변화, 20세기 초 조성 음악에서 무조 음악(atonal music)으로의 두 가지 큰 산맥을 넘는다. 그러나 전자의 변화는 선법이 점차적으로 조성으로 변하는 과정이 자연스러웠으며 르네상스 선법 중 이오니아 선법과 에올리아 선법이 장조와 단조로 축소되는 경우였으니 크게 귀에 거슬림 없이 진행되었다. 문제가 된 것은 20세기 초에 등장한 '신음악'(Neue Musik)이었다. 쇤베르크 악파를 중심으로 발달한 이 새로운 음체계는 12음 기법으로 발달하여 향후 한 세기 이상 서구의 음악을 지배한다. 이처럼 음체계, 음조직의 변화는 귀가 알아차릴 수 있는 가장 큰 변수이며 놀람이다.

사회학자 막스 베버(Max Weber, 1864-1920)는 왜 서양의 조성 음악이 다른 문화권의 음악과 다른 구조를 가졌는지 의문을 가졌다. 그는 서양 음악의 우월성을 주장하려는 시도로서, 그는 서양의 음 체계가 화성을 생각하여 '합리적'으로 만들어졌기 때문이라고 설명한다.[38] 서양의 조성 음악은 합리주의의 산물로서 무조 음악이 발생하기까지 약 300년간 만들어졌지만, 오늘날 클래식의 연주 무대를 지배하고 있는 대부분 레퍼토리의 음 체계이며, 현대의 대중 음악조차도 새로운 무조를 따르는 대신 조성 음악체계를 따르고 있다. 서양 음악사에서 조성이 자리잡은 이래 선법으로의 전적인 회귀는 일어나지 않았다. 오히려 현대의 무조 음악이 포스트모더니즘의 영향 아래 신조성주의로 조성적 경향을 보이고 있다. 오늘날 베버의 음악사회학은 여러 반론이 제기되고 있지만, 적어도 찬송가나 양악대의 음악이 단기간에 한국의 정서와 합하여 많은 애호가와 전문가를 배출했던 것은 서양의 음악사를 지배해 온 조성 음악의 영향이라는 사실을 간과할 수는 없다.

---

38) 한독음악학회 편, 『음악사회학 원전 강독』 (서울: 심설당, 2006), 14.

III. 연희전문학교 음악 활동의 의미

1. 기독교 음악의 정착화

연희전문학교의 음악 활동이 한국의 근대 음악사에 갖는 첫 번째 의미는 무엇보다 '기독교 음악의 정착화'라고 할 수 있다. 교회와 음악이 얼마나 불가분의 관계에 놓여 있는지는 서양 음악사가 명확히 보여주고 있다. 기독교 음악은 중세, 르네상스, 바로크까지 1500년 서양 음악사의 중심 테마였다. 기독교 음악이 양상을 달리한 것은 1517년 종교개혁 이후이다. 루터는 독일어 번역과 함께 회중들이 부를 수 있는 '코랄'을 교회에 도입하여 저 높이 있는 성경과 음악을 대중들과 같은 자리에 서게 하였다. 이제 교회 음악은 신앙을 고백하는 사람들의 마음을 뜨겁게 달구고 신앙의 깊이를 더하게 한다. 루터의 종교개혁 이래로 개신교에서 찬송가는 신앙심을 고취시키는 중요한 수단이 되었다. 이는 500년의 시간이 흐른 후 기독교가 전파된 동아시아의 한 지역에서도 예외는 아니었다.

II장에서 언급했듯이 서양 음악이 한국 유입된 주된 역할은 찬송가를 통해서였다. 언더우드에 의해 1894년 발간된 『찬양가』에서 그는 총 117곡 중 25곡을 직접 번역하였고 상당수 다른 곡도 재번역하며 가사 번역의 어려움을 극복하려 노력했다.[39] 당시 높은 문맹률과 더구나 전문적 독보력의 부족으로 『찬양가』는 초판에 그치고 말았지만, 최초의 악보판 찬송가로서 선교 초기 음악의 기본 요소인 선율과 함께 4성부 화성을 실었다는 것은 매우 획기적인 일이었다. 이는 음악지도자들에게 훌륭한 음악교재로 사용될 수 있었다. 『찬양가』 서문에서는 '찬미는 기쁜 마음에 의한 것'이며, '찬미의 도는 기독교 밖에 없다', '구원받은 자는 찬미하지 않을 수 없다'라는 초기 선교사들의 전형적인 교회 음

39) 문옥배, 『한국 찬송가 100년』, 90-92.

악관을 읽어낼 수 있다.[40] 『찬양가』는 교파간의 갈등으로 일부 장로교회에서만 사용되었지만, 1908년 『찬숑가』에 통합되어 찬송가 보급과 함께 한국인의 신앙심 고취에 널리 사용되었다.

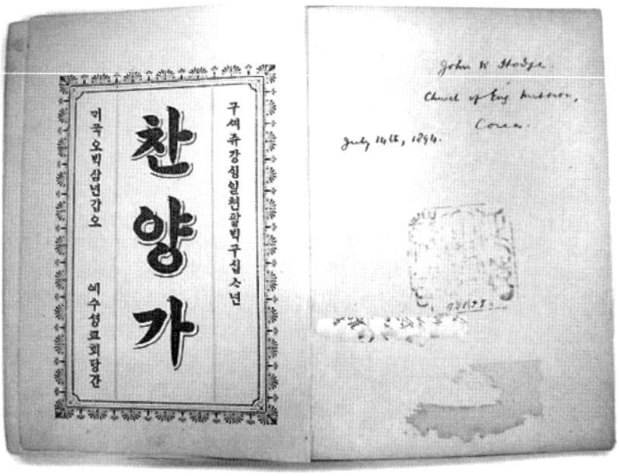

그림 3. 언더우드 『찬양가』(1894)

교내에서의 기독교 음악의 정착은 우선적으로 채플을 통해 내적으로 영적으로 이루어졌다. 예배에서 음악이 빠질 수 없듯이 많은 기독교 찬송과 합창들이 채플 시간 연희전문의 학생들의 입으로 불리워졌다. 연세대 초대 총장을 역임했던 백낙준(1896-1985)은 1930년대 중반 찬송가를 이용하여 예배를 '미화'하자고 주장하면서, 이지적인 면뿐 만 아니라 감성적인 면이 함께 예배에 수반되어야 한다고 했다. 예배에 설교보다 찬양이 더 도움이 되는 경우가 있다고 하면서 예배의 미화를 역설하였다.[41] 그가 연세대 총장으로 부임하면서 채플의 음

---

40) 홍정수, 『한국 교회음악 사상사』, 42-43.

41) 백낙준, "예배의 미화에 관하여," 「종교시보」 (1935년 8월호), 6-7; 홍정수, 앞의 책, 100-101에서 재인용.

악적 부분을 중시했음은 당연한 일이다.

기독교 음악의 보급은 외적으로 음악회 활동을 통해서도 이루어졌다. 서양의 클래식이면서 교회 음악 장르의 대표곡들이 프로그램에 올랐다. 대표적인 예를 꼽자면, 먼저 1932년 5월 19일에는 하이든(Josef Haydn, 1732-1809) 탄생 200주년을 맞은 춘추기 음악회를 들 수 있다. 하이든 작품만으로 연주된 이 날의 음악회에서 특히 《천지창조》는 이화여전 음악과의 합창부와 연합으로 혼성합창으로 꾸며져 합창음악의 묘미를 선사했다.[42] 1954년 12월 17에는 한국 최초로 헨델(Georg F. Händel, 1685-1759)의 오라토리오 《메시아》 전곡 연주가 이루어졌다. 이때도 이화여대와 연합하여 성황리에 연주회를 이끌어 냈다.[43] 음악사적으로 3대 오라토리오로 꼽히는 두 곡의 대곡을 오케스트라와 함께 국내 초연으로 이끌어 내었다는 사실은, 학교의 자랑일 뿐 더러 예술성 있는 대규모 교회음악을 대중들에게 알렸다는 점에서 높은 가치가 부여된다.

연희전문학교가 기독교 음악의 정착에 기여할 수 있었던 것은 교수들의 신앙적 배경이 중요한 뒷받침이 된다. 언더우드를 비롯한 선교사 교수들과 부인은 물론이거니와, 음악부 교수들도 교회를 통해 음악을 배웠던 기독교인들이었다. 초대 음악부 교수 김영환은 서양 음악 교육이 활발했던 평양 숭실중학에서 선교사 블레어(William Blair, 1876-1970)에게 오르간을 배웠으며 선교사 부인에게 아코디언을 배우기도 하였다.[44] 대구 출신의 현제명은 아버지가 남성정교회(대구 제일교회) 신자로 신앙적인 가정에서 태어났다. 그는 성가대로 활동한 제일교회와 선교사 애덤스(James E. Adams)가 세운 대남소학교에서 서양 음악을 접했다. 또한 숭실학교에서 선교사 부인인 솔타우 여사(Mrs. Soltau)에게 피아노를 배웠으

42) 음악대학 50년사 편찬위원회, 『연세대학교 음악대학 50년사』, 15; 「동아일보」 (1932년 5월 19일).

43) 앞의 책, 25.

44) 송방송, 『한국현대음악인사전』 (서울: 보고사, 2012), 363

며, 재학 당시 교회에서 교회의 오르간 반주를 맡았다. 그는 1923년 4학년 때 부흥전도사이며 시카고 레코드회사의 사장인 로드히버(H. A. Rodeheaver, 1880-1955)의 채플 시간에 독창을 한 것을 계기로 미국 유학길에 오르게 되었다.[45] 현제명의 도미 시절 1936에서 1937년까지 연희전문의 음악부를 담당했던 박경호(1899-1979)는 1913년 평양 장대현교회에서 한국 최초로 구성된 성가대 출신이었다.[46] 박태준 역시 기독교 집안 출신이었다. 그의 아버지는 대구제일교회의 세례교인이었으며 그는 형 박태원과 함께 교회에 다니며 찬송가와 오르간에 매료당했다. 음악에 대단한 재질을 보인 박태준은 중학생 시절 독학으로 연습한 오르간 실력으로 제일교회찬양대의 반주자가 되었으며, 찬송가 400여곡을 4부로 연주할 수 있는 실력도 갖추었다.[47] 각각의 신앙적 배경에서 출발한 기독교 음악에 대한 관심은 그들이 연희전문 교수 재직 시 활동한 교회 음악에서도 잘 드러난다. 이러한 이유로 연희전문학교 음악부는 자연스레 신과대학의 종교음악과로 연결되어 현재까지도 한국의 기독교 음악의 발전에 기여하고 있다고 말할 수 있다.

2. 음악 교육의 선도화

연희전문학교의 음악 활동이 한국의 근대 음악사에 갖는 두 번째 의미는 음악 교육의 '선도화'(先導化)이다. 음악 전공학과는 없었지만 연희전문의 음악부는 막 정착하기 시작한 서양 음악의 교육에 최선을 기울였다. 이는 교내적으로

45) 손태룡, 『한국의 음악가』 (경산: 영남대학교출판부, 2003), 156-162.

46) 홍정수 해제, "박경호 자료. 나운영(6)," 「음악과민족」 22 (2001), 49.

47) 손태룡, 『한국의 음악가』, 93-96.

연희전문학교 음악부의 교수진이 얼마나 우수한 음악적 인재인지를 살펴보는 것과, 연희전문의 교수진과 학생들이 타교의 음악대학 설립에 얼마나 영향을 끼쳤는지 그리고 얼마나 활발하게 교육에 매진하고 있는지를 알아볼 때, 그 의미가 분명해 진다.

연희전문의 음악 교육은 앞서 설명한 대로 1918년 김영환을 교수로 초빙하면서 체계를 갖추기 시작했다(그림 4).[48] 그는 한국인으로서는 처음으로 일본에서 피아노를 전공한 전문음악가였다. 도요(東洋) 음악학교를 졸업하고 우에노(上野) 음악학교에 입학하여 독일인 교수 슐츠(P. Schultz)에게 피아노를 배웠다.[49] 졸업 후 그는 독일에서 음악공부를 더 하고 싶었으나, 집안의 권유와 연전의 초청으로 귀국하였다. "남들이 알아주지 않는 음악을 하긴 했지만, 나는 단순한 '풍악장이'에만 그치지 않고 일제의 억압에서 무언가 민족을 위해 일하고자" 했던 그는 "음악으로 민중을 계몽"하고자 하는 꿈을 가지고 있었다.[50] 그는 사비를 들여 구입한 그랜드 피아노를 연전 대강당에 비치하고 음악교육에 사용하는 열의를 보였다.[51] 그는 성악, 기악, 글리클럽 등 교내의 음악교육을 전담하였고, 수많은 제자들을 길러내는 한편, 활발한 개인 연주 활동

그림 4. 김영환

48) 『연희전문학교 졸업앨범』 1919.

49) 송방송, 『한국현대음악인사전』, 363-364.

50) 김영환, "남기고 싶은 이야기들," 1974년 4월 19일부터 연재, 이유선, 『한국양악백년사』 (서울: 음악춘추사, 1968), 126.

51) 당시 연전에는 조그만 풍금이 하나 있을 뿐이어서, 그는 그랜드 피아노를 기증하였다. 슈타인웨이는 그 후에 한국에 들어오게 되었고, 김영환도 1만원을 주고 구입한 슈타인웨이 그랜드를 애지중지하였다. 이유선, 앞의 글, 130.

을 펼치고 교가를 작곡하기도 하였다. 그러나 김영환은 교내의 음악과를 설치하려고 시도한 뜻을 이루지 못해 제2차 음악과 설치 운동이 실패로 돌아가자 크게 상심하였다.[52] 학교를 떠나기까지 김영환은 피아노, 합창 등의 교육에 힘쓰며 이후 1929년까지 10년간 연희전문 음악부의 기초를 다져놓았다.

연희전문의 음악 활동이 본격적인 궤도에 올라선 것은 제2대 음악부 교수로 부임한 현제명에 의해서이다(사진 5).[53] 그는 1926년 미국으로 건너가 신학을 전공하여 1928년 무디(Moody) 성경학교에서 수학하지만, 다음해 건(Gunn) 음악학교(후에 시카고 음악대학)에서 성악 전공으로 석사학위를 취득하여, "조선 최초의 음악학사"로 소개되었다.[54] 그가 일 년 만에 서둘러 학위를 마친 것은 1928년 베커 여사가 미국에서 김영환의 후임으로 한국인 교수를 찾고 있던 중 그에게 연전 교수직을 권유했기 때문이다.[55] 그 뜻을 받아들여 현제명은 신학에서 음악으로 전공을 바꾸고, 1927년 북미 음악대회에서 성악부 1등 수상한 경력과 음악 실력을 인정받아 일 년 만에 학위를 받을 수 있었다.

그는 1929년 취임하던 해부터 연전의 음악의 도약을 위해 힘썼다. 비록 재차

---

52) 김영환의 사임은 일반적으로 1929년으로 알려져 있다. 1929년 9월 20일의 기록에서 찾을 수 있으니 그의 사임이 1929년 9월 20일 이전인 것은 틀림없다. "Annual Meeting fo Field Board of Managers", 1929. September 20, 1929, 2. C.C.C. Board (1928-1931). 『55년사』에는 그의 사임을 1928년으로 말하고 있으며, 이 때 베커 여사가 그의 후임자를 찾는 일 구체적인 정황이 쓰여져 있다(10, 146). 김영환의 사임 시기에 대해서 연전 졸업에서도 추척해 볼 수 있다. 1919년부터 1928의 앨범에는 김영환 교수의 사진이 실린다. 그런데 1928년 앨범에서 글리클럽의 지도가 김영환이 아니라 선교사 부인으로 나타나 있는 것을 보면(그림 3), 이미 1928년에 활동을 중단했음을 알 수 있다. 어쨌든 그의 사임이 두 차례나 시도하였던 음악과 설치 운동의 실패와 관련성을 배제할 수는 없을 것이다.

53) 『연희전문학교 졸업앨범』 1935.

54) "朝鮮最初의 音樂學士," 「조선일보」 (1929년 8월 18일), 2면.

55) 연세음악55년사 편찬위원회, 『연세음악55년사』 (서울: 광문인쇄사, 1974, 이하 『연세음악55년사』), 146-147.

그림 5. 현제명(1935)

시도되었던 제2차 음악과 설립은 불발로 끝났지만, 현제명이 지도하는 합창단을 비롯하여 밴드와 관현악단의 기량을 한껏 높임으로써 음악부 활동이 활기를 띠게 되었다. "현제명 교수(Prof. Rody Hyun)의 리더쉽과 베커 부인, 로즈 부인, 빌링스 부인의 조력 아래 매우 만족스럽게 발전하였다"는 1930년의 보고서와,[56] "학생들의 음악 훈련이 현제명 교수의 리더쉽과 베커 부인, 로즈 부인, 빌링스 부인의 헌신적인 협조 아래 놀라운 발전을 보였주었다"는 1931년의 연차적인 기록에서 있듯이,[57] 현제명의 음악적 지도력은 부임 초기부터 충분히 인정받고 있었음을 알 수 있다. 그의 지도하에 1932년 연전사중창단이 한국인 최초로 도쿄 콜럼비아 축음기 회사에서 레코드를 취입했다는 사실은 매우 자랑스러운 일이 아닐 수 없다. 또한 순회음악회(1929-1936년)와 춘·추기음악회(1929-1940년), 하기 음악강습회(1931-1937년), 중등학교 현상음악대회(1932-1937년) 등 많은 음악회와 행사들도 대부분 현제명이 재임 기간 중 연전 주최로 개최되었다.[58] 이러한 사실로 미루어 보아 그의 놀라운 지도력과 교육열로 연전 음악은 1930년대 전성기를 맞이하며 한

56) "Report of Dean," October 2, 1939, 9. C.C.C. Board (1928-1931). 두 보고서에는 현제명을 Prof. Rody Hyun으로 기재되어 있다. 이는 현제명이 시카고에서 자신에게 트럼본을 불며 전도하고, 음악공부 후 연희에 교수로 간다고 했을 때 2년간 봉급을 대어 주었다는 일화를 남긴 '로디 히버'를 기억하며 자신의 이름을 그렇게 지었을 수도 있다는 추측이 가능하다. 『연세음악55년사』, 88, 147 참조.

57) "Report of Dean," September 25, 1931, 7. C.C.C. Board (1928-1931), 10.

58) 이 행사들에 대한 자세한 사항은 다음을 참조하라. 『연세대학교 음악대학 50년사』, 14-23; 이 책의 문백란 글.

국에서의 서양음악을 주도하였다는 사실이 입증된다.

일제강점기 작곡가, 지휘자, 피아니스트로 활약한 박경호는 현제명이 도미한 1936과 1937년 사이 연희전문의 음악부를 맡았다.[59] 그는 당시 이화여전의 교수(1932-1937년)로 재직하고 있었다.[60] 따라서 그의 교육활동은 단기간이지만 현제명이 담당했던 음악 교육 전체를 총괄하였다. 그는 1923년 평양 숭실전문으로 졸업하고 1932년 미국 신시내티 음악학교에서 학사학위를 받았다.[61] 국내에서의 활동은 1924년 10월 20일 전선남녀전문학교 연합음악회 때 출연한 것이 출발점이었고,[62] 주목할 만한 것으로 당시 이화여전에서 교육을 담당하고 있던 부츠 부인과 함께 1926년 중앙악우회를 결성했다는 사실이다.[63] 그는 작곡 실력도 상당했어서, 1939년 6월 8일과 9일에 있었던 「제1회 전조선 창작작곡발표대음악회」(동아일보 주최)에서 그는 첫날 <피아노 독주 習作 圓舞曲二題>를, 둘째 날에 <思母曲>과 <靈柩車>라는 성악곡을 발표하였다. 또한 그는 1940년 조

---

59) 앞의 책, 8.

60) 음악학과로서의 설립은 이화여자전문학교가 한국 최초이다. 1925년 3월 1일 이화여자전문학교의 출범과 함께 문과와 음악과로 개설되었다. 처음에는 피아노 전공으로만 출발했으나 1927년 성악, 1930년 바이올린 전공, 1936년 작곡, 1947년 현악과의 개설과 함께 그 해 학제의 개편을 단행하여 '음악학부'로 변경하였고, 현재의 음악대학 승격은 1960년 예술대학 소속에서 분리되면서 부터이다. 이화여자대학교 음악연구소, 『이화여자대학교 음악대학의 역사(1886-2002)』 (서울: 나남출판, 2003), 12, 67, 97, 140.

61) 홍정수(해제), "박경호 자료. 나운영 음악자료(6)," 「음악과민족」 22 (2001), 49. 박경호의 이력에 대한 정확한 연도는 사전에서도 잘 나타나지 않는다. 1923년과 1932년의 자료는 박경호가 나운영에게 직접 써 보낸 카드에서 발췌한 것이다. 그가 얼마나 미국 유학을 했는지는 확실치 않으나 중앙악우회를 창단한 1926년은 숭실전문을 졸업하고 유학을 떠나기 전의 활동 기간이다.

62) 송방송, 『한국근대음악인사전』 (서울: 보고사, 2009), 212.

63) 이유선, 『한국양악백년사』, 168; 이강숙·김춘미·민경찬, 『우리 양악 100년』 62, 163. 1910년 경 숭실전문에 관현악부가 창설되기는 했지만, 최초의 관현악단으로 인정받은 것은 중앙악우회이다.

그림 6. 연희전문 관현악단과 지휘자 박경호(1937)

선교향악단의 창단공연 때 베토벤의 <에그몬트>와 슈베르트의 <미완성교향악>을 지휘함으로써 지휘자로서의 면모를 드러냈다.[64)]

박경호가 중앙학우회에서 갈고 닦은 실력과 이화여전의 교수로서 활동한 경력은 연희전문의 관현악단 활동에서도 고스란히 반영되어 1936년 연전 관현악단의 제2회 야외연주회에서 지휘를 맡았고,[65)] 1937년의 졸업앨범에는 박경호가 지휘한 관현악단 사진이 올라와 있으며(그림 6),[66)] 현제명이 돌아온 이후 1939년에도 제17차 추기음악회에서도 지휘를 맡은 기록이 있다.[67)]

바이올리니스트로 알려진 문학준(文學準, 1914-1988)은 1946년부터 2년간 제3대 음악부 교수를 지냈다. 연전 교수진 중 유일하게 모교 출신으로 그는 현제명의

64) 홍정수, "박경호 자료. 나운영 음악자료(6)," 49.

65) 『연세음악55년사』, 153,

66) [그림 6]은 1937년 『연희전문학교 졸업앨범』에서 발췌한 것으로 이 사진에는 앞 줄 왼쪽 끝에 당시 학교장을 맡고 있었던 언더우드(H. H. Underwood) 뒤에 박경호가 서 있는 모습을 볼 수 있다. 앨범에는 이 외에 박경호가 지휘하는 여러 사진이 실려있다.

67) 『연세음악55년사』, 157.

그림 7. 문학준

뒤를 이어 짧은 시간이지만 연전의 모든 음악활동을 총괄하고 지도하였다. 문학준은 1934년 연희전문 문과에 입학하여 1937년 졸업하였다(그림 7).[68] 그는 현제명의 제자로 홍난파에게서 바이올린을 배우기도 하였다. 학생 시절 조선일보사 주최의 전조선음악경연대회에서 1등으로 뽑힌 그의 사진이 『월광』(1937) 18호에 소개되었고, 그의 평론 "제2회 전조선남녀음악콩쿨평은 『월광』(1938) 38호에 발표되었으며, 그의 글 "음악고(音樂苦)"는 『월광』(1941) 75호에 발표되는등 학창시절 활발한 음악활동을 이루어 갔다.[69] 1937년 일본으로 유학하여 동경음악학교에서 공부했으며, 1945년 귀국하여 서울고려교향악단의 악장으로 활동했다. 1946년 9월 결성된 고려교향협회의 회원이었고, 1947년 안용구, 최영우, 김준덕과 함께 문학준 사중주단을 창단하였다. 1948년 8월 15일 남한정부가 수립되고 좌익음악인의 체포령이 내려지자 월북하였다.[70]

그에 대한 연구가 상대적으로 적은 것은 연전 재임이 2년으로 짧았던 탓도 있지만, 월북한 음악가이기 때문이라는 이유라 더 크다고 할 수 있다. 그러나 그는 상당한 실력을 갖춘 바이올리니스트로서 학생시절 뿐 아니라 교수 시절 연전 연주회에 이름을 남기고 있으며, 무엇보다 일제 말기의 폭정으로 인해 중단되었던 연희의 음악 전통을 계승하고 재건하는데 심혈을 기울였다는 의미

68) 『연희전문학교 졸업앨범』 1937.

69) 송방송, 『한국근대음악인사전』, 208.

70) 송방송, 『한국현대음악인사전. 상』, 625. 여기에 나와있는 문학준의 이력 중 '1946년 국립 서울대학교 설립에 따라 경성전문음악학교가 서울대학교로 편입되어 서울대 예술대학 음악부로 개편되었을 때 교수진의 한 사람이었다'는 기록은 자세한 입증이 필요하다. 『서울대학교 음악대학 50년사(1946-1996)』의 교수진에 포함되어 있지 않을 뿐 더러, 이 때는 연희전문에 부임했을 시절이기 때문이다.

를 가지고 있다. 그 일환으로 문학준을 비롯하여, 이유선, 김성태, 정희석, 황재경, 윤기성, 독고선, 사상필, 이인범, 김생려 등의 동문 음악인들이 주축이 되어 '연희악우회'가 구성되어 모교의 음악부 재건을 크게 도운 사실을 들 수 있다.[71)]

연희전문의 음악부가 오늘날 음악대학의 모습으로 변모하기에 중심에 있었던 인물은 1948년 제4대 음악부 교수로 취임한 박태준이었다(그림 8).[72)] 숭실전문학교 졸업 후 1932년 터스칼럼대학(Tusculum College)와 웨스트민스터 음악대학(Westminster Choir College)에서 유학하였다. 귀국 후 1938년까지 숭실전문학교 교수를 지냈고, 1946년 경성여의전(서울여자의과대학) 교수를 거쳐 1948년 연희전문의 음악부 교수로 취임하였다.[73)] 연전과는 1946년 배재학당에서 열린 연희음악회에서 지휘를 맡은 인연이 되었다. 연전 부임 후 그는 합창부를 강화하는 한편 1949년 교회음악지도자강습회를 개최하여 교내 뿐 아니라 교외의 음악활동에 힘썼다. 1954년 한국에서 최초로 헨델의 《메시아》 전곡을 연주한 것도 그의 지휘와 지도하에서 이루어진 기념비적인 일이다.[74)] 박태준은 연희전문에서의 계속적인 합창 활동과 아울러 작곡 활동을 하였으며, 1952년 11월 13일 미국 오하이오 주 우스터 대학에서 명예 음악박사학

그림8. 박태준

71) 『연세음악55년사』, 173.

72) 손태룡, 『한국의 서양음악가 연구』, 116. 박태준이 피아노 앞에 앉아 있는 모습으로 그의 음악적인 면을 드러낼 때 많이 사용되는 이 사진은 손태룡을 비롯해서 대부분의 저서에서 1951년으로 되어 있다. 그가 미국에서 명예박사학위를 받은 시기로 보자면 1952년이 합당하나, 당시 전쟁 상황이어서 미국에 체류했을 가능성도 배제할 수 없다.

73) 송방송, 『한국현대음악인사전. 상』, 776.

74) 손태룡, 『한국의 음악가』, 113-115.

위를 받았다. 1957년에는 서울시 문화상과 1961년 예술원상을 수상하였고, 이듬해 1962년에는 합창음악 발전에 기여한 공로로 문화훈장 대통령장을 수상하였다.[75)]

박태준은 연전의 음악교수 중 가장 오래도록 교수직을 수행하며 연전이 근대에서 현대로 넘어오는 교량역할을 충실히 수행하였다. 전후의 연전을 재정비하고, 1956년 종교음악과 초대 과장을 거쳐 1964년 1월 13일 초대 음대학장에 취임하여 1966년 2월 28일 퇴임하기까지 과도기의 연희전문을 지키며 오늘날의 음악대학으로 거듭나는데 중추적인 역할을 하였다.

연희전문이 한국의 음악 교육을 선도했다는 것은 연희전문의 교수력이 타 대학에서도 영향력을 발휘했다는 사실에서 재확인된다. 전공학과로서 음악대학 설립은 이화여자대학교(이화여전), 서울대학교(경성대학교)에 이어 연세대학교가 세 번째지만, 실제 연희전문의 교수와 학생이 모교 뿐 아니라 타교에서도 설립부터 활성화에 이르기까지 한국의 음악 대학 교육을 주도해 온 것을 알 수 있다. 이화여전에서는 1925년 3월 1일 음악과가 개설되었다. 처음에는 피아노 전공으로만 출발했으나 1927년 성악, 1930년 바이올린 전공, 1936년 작곡, 1947년 현악과의 개설과 함께 그 해 학제의 개편을 단행하여 '음악학부'로 변경하였고, 1960년 예술대학 소속에서 음악대학으로 승격하였다.[76)] 서울대학교 음악대학의 모체가 되는 경성음악학교는 1945년 12월 25일에 설립되었다. 학과는 본과와 사범과가 있었고 본과에 성악부, 기악부, 작곡부 3부로 나뉘어 있다. 경성음악학교는 1946년 5월 국립 서울대학교가 설립됨에 따라 서울대학교로 편입되어 예술대학 음악부로 개편되었다. 예술대학 전문부에는 관악과, 악기과, 성악과, 양금(피아노)과, 작곡과, 제금(바이올린)과, 사범과, 첼로과, 콘트라

75) 손태룡, 앞의 책, 117.

76) 이화여자대학교 음악연구소, 『이화여자대학교 음악대학의 역사(1886-2002)』 (서울: 나남출판, 2003), 12, 67, 97, 140.

베이스과의 9개 학과가 설치되었는데, 전공자의 유무에 따라 유동적으로 조직되었다.[77)]

관심을 끄는 부분은 이화여전과 경성음악학교의 교수진이다. 이화여전에서 1932년부터 37년까지 재직한 피아니스트 박경호는 연희전문과도 인연이 깊다. 그는 현제명 교수가 1936년 박사학위를 받기 위해 도미한 일 년간 현제명 교수의 자리를 맡아 근무했다. 교수활동으로 보자면, 경성음악학교와 연희전문의 인연이 더 끈끈하다. 왜냐하면 연희전문의 음악발전에 지대한 공을 세운 현제명이 1945년 경성음악학교 초대 음악부장으로 음악부를 설립하였으며 서울대 편입 후 초대학장(1953년 4월 20일-1960년 10월 17일 재직)으로 부임하였기 때문이다.[78)] 다년간 연희전문에서 쌓은 경험과 능력이 경성음악학교의 기초를 다지는데 큰 역할을 했을 터, 현제명은 가히 한국의 대학 교육에서 빛나는 존재감을 발휘하였다고 할 수 있다. 이 외에도 경성음악학교 설립 당시 교수진 중 9명 중 김성태(작곡), 이인범(성악), 김생려(바이올린), 이유성(관악),[79)] 즉 학장 포함 과반수가 넘는 5명이 연희전문 출신이라는 사실은 연희전문학교가 20세기 중반 한국의 음악 교육을 선도했다는 직접적인 사실이 된다.

연희전문 출신으로 한국의 음악을 선도한 이들은 누구인가? 김성태(1910-2012)는 1935년 연희전문 상과를 졸업했다(그림 9). 재학 중 연희전문 관현악단 제1바이올린 주자로 활동했고 합창단에서 테너로 활약했던 그는 작곡가가 되기로 마음을 먹었다. 도쿄고등학교에서 유학을 마치고 돌아온 후 그는 스승 현제명과 힘을 합해 경성음악학교를 설립하였다.[80)] 초대학장 현제명의 뒤를 이

77) 서울대학교 음악대학, 『서울대학교 음악대학 50년사(1946-1996)』 (서울: 예솔, 1997), 2-3.

78) 앞의 책, 3, 125.

79) 앞의 책, 2.

80) “김동길 인물 에세이 100년의 사람들. 26. 김성태(1910-2012),” 「조선일보」 (2018년 5월

어 김성태는 서울대학교 음악대학 제2-6대 학장(1960년 10월 17일-1969년 12월 31일)으로 재직하였다.[81] 이인범(1914-1978)은 연희전문 문과 재학 중 음악부 활동에 참여하였다(그림 10). 그의 연전활동 중 획기적인 것은 1929년부터 발매된 빅타음악에 창작 가곡 및 외국 가곡을 취임했다는 것이다. 일찍부터 성악에 두드러진 실력을 가진 이인범은 일본 유학 중 1939년 10월에 열린 전 일본 성악콩쿨대회에서 1등 없는 수석으로 당선되어 한국인의 자부심을 높였다. 귀국 후 그는 1946년 개편된 서울대학교 예술대학 음악부의 교수진이 되었다.[82] 김생려(1912-1995)는 바이올린을 공부하던 고등학교 시절 현제명의 권유로 연희전문 문과에 입학하여 음악활동을 시작한다(그림 11). 재학 중 2년간 일본 유학을 다녀왔다. 귀국하여 바이올리니스트로 주목받던 김생려는 졸업 후 고려교향악단을 거쳐 1947년 서울시향의 전신인 서울교향악단을 만든다.[83] 김생려가 경성음악학교의 초대 교수진으로 재직한 것은 그리 오랜 시간은 아니다. 그는 지휘와 연주에 보다 집중하였다. 그러나 1957년 경희대 음대에서, 1971년 한양대학교 음대에 초빙되어 그의 교수로서의 교육 활동은 계속 이어진다.[84] 연희전문 출신의 이유성(1915-1991)은 남다른 교육 경력을 가진다. 평양 숭실중학 때 트럼본을 배워 연희전문 시절에도 관현악단에서 적극적인 활동을 하였다. 졸업 후 학교 교원으로 일하며 교향악단의 연주활동을 하다가 1945년 경성음악학교 초대 교수진으로 임명된다. 그러나 1948년 정부 수립 후 좌익음악인의 체포령이

19일). 김성태를 비롯하여 이인범, 김생려, 정희석의 사진은 『연희전문학교 졸업앨범』에서 가져왔다.

81) 서울대학교 음악대학, 『서울대학교 음악대학 50년사(1946-1996)』, 125.

82) 송방송, 『한국현대음악인사전』, 1351.

83) "인물탐구-지휘자 김생려 선생", 「음악춘추」, 2015년 7월호(http://blog.daum.net/photokin/13466992), 2018년 10월 31일 최종 접속.

84) "대한민국예술원 예술원회원", http://www.naa.go.kr/site/main/content/sitemap_1, 2018년 10월 31일 최종 접속.

내려지자 월북하게 된다. 월북한 다른 음악가들과는 달리 그는 음악성을 인정받아 1953년 국립종합예술학교 기악과 과장, 평양음악대학 기악학구 관악기강좌장을 지내면서 북한 음악의 관악교육체계를 세우는데 크게 공헌한다.[85] 그 외 연희전문 문과 출신 바이올리니스트로 1946년부터 2년간 연희전문의 음악부 교수를 지냈던 문학준 역시 같은 시기에 서울대 예술대학 음악부의 교수진의 한사람으로 활동했다.[86]

연세대학교 음악대학이 설립된 이후 모교 출신의 음악인들이 본교에서 후배를 양성하는 일은 당연시 되었다. 서울대학교에서 교수직을 시작한 이인범은 1960년부터 모교로 옮겨와 1961년 교회음악과장을 거쳐 1966년 3월 1일부터 1973년 7월 9일까지 제2대 음대 학장으로 재직하였다.[87] 정희석(1917-2002)은 1941년 문과를 졸업하였다(그림 12). 일본 고등학교에 유학 후 1946년 이화여대에서 교편을 잡았으나, 1967년 본교에 부임하여 기악과장을 거쳐(1975년 1월 이후) 제4대 음악대학 학장(1981년 2월 이후)으로 재직하며 연세대학교 음악대학의 활성화에 기여하였다.[88] 그 외 연희전문 출신 중 타대학에서 음악 교육에 앞장 선 또 다른 이들이 있다. 김연준은 한양대학교 교수에서 이사장까지, 이유선은 중앙대 음대교수로, 김재홍은 이화여자대학교 음악대학 교수로 활동하였다.[89]

결과적으로 연희전문 출신의 많은 음악가들이 아직 전문체계를 이루기 전 먼저 학교교육에 앞장 섰던 이화여전이나 특히 경성대학교의 음악 교육의 기

---

85) 송방송, 『한국현대음악인사전』, 1336. 여기에 나오는 네 명의 이유성 중 이유성(李有聖)1, 이유성(李有成)2, 이유성(李有成)4는 동일 인물로 추정된다.

86) 앞의 책, 625. 『서울대학교 음악대학 50년사(1946-1996)』의 교수진 명단에 문학준은 포함되어 있지 않다. 그는 1948년 이유성과 같은 이유로 월북하나 이후 북한에서의 음악 활동에 대해서는 알려져 있지 않다.

87) 『연세대학교 음악대학 50년사』, 73, 481, 483.

88) 앞의 책, 75, 481, 483.

89) 앞의 책, 9.

그림 9. 김성태(1935)

그림 11.김생려(1939)

그림10. 이인범(1937)

그림 12. 정희석(1941)

초를 다졌다는 것은 매우 의미 있는 일이다. 이는 무엇보다 현제명이 공이 크다고 할 수 있다. 그는 한국에서의 서양 음악의 전문 교육에 대한 필요를 절감하여 학교를 설립하는데 앞장섰으며, 연희시절의 제자들을 초대하여 서울대학교의 기초를 다져나갔다. 연희전문 출신의 음악가들이 본교 뿐 아니라 본교 설립 이전과 이후의 국내 유수대학에서 음악 교수로 활동하며 한국의 음악 교육을 선도했다는 사실이 연희전문 음악활동에서 비롯된 교육적 가치이다.

3. 음악 연주의 활성화

연희전문학교의 음악 활동 중 가장 두드러지는 것은 연주 활동이다. 어려서부터 찬송가나 서양 음악을 듣고 자란 이들이 관심있어 하는 것은 그 음악을 자신의 목소리나 자신이 연주하는 악기를 통해 '재연(再演)'하는 것이었다. 연희전문 음악부의 연주는 전공학과가 아님에도 불구하고 레퍼토리가 다양하고 연주 수준도 상당히 높다는 것으로 정평이 나 있다. 교수진의 음악 활동은 이미 전문적이었으나, 주로 문과와 상과에서 공부하던 학생들의 음악회도 아마추어 수준을 넘어 당시로서는 일반 관객을 감동시킬 만큼의 무대를 꾸며냈고, 일본에 초청되어 레코드 취입도 하는 획기적인 기록도 가지고 있다.

연희전문 연주활동은 크게 합창, 취주악단, 관현악단, 그리고 사중창단 등으로 나누어 볼 수 있다. 첫 음악회는 김영환 교수의 부임 이후 연전 기독학생청년회 주최로 1920년 5월 21일 기독교 중앙청년회관에서 열린 음악회이다. 독창, 단가와 단소 등 소규모 구성이었지만 공식적인 첫 음악회라는 점에서 의의가 있다. 대외적인 음악회의 첫 기록은 1923년 7월 20에 평양숭실대학강당에서 열린 '연희전문음악회'이다.[90] 김영환 교수의 피아노 독주, 이병수, 독고선, 박승철, 홍순혁의 4중창, 윤기성, 혼순혁, 윤심덕의 독창 등으로 구성된 3시간 연주회는 21일 연이어 숭실중학교에서도 열렸다.[91] 연주회는 해마다 이어졌다. 1924년 5월 10일 중앙기독교청년회관에서 합창과 김영환, 윤심덕, 선교사 스미드콕의 독주 순서가 있었고, 1925년 6월 13일 중앙기독교청년회관의 연희전문학교 창립기념식에서 기념음악회를 가졌다.[92]

이들 음악회는 김영환을 중심으로 구성된 글리클럽의 합창단과 오케스트라

90) "延禧專門音樂會," 「동아일보」 (1923년 7월 20일), 4면.

91) 『연세대학교 음악대학 50년사』, 14.

92) 앞의 책, 14.

의 활동에 기인한다. 특히 연전 취주악단이 관현악단으로 발전한 이 즈음의 상황을 주목해 볼 필요가 있다. 연전 관현악단은 일반적으로 1926년의 중앙악우회, 1928년의 경성제국대학 관현악단에 이어 1929년에 창단되었다고 알려져 있다.[93] 그러나 여러 경로를 통해 연전 관현악단이 경성제국대학 관현악단보다 앞선 시기에 결성되었음을 추적할 수 있다. 1928년 3월 31일에 제출된 보고서에서 이미 오케스트라의 결성을 언급하고 있는 점으로 보아, 실제 학기의 운영에 따라 관현악단의 창단은 1927년 4월과 1928년 3월 사이로 소급해 볼 수 있다.[94] 연희전문의 졸업 앨범이 이를 더 뒷받침하고 있다.[95]

그림 13. '연희악단'(1926/27)

그림 14. 부츠 부인과 'C.C.C. Band'(1928)

93) 이강숙·김춘미·민경찬, 『우리 양악 100년』, 163.

94) "Annual Report 1927-1928", March 31, 1928, 7. C.C.C. Board(1928-1931).

95) [그림 13]은 1926년과 1927년 졸업앨범에 '연희악단'이라는 명칭으로 동일하게 실렸으며, [그림 14]는 1928년 앨범에서 발췌한 사진으로 이들의 지도자는 세전 치과의사의 부인인 부츠 부인(Mrs. J. L. Boots)이 분명하다. 그녀는 2년전 중앙악우회 창단과 운영의 경험으로 연전에 새바람을 불러 넣었기 때문이다. 관점은 1928년의 사진이 악기구성에서 그 이전과 차이를 보인다는 점이다. 1917년 루퍼스부인과 함께 직은 취주악단의 사진에서는 거의가 금관악기이며, 1926/1927년 사진에서는 대부분 금관과 타악기이고 왼쪽 하단의 두 명이 각각 플루트와 클라리넷을 연주하고 있어 목관이 합류한 것을 알 수 있다. [그림 14]에서는 8명의 연주가 중 2명이 바이올린족의 현악기를 들고 있는 것이 눈에 띈다. 그 왼쪽 옆

김영환이 십여년 간 다져놓은 연희전문의 음악활동은 현제명에 와서 꽃을 피우게 되었다. 이는 "1930년 전후해서, 연전 음악부의 활동은 국내 최고의 길을 걸었다. 전국적으로 몰려오는 음악도들의 열의에 찬 의기도 높았으나, 현제명 박사님의 혜성과 같은 존재가 있었기 때문"이라는 동문 회고에도 잘 나타나 있다.[96] 실제 현제명이 취임하던 해 발족된 '연희전문학교 관현악단'은 수준 높은 연주를 보여주었고 그들을 중심으로 꾸준히 대외 연주회가 이어졌다. '춘추기 음악회'는 1929년에 시작하여 매년 봄과 가을에 열렸다. 이 음악회는 정통 클래식부터 대중들이 좋아할 만한 가곡이나 아리아 등 다양한 레퍼토리를 선보였다.[97] 이들의 연주회에 대해서는 "종전보다 세련된 솜씨를 보여주었다",[98] 혹은 "1935년을 회고하는 글 가운데... 학원음악에는 연전이 독보"[99]라는 극찬을 받았다. '춘추기 음악회'는 같은 프로그램으로 여름과 가을에 지방으로 '순회음악회'를 다니며 지역사회의 음악 보급에 힘썼다. 1929년 10월 29일부터 31일에 함흥에서 열렸던 첫 공연에서는 천여 명 이상의 청중이 모여들어 "연전음악단 함흥서 대성황"이라는 기사가 조선일보에 실리기도 하였다.[100]

춘추기 음악회 중 하이든 탄생 200주년을 맞아 열린 1932년 음악회는 한 작곡가의 작품만으로 구성하여 음악사의 중요한 한 작곡가를 조망하는 매우 세련된 기획이었다. 신문에서도 모처럼 하이든의 일생과 작품세계를 자세히 소개하면서 그가 교향곡과 현악4중주의 대가로 "그 음악이 정연하고 선율의 조

으로 류트 연주자도 보인다. 따라서 '관현악(管絃樂)'이라고 했을 때는 연전의 관현악단이 1927년의 졸업앨범이 발간된 이후 1928년 3월의 보고서가 작성되기 이전에 탄생되었다는 보는 것이 합당하다고 하겠다.

96) 모기윤, "연전 4중창 시절," 『연세음악55년사』, 107.

97) 『연세대학교 음악대학 50년사』, 15-19.

98) 「조선일보」 (1931년 10월 29일); 『연세음악55년사』, 149에서 재인용.

99) 「예술원보」 5호(1960), 『연세대학교 백년사: 1895~1985』, 4권 194 재인용.

100) "延傳音樂團 咸興서 大盛況," 「조선일보」 (1931년 10월 31일), 7면.

성이 숭고하며 순진하고 자연스럽고 온화한 맛이 있다"고 평가한 후, 연전음악부가 오늘날 그의 탄생 이백년을 기념하는 것이 가치있는 것이라고 쓰고 있다.[101)]

그 외에 연희전문의 명물로 알려졌던 '연전사중창단'도 흥미로운 활동을 벌였다. 초기 멤버는 이유선, 이피득, 황재경, 신원근이었고, 졸업 이후 김장억, 이인범, 이양선 등으로 멤버 교체가 이루어졌다. 이들은 1932년 7월 도쿄 콜럼비아 축음기 주식회사의 초청으로 교가, 응원가, 독창, 4중창 등을 취입하고, 2년 후 새로운 멤버로 교체 후에도 다시 한번 일본으로 레코드를 취입하였다. 학생들의 레코드 취입 또한 한국 최초의 일로서 연희전문학교의 자랑이 되었다.[102)] 남성4중창 외에도 1936년에는 문학준, 김순익, 최규영, 곽정선을 단원으로 하는 '연전사중주단'이 창설되어 그 해 12월 4일 하이든의 현악4중주로 제15회 추기음악회에 출연하였다. 연전사중주단은 1939년 김생려, 정희석, 최규영, R.H.Blyth로 단원이 교체되어 17회 추기음악회에서도 하이든이 현악4중주 《종달새》를 연주하였다.[103)]

연희전문의 음악부의 연주회는 1923년 데뷔무대를 시작으로 1929년 춘추기 음악회로 규모를 갖추며 1940년까지 18회의 음악회를 이끌어 왔다. 1937년에도 일제의 탄압에 의한 국내의 어지러운 상황에서 연주회를 한해 쉬게 되었고, 현제명의 노력으로 다시 부활되었지만, 결국 1940년 18회 음악회는 '皇國紀元 2600년 奉祝 기념음악회'로 강요받아 열리게 되었고, 이후 연희전문의 음악회

---

101) "樂聖하이든의 經歷과 그의 音樂," 「동아일보」 (1932년 5월 19일), 5면.

102) 모기윤, "연전 4중창 시절," 『연세음악55년사』, 107, 162-164. 1932년 녹음에 참여한 사람은 이양선, 황재경, 신원근, 이유선었고, 1934년 녹음에는 이인범, 최성두, 황재경, 신원근이 참가하였다.

103) 『연세대학교 음악대학 50년사』, 17-18.

는 막을 내리게 되었다.[104)]

암울한 시기를 보내고 1946년 동문 음악인들은 문학준 교수의 재임 시 모교의 음악부 재건에 힘쓰고자 '연희악우회'를 발족하여 그해 11월 7일 '연희대학 종합 대음악회'를 열었다. 해방 이후 처음 열리는 이 행사는 연희 음악이 건재함을 사회에 알리는 뜻깊은 음악회였다. 연희전문의 또 다른 음악 활동으로는 창설된 세브란스 예과 음악부와 1947년 발족된 '세브란스 음악구락부'(Severance Music Club)도 빼 놓을 수 없다.[105)]

해방 후 안정기에 접어들었으나 6·25전쟁으로 잠시 쉬게 되었던 음악회는 1953년 10월 17일 노천극장에서 열린 '환교 기념예술제'를 계기로 다시 활기를 찾았다. 1955년 종교음악과로 거듭나기 일 년 전 연희전문의 마지막 음악행사는 1954년 12월 17의 서울시공관에서 열린 음악회이다. 이 음악회에서는 헨델의 《메시아》 전곡이 한국 음악사상 최초로 연주되었다(그림 15). 박태준 지휘와 이관옥, 이순희, 이창식, 황병덕이 솔로를 맡았으며, 연세대 남학생 70명, 이대 여학생 70명으로 합창단이 구성되어, 이후 거의 연례행사처럼 치러졌다.[106)]

음악의 여러 요소 중 연주는 작품을 보존케하고 보급하는데 결정적 역할을 한다. 과학기술이 발달로 녹음이 일반화되고 문화생활의 향상으로 현재는 쉽게 무대에서의 라이브 연주를 접할 수 있으나, 전문 연주단체가 없는 당시의 상황에서 다양한 레퍼토리로 이루어진 연희전문의 연주회는 서양 음악 유입 후 한국에서 연주문화의 맥을 이어가는 한 시대의 음악사로 편입되기에 충분히 의미 있는 일들이었다.

104) 모기윤, "연전 4중창 시절," 『연세음악55년사』, 159.

105) 『연세대학교 음악대학 50년사』, 25.

106) 앞의 책, 25; 손태룡, 『한국의 음악가』, 116.

그림 15. 헨델의《메시아》한국 초연

4. 한국 창작음악에의 기여

연희전문학교가 한국의 근대 음악사에 차지하는 또 다른 음악사적 의미로 창작음악의 기여도를 들 수 있다. 작곡의 문제는 문화의 정체성과 밀접히 관련이 있다. 서양 음악사에서 연주가 남아 있지 않던 오랜 기간에도 악보를 통한 작품은 역사를 이어 왔다. "창작이 살아야 문화가 산다"[107]는 말을 21세기에는 자신 있게 할 정도로 현재의 음악계는 연주계에 이어 작곡계까지 서구의 음악과 동등하게 걷고 있다. 연희전문의 교수진과 학생들 중에는 한국 초기 창작음악의 반열에 여러 사람이 올라와 있다. 전문가로부터 체계적인 교육을 통해서 습득한 것은 아닐지라도 타고난 음악성과 독학의 열정이 초기에는 예술가곡과 동요에서, 그리고 점차적으로 실내악과 관현악곡, 오페라에서도 그 역량이 발휘되었다.

예술 가곡에서 활동한 연희전문의 음악인을 살펴보자. 박태준은 1922년 이은상의 시를 가소로 하여 <미풍>, <동무생각>, <님과 함께>, <소낙비>를 발표

107) 황성호, "2009 양악 총론," 『문예연감 2010』, 180.

했으며, 이들은 1927년 출간된 『박태준 작곡집』(歌曲集 附 朴泰俊 歌曲集)에 나머지 10곡과 함께 수록되었다.[108] 이 가곡집은 개인 이름으로 가곡집을 발행한 첫 번째 가곡집이라는데 그 의미가 있다(그림 16).[109] 1939년에는 <아, 가을인가> 등이 수록된 『가요곡집 물새발자옥』을 발간하였지만, 월북 시인 윤복진(尹福鎭, 1907-1991)의 시에 붙인 가사가 금지되어 모두 개사해야했다. 때문에 동시대 작곡가의 가곡에 비해 덜 알려졌다.[110] 현제명은 <니나>, <고향생각>, <오라>, <나물캐는 처녀> 등 14편의 가곡을 모아 1931년 『현제명 작곡집 제1집』을, 1933년에 『현제명 작곡집 제2집』을 발간하였고, 1933년 최초로 홍난파와 함께 작곡발표회를 열었다.[111] 『현제명 작곡집 제1집』에 실렸던 이은상 작시의 <조선의 노래>는 1938년 일제에 의해 금지곡이 지정되었다. 이 곡은 해방 후 약간의 수정을 거쳐 <대한의 노래>로 불리워졌다.[112] 연희전문에서 교편을 잡은 작곡가 중 간과할 수 없는 인물이 채동선(1900-1953)이다. 그는 국내에서 홍난파에게 작곡을 배우고, 당시로서는 드물게 독일로 유학하여 바이올린과 작곡을 공부했다. 1929년 귀국 후 연희전문에서 음악이론과 바이올린을 가르쳤다.[113] 그의 첫 작품은 1932년 현악4중주 제1번으로 출발한다. 그의 가곡은 1933년 작곡한 <고향>, <내 마음은> 등으로 1937년 『채동선 독창곡집』에 실린다. 그러나 이 중 상당수가 월북 시인 정지용의 시를 토대로 한 것이라, 현제명의 경우처럼 개사해야만 했다. 그는 영문학도 출신답게 시를 선택하는 안목이 뛰어났으며, 보다 시

108) 앞의 책, 134; 손태룡, 『한국 음악가 연구』, 97-100.

109) 민경찬, "한국 작곡가의 탄생에서 '한국작곡가협회' 결성까지를 돌아보다," 2018년 11월 27일 (한국작곡가협회 사단법인 설립 40주년 기념 심포지엄 논문), 21.

110) 이강숙·김춘미·민경찬, 『우리 양악 100년』, 144.

111) 송방송, 『한국현대음악인사전』, 1891.

112) 손태룡, 『한국 음악가 연구』, 176.

113) 송방송, 『한국현대음악인사전』, 1737.

의 흐름과 예술성이 가미된 통절 가곡 형식의 곡을 작곡하였고, 성악가인 누이 채선엽을 위해 작곡된 만큼 전문성 있는 가창력을 요구하는 곡들이었다.[114)]

그림 16. 박태준 가곡집

창가가 발전한 1920년대의 또 다른 장르는 동요였다. 우리나라 최초의 창작 동요는 1920년 박태준이 작곡한 13편의 동요 시리즈였다. 그러나 1923년 방정환(1899-1931)을 중심으로 '색동회'가 주도를 하면서 아동잡지 『어린이』에 본격적으로 창작동요가 발표되기 시작했다.[115)] 박태준은 1930년 <오빠생각>, <오뚜기>, <맴맴> 등 지금까지도 애창되는 동요를 작곡하였다. 그의 동요들은 1931년 발간된 『중중떼떼중』과 1932년에 발간된 『양양범버궁』에 수록되어 있다. 1940년에도 <뜸북새>과 동명제목의 동요집을 출간하여 동요작곡가로서의 실력을 발휘하였다. 연희전문의 음악가 중 창작동요와 관련된 또 다른 사람은 김성태이다. 그는 순회연주회 중 채동선의 강의를 듣고 작곡가가 되기로 마음을 먹었고 현제명에게 작곡을 배웠다. 아직 연희전문학교의 학생 시절 1934년 동요 20곡을 모아 작곡집 《새야 새야 파랑새야》를 출판한 것은 이례적인 일이었다. 동무들과 즐겁게 놀던 어린 시절을 회고하며 붙이 제목에서 그가 순전히 서양식의 음악어법 만을 따른 것이 아니라 한국적 정서를 고려했다는 것을 잘 알 수 있다.[116)] 현재 한국의 창작계에서 통용되고 있는 '새야화현',

114) 이강숙·김춘미·민경찬, 『우리 양악 100년』, 145-146.

115) 앞의 책, 119-120.

116) "김동길 인물 에세이 100년의 사람들. 26. 김성태(1910-2012)," 「조선일보」 (2018년 5월 19일), B2면.

즉 이 노래의 완전4도와 장3도로 구성된 나열적 선율(새야선율)과 화성쌓기(새야화현)은 바로 한국의 전통 노래 <새야 새야 파랑새야>에 그 기원을 두고 있다.[117] 이같이 1920년대에 개발되어 1930년대 활성화된 동요는 서구 음악어법을 따르고 있지만, 창가와는 달리 "자생적 민족 문화 운동의 하나"로 전개되며, 어린이뿐 아니라 어른들에게도 민족 정서를 심어주며 저변을 확산해 나아갔다.[118]

연희전문 출신 혹은 연희전문에 적을 둔 음악가들의 창작활동은 이 외에도 여러 면에서 이루어진다. 채동선은 유럽 유학을 마친 작곡도답게 첫 작품을 1932년 <현악4중주 제1번>의 기악곡으로 내 놓는다. 일본의 동경고등학교음악학원에서 작곡을 전공한 김성태는 재학 중 1937년 <피아노를 위한 4개의 2 · 3성부 인벤션>, <피아노를 위한 4개의 전주와 푸가>, <현악4중주를 위한 모음곡>, <현악4중주를 위한 3개의 인벤션>을, 1938년에는 <현악4중주 c단조> 등을 발표하였다.[119]

그 외에 다른 장르에서의 창작은 아직 성악곡에 비해 뒤떨어진 편이었다. 1939년, 한국 최초로 열린 창작 음악제 '전조선 창작 발표 대음악제'는 한국창작의 방향과 그 의미를 일깨워준 중요한 계기가 되었는데, 거기 발표된 곡 중 채동선의 <환상곡 d단조>(바이올린곡)이 포함되어 있다.[120] 보다 큰 규모의 작품으로, 1940년 만주국(滿洲國)의 신경교향악단에 의해 김성태의 <한국 선율에 의한 카프리치오>가 초연되었다. 김성태의 작품과 함께 이날 초연된 김동진의 관현악곡 <제례악>, <양산가>, 교향시 <만가>는 모두 한국의 전래적인 선율을 사용하여 서양식의 관현악곡을 만든 것들인데, 한국적 요소와 서구적 요소가 통

117) 홍정수, "새야화현(새야음계)," 「음악과 민족」 39 (2010), 375-379.

118) 이강숙·김춘미·민경찬, 『우리 양악 100년』, 127-128.

119) 대한민국예술원(편), 『한국예술총집 음악편 III』, 114-115; "한국 작곡가의 탄생에서 '한국작곡가협회' 결성까지를 돌아보다", 15에서 재인용.

120) 이강숙·김춘미·민경찬, 『우리 양악 100년』, 159-160.

합을 시도하였다는데 그 의의가 있다.[121] 후에 연세대학교 종교음악과 교수가 된 나운영은 1940년에서 1943년까지 일본 제국고등음악학교에서 작곡을 전공하였고, 당시 <현악합주를 위한 합주협주곡>, <현악 4중주 제1번 낭만>, <피아노를 위한 랩소디 제1번> 등을 발표하였다. 또 다른 작품으로 1940년대 초 해방 후 현제명은 1949년이 오페라 <춘향전>이 현제명에 의해 작곡되고 지휘되었으며, 그는 1958년 오페라 <호동왕자>를 작곡하였다. 이들은 정다운 감성의 조성 음악의 수준에 머물러 있던 창작음악의 수준을 근현대적 기법으로까지 확대시켰고, 국악과의 조화를 시도하면서 한국 창작음악의 정체성 문제로 고심했으며, 독주곡에서 실내악, 교향곡에 이르기까지 다양한 창작기악곡을 만들면서 한국의 작곡계를 이끌어 갔다.

IV. 나가는 말

본 논문에서는 찬송가 보급으로 서양 음악이 한국에 유입된 이래 연희전문학교의 음악활동이 갖는 음악사적 의미를 살펴보았다. 이천 년의 서양 음악, 특히 조성 음악으로 점철된 서양 음악을 한 세기에 따라잡아 현재의 동시대성을 이룬 것은 한국 음악사에서 무척 고달픈 여정이었다. 특히 일제강점기와 시기적으로 맞물리는 연희전문의 음악 활동은 암울한 시대의 억눌린 감성에 '에토스론'에 부합한 역할을 톡톡히 해 내었다. 음악은 유토피아를 꿈꾸며 현실에서 도피할 수도 있게 하며, 애국 정서를 불러일으키며 현실에 대응하는 수단이기도 했다.

121) 앞의 책, 160.

본 논문에서는 '최초'라는 말이 여러 번 나온다. 역사의 서술에서 무언가 처음 이루었다는 것은 그것이 영속성을 지니고 있을 경우 가치 있게 평가되기 때문이다. 고전 음악(classical music)처럼 말이다. 연희전문의 음악활동과 관련하여 최초인 사실이 다방 면에서 등장한다. 언더우드는 최초의 오선보 악보판 찬송가를 발간했다. 김영환은 한국 최초의 피아니스트이다. 연전의 교수였던 현제명은 경성음악학교를 처음 세운 사람이다. 거기에 그의 제자 김성태, 이인범, 김생려, 이유성 첫 교수진으로 부임받는 등 연희전문과 관련된 인물들의 최초 건수이다. 창작 및 연주 관련 최초도 다수이다. 우리나라 최초의 동요는 1920년 박태준이 작곡하였다. 1927년 출간된 『박태준 작곡집』은 개인이름으로 출판된 최초의 가곡집이다. 1932년 연전사중창단은 도쿄 콜럼비아 축음기 회사에서 한국인 최초로 레코드를 취입했다. 현제명은 1933년 최초로 홍난파와 함께 작곡 발표회를 열었다. 나운영은 1952년 <현대음악학회>를 창립하며 한국 최초로 서구의 현대음악을 소개하였다. 1954년 박태준의 지휘로 한국에서 최초로 헨델의 《메시아》 전곡이 연주되었다.

최초가 언제나 최고일 수는 없지만, 최초인 사실로만 미루어 보아도 연희전문 음악 활동이 가지는 음악사적 의미는 충분히 높게 평가될 수 있다. 거기에 종교적으로 기독교 음악의 정착에 힘쓰고, 교육적으로 한국의 근대 음악교육에 앞장섰으며, 연주에 있어 다채로운 활동으로 서양 음악의 보급에 헌신하면서 창작 초기에 한국인의 정서에 합한 작품을 다수 만들었다는 사실로 연희전문의 음악 활동이 한국의 근대사에 차지하는 음악사적 의의는 한층 뚜렷해진다.

참고문헌

강현모. “미국음악사 서술의 역사와 미국음악의 정체성: 멕다웰과 아이브스의 역사적 수용.” 「음악이론연구」 28 (2017), 102-134.

김용환. “음악사의 시대구분, 이대로 좋은가.” 「서양음악학」 2 (1999): 7-28.

김용환. 『19세기 음악. 서양 음악사』. 서울: 모노폴리, 2018.

노동은. “한국 양악사, 100년사인가? 360년사인가.” 「음악과 민족」 5 (1993): 57-61.

도널드 J. 그라우트 외/민은기 외 번역. 『그라우트의 서양 음악사』 제7판(하). 이앤비플러스 2009.

문옥배. 『한국 찬송가 100년사』. 서울: 예솔, 2002.

민경찬. “한국 작곡가의 탄생에서 ‘한국작곡가협회’ 결성까지를 돌아보다.” 2018년 11월 27일, 한국작곡가협회 사단법인 설립 40주년 기념 심포지엄 논문: 8-23.

백낙준. “예배의 미화에 관하여.” 「종교시보」 1935년 8월호: 6-7.

서우석. 『전통문화와 서양문화 1』. 서울: 성균관대학교출판부, 1985.

손태룡. 『한국의 음악가』. 경산: 영남대학교출판부, 2003.

송방송. 『한국근대음악인사전』. 서울: 보고사, 2009.

송방송. 『한국현대음악인사전 상, 하』. 서울: 보고사, 2012.

유진영. “대한제국 시기 독일인 군악대장 프란츠 에케르트(1852-1916)의 활동에 관한 연구.” 「독일연구」 23 (2002): 73-101.

이강숙·김춘미·민경찬. 『우리 양악 100년』. 서울: 현암사, 2001.

이건용. 『한국음악의 논리와 윤리』. 서울: 세광음악출판사, 1987.

이덕주. 『백아덕과 평양 숭실. Arthur L. Becker』. 서울: 숭실대학교 출판국, 2017.

이경분·헤르만 고체프스키. “프란츠 에케르트는 대한제국 애국가의 작곡가인가?-대한제국 애국가에 대한 새로운 고찰.” 「역비논단」 101 (2012): 373-401.

음악대학 50년사 편찬위원회. 『연세대학교 음악대학 50년사』. 서울: 연세대학교출판부, 2006.

연세음악55년사 편찬위원회. 『연세음악55년사』. 서울: 광문인쇄사, 1974.

서울대학교 음악대학. 『서울대학교 음악대학 50년사(1946-1996)』. 서울: 예솔, 1997.

이건용. 『한국음악의 논리와 윤리』. 서울: 세광음악출판사, 1987.

이강숙·김춘미·민경찬. 『우리 양악 100년』. 서울: 현암사, 2001.

이유선. 『한국양악백년사』. 서울: 음악춘추사, 1968.

이화여자대학교 음악연구소. 『이화여자대학교 음악대학의 역사(1886-2002)』. 서울: 나남출판, 2003.

지형주. "윤이상과 동시대 한국 작곡가에게 끼친 드뷔시의 영향에 대한 비교 연구." 「음악과 민족」 56 (2018): 39-64.

한독음악학회 편. 『음악사회학 원전 강독』. 서울: 심설당, 2006.

허영한 외. 『새 들으며 배우는 서양 음악사 2』. 서울: 심설당, 2009.

홍세원. 『서양 음악사 II. 고전·낭만·현대』. 서울: 연세대학교 대학출판문화원 2014.

홍정수. 『한국 교회음악 사상사』. 서울: 장로회신학대학교출판부, 2000.

------. "나운영 음악자료(1)-양악 150년사 메모(1)." 「음악과 민족」 17 (1999): 196-220.

------. "박경호 자료. 나운영 음악자료(6)." 「음악과 민족」 22 (2001): 47-50.

------. "새야화현(새야음계)." 「음악과 민족」 39 (2010): 375-379.

홍정수·김미옥·오희숙. 『두길 음악사』. 서울: 나남출판, 2006.

황성호. "2009 양악 총론." 『문예연감 2010』, 178-184. (www.arko.or.kr/yearbook/2009).

"Annual Meeting for Field Board of Managers", 1929. September 20, 1929, 2. C.C.C. Board (1928-1931).

Allen, Horace N. *Korea: Fact and Fancy*. 서울: 경인문화사 2001 printing, c1904.

Evelyn Becker McCune and Heather McCune Thompson, *Michigan to Korea: Arthur L. Becker. 1899-1926*. Lexingtonm, KY: Lulu, 2009.

Mrs. A. L. Becker, "Pioneering In Music," *The Korea Mission Field*. Vol. XXXIV (1938. 8), 180.

Fisher, J. E. *Democracy and Mission Education in Korea*. Bureay of Pub., 1928.
"Report of Dean," October 2, 1939, 9. C.C.C. Board (1928-1931).
"Report of Dean," September 25, 1931, 7. C.C.C. Board (1928-1931), 10.

"延禧專門音樂會." 「동아일보」. 1923년 7월 20일.
"樂聖하이든의 經歷과 그의 音樂." 「동아일보」. 1932년 5월 19일.
"朝鮮最初의 音樂學士." 「조선일보」. 1929년 8월 18일.
"延傳音樂團 咸興서 大盛況." 「조선일보」. 1931년 10월 31일.
"김동길 인물 에세이 100년의 사람들. 26. 김성태(1910-2012)." 「조선일보」. 2018년 5월 19일.
"인물탐구-지휘자 김생려 선생." 「음악춘추」. 2015년 7월호 http://blog.daum.net/photokin/13466992. 2018년 10월 31일 최종접속.
"대한민국예술원 예술원회원." http://www.naa.go.kr/site/main/content/sitemap_1. 2018년 10월 31일 최종접속.

05

1930년대 연희전문학교의 음반 취입의 사회사적 의의

배연형
한국음반아카이브연구소

05. 1930년대 연희전문학교의 음반 취입의 사회사적 의의

배연형

I. 글머리에

한국의 근현대 음악사는 전통음악과 외래음악의 만남-충돌 혹은 화해-을 통해 전개되어 왔다. 외래음악을 경계의 시선으로 바라볼 겨를도 없이 불가항력적으로, 때로는 호기심어린 눈으로 바라보며 수용하였다. 말하자면 정체도 알지 못한 채, 어떤 결과를 초래하게 될지는 더더욱 알지 못한 채 서툴게 사용하는 새로운 도구와도 같았다. 외래음악은 두 갈래 길을 통해서 들어왔다. 하나는 서양이고, 다른 하나는 일본이었다. 음악에 관한 한 우리의 역사에서 중국음악의 영향력은 미미하였다. 서양음악을 수용한 계층(적어도 선도적인 위치에 있는 음악인)은 모두 개신교인이었고, 개신교회와 기독교 학교가 그 기반이었다. 일본음악은 관제 학교 교육과 대중적-상업적 경로를 통해 이입되었다. 그 영향력은 정치적인 힘과 정확하게 비례한다. 외래음악은 처음에는 종교 활동이나 교육을 통해 이입되면서 전통 민요와 마찬가지로 구전을 통해 퍼졌으나 나중에는 음반이라는 매체를 통해 좀 더 신속하고 광범위하게 영향력을 확산시켜나갔다.

본고는 개화기 이후 외래음악이 우리나라에서 전개되어가는 과정을 유성기음반이라는 매체를 통해서 살펴본 것이다. 필자에게는 외래 음악사를 논할 능력이 없다. 이 글은 유성기음반을 통해 외래음악이 대중들에게 알려지고 또 유행하는 현상을 살펴보기 위해 음반의 사회사적 변화과정 살펴본 것이며, 음악사를 기술하려는 것은 아니다. 다만 유성기음반이란 매체가 지닌 속성을 통해 외래음악이 유통되어 온 과정을 살펴봄으로써 당대의 자료를 통해 역사적 사실에 접근하는데 참고가 되기를 바랄 뿐이다. 그리고 마지막으로 유성기음반의 역사에서 연희전문학교의 등장이 어떤 의미를 지니는지를 살펴보기로 한다.

II. 유성기 도입과 초기 외래음악의 녹음

최근 조선에서 처음으로 유성기에 취입한 사람이 이하영(李夏榮, 1858~1929)이란 사실이 자료에서 밝혀졌다.[1] 그는 1887년 대한제국의 전권대신 박정양의 서기관으로 미국에 파견되었는데, 박정양이 귀국한 뒤에는 그를 대신해 전권대사서리가 되었다. 그는 당시 고종황제에게 올리는 상주문(上奏文)을 기발하게도 유성기에 취입해 선교사 편으로 본국에 보냈다고 한다.

1) 배연형, 근대 유성기 음반 연구의 최고급 자료, 음반 홍보잡지 일동타임쓰, 「문자와 상상」 4(아단문고, 2019. 10.) 24-35.

레코드로 정무 복주(伏奏), 조선 최초 취입자 이자작

> 조선에서 처음 축음기를 수입하고 처음 취입을 한 분은 자작(子爵) 이하영(李夏榮) 씨이올시다. 이자작은 구한국 시대에 미국 대사로 미경(米京) 화성돈에 재주하자 당시 황제로 계시든 고 고종제께 외교에 관한 상주(上奏)를 하는 대신에 씨는 특히 축음기 회사와 상의를 하여 마치 어전에서 복주하듯이 정무에 관한 것과 미국 문명에 관한 것을 레코드에 취입하여 축음기와 함께 미국 선교사 편에 진상을 하였었는데 그때에는 미국에서도 축음기가 그리 유행되지 않았던 때이요 조선에는 축음기가 있다는 소리도 못 들었던 터이라, 고종제께서는 즉시 문무백관을 모두어 놓으시고 이자작의 육성을 취입한 레코드를 들으시자 시립하였던 백관은 물론이어니와 고종제께서도 무릎을 치시며, "하영(夏榮)의 소리는 들리나 얼굴이 보이지 않는다." 하시며 크게 기뻐하시었다고 합니다.[2]

고종은 문무백관을 모아놓고 레코드를 들었는데, "하영의 소리는 들리나 얼굴이 보이지 않는다"면서 크게 기뻐했다고 한다. 그러나 이때 유성기가 음악 매체란 인식은 아직 없었던 것으로 생각된다.

그 뒤 대한제국 광무 원년(1897)에는 주한 외국인들이 유성기를 들여와서 자신들의 행사 여흥으로 들었는 기록이 있다. 『독립신문』 영문판의 '평양 통신(1897. 7. 5)' 기사에 그 사정이 구체적으로 나타난다.

> (전략) "이곳 (평양)에서도 영국과 스코틀랜드의 여왕이시자 인도의 황제이며 지구상 면적의 주요부를 다스리는 분을 기념하는 자리를[3] 엄숙히 거행하였으며,

---

2) 「日東타임쓰」 제4호(일동축음기주식회사, 1926. 10.) 2.

3) 영국과 스코틀랜드의 여왕 ~ 기념하는 자리 : 1897년 6월 20일에 있었던 영국 빅토리아 여왕의 즉위 60주년 기념식 (Diamond Jubilee).

노블(Noble) 목사 부부의[4] 다섯 번째 결혼기념일 역시 함께 축하했습니다. 이때에는 지금껏 평양에 눌러앉은 사람들 이외에도 서울에서 잠시 올라온 베어드(Baird) 씨[5] 역시 우리와 자리를 함께 할 수 있었습니다. 그보다 며칠 전에는 웰즈(Wells) 박사의[6] 집에서, 미국에서 최근에 가지고 온 그라모폰을 여흥거리의 하나로 내놓았습니다. 사람의 목소리가 정교히 재생되었고, 유명한 가수들과, 맥킨리 대통령의 취임사[7] 일부를 담은 연설, 브라스 밴드, 코넷과 밴조 독주 및 그와 비슷한 연주들이 마련되어 그날 저녁을 아주 즐겁게 보냈습니다. 그라모폰(gramophone) 혹은 그라포폰(graphophone)이란 것은 에디슨과 베를리너, 그리고 그 밖의 다른 이들의 재능을 담은 합작품이며, 누구든 이들을 통해 레코드를 만든 사람들이라면 그 목소리와 음조를 우리가 손쉽게 들을 수 있습니다. 그 소리가 얼마나 고스란히 잘 나는지, 맑은 저녁 날에는 4분의 1마일(400미터) 떨어진 곳에서도 또렷하게 들을 수 있습니다." (후략)[8]

---

4) 노블 목사 부부 : 윌리엄 아서 노블(William Arthur Noble, 1866 ~ 1945), 매티 윌콕스 노블(Mattie Wilcox Noble, 1872 ~ 1956). 배재학당 교사, 평양 남산현교회 담임목사.

5) 베어드 씨 : 윌리엄 베어드(William M. Baird, 1862 ~ 1931), 숭실학교 설립자 및 초대 교장.

6) 웰즈 박사 : 존 웰즈(John H. Welles, 1866 ~ 1951), 제중원 의사, 경신학교 초대 이사장.

7) 맥킨리 대통령의 취임사'는 당시에 상당히 널리 알려진 레퍼토리로, 실린더와 디스크 두 가지 형태로 여러 낭독자에 의해 발매되었다. 베를리너 음반으로는 러셀 헌팅(Russell Hunting)이 낭독한 버전(Berliner 678)이 1896년부터 1899년까지 최소한 네 차례 정도 녹음된 바 있다.

8) 1897년 07월 15일자 독립신문 (영문판) : "CORRESPONDENCE. LETTER FROM PYENGYANG. Pyengyang July 5, 1897. …… The celebration of the Queen of England, Scotland, Ireland, Empress of India and controller of a large majority of the Earth surface was duty observed here by combining that event with the 5th anniverary of Rev. Mr. and Mrs. Noble´s marriage. Besides the permanent Pyengyangites present we had Mr. Baird temporarily of Seoul with us. A few days before that there was an entertainment at Dr. Wells when a gramophone recently received from America was exhibited. The human voice is faithfully

이 기사에 등장하는 인물은 모두 외국인 선교사나 의사들이다. 여기에 언급된 그라모폰은 베를리너의 평원반 유성기를 뜻한다. 이 유성기에 대한 기사는 『독립신문』 영문판으로 보도되었다. 외국인들의 모임에서 있었던 사건이라서 일반 대중들에게는 거의 알려지지 않았고, 여기에서 들었던 음악 역시 조선인들로서는 이해하기 어려웠다.

1899년 봄에는 서양 무역상들이 왁스실린더를 들여왔고, 즉석 녹음이 가능한 유성기를 이용해서 소리를 들려주는 '유성기집' 영업을 시작하였다. 이 유성기집은 대단한 반향을 불러일으켜 성업을 하였으며, 조선음악을 취입하여 들려주었을 것으로 짐작된다.

조선 음악 평원반(平圓盤)이 처음 취입된 것은 1906년 봄이었다. 1906년 봄 일본 삼광당(콜럼비아 레코드)에서 대한 악공 한인오와 관기 최홍매를 오사카로 초청하여 경기 잡가 등 30종을 취입하였고, 가을에는 미국 빅타 레코드의 프레드릭 가이스버그가 서울에 와서 101곡의 조선음악을 취입하였다. 빅타 레코드의 취입을 기획한 인물은 헐버트였다.[9] 그의 서간문에는 당시 정황이 간략하게 나타난다.

---

reproduced in it and with songs rendered by noted singers, speech by President McKinley part of inaugural address, brass band, grand cornet and banjo solos and other similar productions, the evening was pleasantly passed. The gramophone or graphophone is a combination of the genius of Edison, Berliner and others and enables us out here to hear plainly the vices, tones of anyone from whom the company can get records. The sounds are plainly heard, and the songs distinguished at a quarter of a mile on a clear evening."

9) 호머 베잘렐 헐버트(Homer Bezaleel Hulbert, 1863-1949) : 미국 감리교 선교사, 육영공원 교사. 고종의 신임이 두터웠음. 1886-1907년까지 한국에 머물렀으며, 1907년 헤이그 밀사 파견과 1919년 3.1운동 지지로 항일운동의 한 페이지를 장식하는 인물. 다양한 저술과 번역 활동을 하였고, 음악에도 조예가 깊어 아리랑을 처음 채보(1896)한 것으로도 유명함. 1949년 다시 방한 직후 병사하여 양화진 외국인 묘소에 안장됨. 건국훈장 독립장, 금관문화훈장 추서.

1906년 12월 13일, 서울

사랑하는 어머니 아버지

(전략) 제가 무엇을 얻었는지 아세요? 빅터 그라모폰의 대리인이 모든 종류의 한국음악을 녹음하기 위해 이곳에 왔는데, 제가 그들에게 가수와 연주자들을 찾는 것을 도와주었답니다. 그들은 백여 장이 넘는 레코드를 만들었답니다. 그가 저에게 멋진 스트로(Stroh) 바이올린을 주었습니다. 몸체는 없고 지판에 알루미늄 디스크와 트럼펫이 붙어 있습니다. 괴상하게 생기기는 했지만 연주하기에는 좋습니다. 매일 한두 번씩 들어 연주하고 있습니다. 소문은 들었지만 한 번도 본 적은 없었습니다. 오랫동안 한번 가져 봤으면 했거든요. 참 묘한 우연의 일치 아녜요! 그들은 제 한국 회사를 통해서 유성기를 판매하려고 합니다. 만약에 그렇게 된다면 큰돈이 될 겁니다. (하략) 호머(Homer).[10)]

헐버트는 한국의 사정을 잘 알고 있었고, 최초로 아리랑을 오선보로 채보할 만큼 한국음악에도 관심이 많았기 때문에 한국음반의 기획자로서는 최적임자였다. 헐버트는 당대의 한국음악을 101장으로 요약했는데, 지금 보아도 놀라울

---

10) Seoul, Dec. 13 1906
Dear Father and Mother ……전략…… What do you think I have gotten? An agent of the Victor Gramophone came here to make records of all kinds of Korean music + I helped him find the singers and players. He made over hundred records. He gave me a beautiful Stroh violin. It has no body but an aluminum disc attached to the finger board and a trumpet. It is a curious looking affair, but it is simply delicious to play. I pick it up once or twice every day + play a little. I had heard of them but had never seen one. I had long wished I could have one. Was not that a curious coincidence! They may want me to handle the gramophone out here through my Korean Company. If so it will pay big stuff. ……하략…… Homer
*이 서신은 독립기념관 DB의 헐버트 서간문 중에 포함되어 있다. 독립기념관 홈페이지 참조 바람.

정도로 한국음악을 다양하게 선곡하였다. 그러나 당시 녹음은 한국음악을 녹음하는 것이 목적이었으므로 외래음악을 취입하지는 않았다. 당시는 에디슨식 실린더형과 베를리너식 원반형 유성기가 공존하였는데, 이 구한말 원반형 음반은 현재 약 ⅓정도의 실물이 학계에 보고되어 있다. 그에 반해 왁스실린더는 쉽게 마모되고 연약해서 지금껏 남아 있는 실물은 없다. 다만 당시 왁스실린더를 이용해서 외래음악을 취입했던 정황을 보여주는 기록은 남아 있다.

> **박람원(博覽院) 설립**
>
> 의주(義州) 기독교 신사 박영운(朴永運) 씨는 그간 경성에 머물다가 호연히 본향에 돌아가 다만 교육에 종사하고 민지 개발을 자임하야 신세계 사진박람원을 의주 서부에 설립하고 인민에 새로운 지식을 계도코자 하는데, 이 원의 설비는 중앙에 일대 유성기를 설치하고 애국가(愛國歌)와 찬미가곡(讚美歌曲)을 연주하며 각국 사진도영 수백 종을 현미경(顯微鏡)으로[11] 비춰보게 하는데, 그 형상 종류는 각국 산천 해안 선박 차로 도성 저자거리 및 가옥 화원 유희장 학교 군대 결혼과 장례 예법 등 실지 사진 및 예수 사적 등을 두루 살펴보게 하는데, 이 사진기구 등은 미국에서 사 온 칠백 환 가치요, 이 원을 한번 살펴봄이 만국 신세계를 다니면서 널리 봄과 다르지 않아 미개한 인민으로 하여금 현 세계 문물이 어떠한지를 알 수 있게 한다더라. 『대한매일신보』 1907. 11. 15.[12]

---

11) 실제로는 스테레오 뷰(Stereoscopy, 立體鏡)를 의미한다.

12) 「大韓每日申報」 1907. 11. 15. 博覽設院 義州 基督教 信士 朴永運 氏ᄂᆞᆫ 其間 京城에 逗留타가 浩然히 本鄉에 歸ᄒᆞ야 다만 教育에 從事ᄒᆞ고 民智開發을 自任하야 新世界 寫眞博覽院을 義州 西部에 設立ᄒᆞ고 人民에 新識을 開導크져ᄒᆞᄂᆞᆫ대 該院의 設備ᄂᆞᆫ 中央에 一大 留聲器을 置ᄒᆞ고 愛國歌와 讚美歌曲을 奏ᄒᆞ며 각國 寫眞圖影 數百 種을 顯微鏡으로 照覽케ᄒᆞᄂᆞᆫᄃᆡ 其形狀 種類ᄂᆞᆫ 극國 山川 海岸 舟船 車路 都城 港市 及 家屋 花園 遊戲場 학校 軍隊 婚喪設禮 等 實地 眞影과 及 耶穌事蹟 等을 遍覽케ᄒᆞᄂᆞᆫ대 該 寫眞機物 等은 美國에셔 購來ᄒᆞᆫ 七百圜 價値요 該 院을 一覽ᄒᆞᆷ이 萬國 新世界을 遊行博覽ᄒᆞᆷ과 無異ᄒᆞ야 未開ᄒᆞᆫ 人民으로 ᄒᆞ야금 現世界 景物에 如何ᄒᆞᆷ을 知得케 ᄒᆞᆫ다더라

여기에 등장하는 애국가나 찬송가는 양악이 분명하고, 그렇다면 여기에 사용된 유성기는 에디슨식 왁스실린더라야 가능하다. 당시 평원반 디스크는 일본에서도 만들 수 없어서 취입 원반을 미국까지 가져가서 생산했기 때문이다. 유성기는 각급 학교, 학부형회, 교회, 지방 관청, 동창회, 부인회, 심지어 친일단체에서까지 청중 동원이나 계몽, 오락 등의 도구로 널리 활용되었으며, 모임의 성격에 따라 들려주던 음악 역시 다양하였을 것으로 짐작된다. 왁스실린더 유성기를 통해 창가나 찬송가 등 외래음악을 들려주는 것도 가능했을 것이다.

1910년 일제강점기가 시작되면서 조선의 음반 시장은 일본축음기상회의 독점체제로 넘어가게 된다. 그 이전에 취입된 미국 빅타 음반도 계속 판매되었고, 1915년에는 얼마간 새 음반도 취입했으나 시장 점유율은 높지 않았다. 일본축음기상회의 첫 녹음은 1911년이지만 외래음악은 1913년 상반기에 처음 취입되었다. 외래음악 중에서 가장 먼저 음반으로 취입된 것은 찬송가이다. 찬송가는 수요층과 이용 목적이 분명하고, 신문물에 대한 개화에 적극적인 계층이 참여했기 때문이다. 1913년 5월부터 발매된 찬송가 음반은 기독교청년회 회원들이 참여하였으며, 김영식(金永植)·김은식(金恩植) 등이 그 멤버로 추정되나 자세한 자료가 없다.[13] 찬송가 취입을 제안한 쪽이 기독교 측 인사인지, 음반회사 사람인

13) 찬송가 음반에 대해서는 다음 3건의 광고 참조.

『每日申報』 1913. 5. 30.(3)(광고)

◉朝鮮新音譜賣出 第一回(新着本年吹込)

演奏諸名士 宋萬甲 宋基德 朴春載 趙牧丹 金蓮玉 李正華 文永洙 具昇鉉 韓應泰 金永植 金恩植

▲唱歌 ▲讚義歌 ▲詩 ▲歌 ▲雜歌 ▲朝鮮樂隊 ▲動物凶出 (중략)

販賣元 株式會社 日本蓄音器商會 京城本町(?)一二八三番 振替六八四番

『每日申報』 1913. 6. 3., 15.(1)(광고)

朝鮮新音譜到着 株式會社 日本蓄音器商會製造

注文番號	曲名	곡명	演奏者
六一一四	讚美歌第七十二章	찬미가뎨칠십이장	靑年會員

<표1>일본축음기상회 양악 음반(1913)

음반번호	분류	곡목 (찬송가)	연주자
NIPPONOPHONE 6108		第百十八章	基督敎靑年會員
NIPPONOPHONE 6109		第百六十二章	基督敎靑年會員
NIPPONOPHONE 6110		第百三十七章	基督敎靑年會員
NIPPONOPHONE 6111		第六章	基督敎靑年會員
NIPPONOPHONE 6114	讚美歌	第七十二章찬미가뎨칠십이장	靑年會員
NIPPONOPHONE 6115	讚美歌	第五章찬미가뎨오장	靑年會員
NIPPONOPHONE 6116	讚美歌	第一百六十章찬미가뎨일빅륙십장	靑年會員
NIPPONOPHONE 6117	讚美歌	第二百五十二章찬미가뎨이빅오십이장	靑年會員
NIPPONOPHONE 6216		부모의은덕	靑年會員
NIPPONOPHONE 6217		학도가 권학가	靑年會員
NIPPONOPHONE 6218		第二百三十四章	基督敎靑年會員
NIPPONOPHONE 6219		第百三十二章	基督敎靑年會員
NIPPONOPHONE 6220		第百二十一章	基督敎靑年會員
NIPPONOPHONE 6221		第百十七章	基督敎靑年會員

六一一五　讚美歌第五章　찬미가뎨오장
六一一六　讚美歌第一百六十章　찬미가뎨일빅륙십장　靑年會員
六一一七　讚美歌第二百五十二章　찬미가뎨이빅오십이장
(중략)
特約店 熊平支店 電話六二四番 京城振替二二番
『每日申報』 1913. 6. 4.(3)(광고)
◉朝鮮新音譜第一回賣出
●朝鮮讚美歌 ●朝鮮音樂 ●各色動物囚出 ●詩 ●歌 ●雜歌 以上 四十種 到着

지 알 수 없다. 취입 곡은 모두 12곡이지만 아직 한 장도 음반이 나타나지 않았고, 1920년대 재발매가 이루어지지 않은 점을 보면 판매에는 한계가 있었던 것으로 추측할 뿐이다.

특기할 일은 찬송가와 함께 '학도가', '권학가', '부모은덕가' 등 창가가 3곡 녹음되었다는 사실이다. '학도가'와 '권학가'는 1910년 『학부 창가』에 수록되어 있는데,[14] 음반에는 '제십팔, 학도가이올시다.', '제이십이, 권학가이올시다.'라는 녹음 사인이 들어있어 『학부창가』를 취입했음을 분명히 밝히고 있다.[15] '학도가'는 널리 알려진 대로 일본의 '철도창가'를 번안한 것으로[16] 일본에서 대유

●讚美歌 金永植
演奏者 소리느은사람 宋萬甲 朴春載 文永洙 李正華 宋基德 韓應泰 具昇鉉 金蓮玉 趙牧丹
(중략)
朝鮮京城本町五丁目 販賣元 株式會社 日本蓄音器商會(하략)

14) 學部編纂, 『普通教育 唱歌集 第一輯』(韓國政府印刷局印行, 隆熙四年 五月, 1910.).

15) 이 음반은 1925년에 재발매되었다.
닛뽀노홍 K200-A(6216) 부모의은덕가 靑年會員
닛뽀노홍 K200-B(6217) 학도가 권학가 靑年會員

16) 『地理教育 鐵道唱歌 第壹集』, 「東海道」(三木書店:1900)
大和田建樹 作歌 / 東京音樂學校講師 上眞行 作曲 / 大阪師範學校教諭 多梅稚 作曲
1.
汽笛一聲新橋を　기적 한 소리에 신바시를
はや我汽車は離れたり　어느새 우리 기차 떠나가더니
愛宕の山に入りのこる　아타고 산속으로 들어가네
月を旅路の友として　달을 여로의 벗으로 삼아
2.
右は高輪泉岳寺　오른 쪽은 다카나와 센가쿠지
四十七士の墓どころ　마흔 일곱 무사들 무덤 있는 곳
雪は消えても消えのこる　눈은 녹아도 채 녹지 않고
名は千載の後までも　명성도 천 년 뒤까지도
(번역: 구인모, 하략)

행을 해서 수많은 음반으로 제작되었던 곡이다.[17] '권학가'는 유명한 일본 군가 '용감한 수병'을 번안한 것이다.[18] 연주자는 모두 '청년회원'으로 표기되어 있고, 피아노 반주에 제창으로 부른다. 찬송가 연주도 이와 같을 것으로 추측된다.[19] '부모은덕가'는 『최신창가집』에[20] 실려 있다.

17) '철도창가'를 취입한 음반은 1928년 전기녹음 이전에 이미 여러 종류가 제작되었다.
NIPPONOPHONE 1210 Japasnese Song with Piano 鐵道唱歌 東京 納所文子
Orient Record 1207 鐵道唱歌 納所文子 日本 東京
National Record 105 唱歌 鐵道唱歌 納所文子 ピアノ納所辨二郎
Hikoki Record 701 鐵道唱歌 納所文子 日本東京
Kasuga Record 468B 唱歌 鐵道唱歌 東京 ピアノ納所辨次郎 唱歌納所文子

18) '용감한 수병'은 1894년 9월 17일 일본 해군 '마츠시마호'가 서해 두만강 어귀에서 청나라 북양(北洋) 함대 '정원호'를 격침시킨 전투, 이른바 '황해해전'의 영웅담을 노래한 곡.
'용감한 수병' / 작사 사사키 노부츠나(佐々木信綱) / 작곡 오쿠 요시이사(奥好義)
1. 연기 뵈지 않고 구름도 없이 / 바람 일지 않고 파도 일지 않는 / 거울 같이 잔잔한 황해는 / 그사이 구름 끼기 시작하네.
2. 하늘 모르는 천둥이런가 / 파도에 나부끼는 번개이런가 / 연기는 하늘을 가득 메우고 / 하늘의 해 그림자 빛이 바래네.
3. 전투가 한창인 바로 지금 / 임무 다하는 대장부의 / 숭고한 피로 갑판은 / 새빨갛게 물들었네.
(번역:구인모, 하략)

19) 이 곡들은 찬송가로도 번안되었다.
Victo KCDK1406-韓國の唱歌(2)-10-鉄道唱歌-学徒歌-聖経目録歌
Victo KCDK1406-韓國の唱歌(2)-09-勇敢なる水兵-勧学歌-虚事歌-베드로와 안드레

20) 李尙俊, 『最新唱歌集 全』(京城:博文書舘 發行, 1918.) 第十四課 父母의恩

第十八 學徒歌

一, 青山속에, 뭇친玉도, 갈아야ᄆᆞᆫ, 光彩나네, 落落長松, 큰나무도, ᄶᅡᆨ가야ᄆᆞᆫ, 棟樑되네.」
二, 工夫ᄒᆞᄂᆞᆫ, 青年들아, 너의職分, 잇지마라, ᄉᆡ벽별은, 넘어가고, 東天朝日, 빗초온다.」
三, 維新文化, 劈頭初에, 先導者의, 責任重코, 社會進步, 旗ᄭᅵ압헤, 改良者된, 義務크다.」
四, 農商工業, 旺盛ᄒᆞ면, 國泰民安, 여긔잇네, 家給人足, ᄒᆞ고보면, 國家富榮, 이아닌가」
五, 文明基礎, 어ᄃᆡ잇노, 學理研究, 應用일세, 實業科學, 學習ᄒᆞᆷ이, 今日時代, 급선무라.」
六, 愛ᄒᆞᆸ도다, 우리父兄, 嚴ᄒᆞ도다, 우리先生, 父師敎育, 嚴ᄒᆞ온ᄃᆡ, 學問不成, ᄒᆞᆯ가보냐.」

第二十二 勸學歌

一, 少年은, 易老ᄒᆞ고, 學難成ᄒᆞ니, 一村의, 光陰인들, 不可輕이라,
池塘의, 春草夢을, 未覺ᄒᆞ야셔, 階前에 梧葉들이, 已秋聲이라.」
二, 盛年은, 한번가고, 不重來ᄒᆞ며, 一日은, 한번지고, 難再晨이라,
及時곳, ᄒᆞ야셔ᄂᆞᆫ, 當勉勵이니, 歲月이, 덧업셔셔 不待人이라.」
三, 大禹는, 聖人이되, 惜寸陰ᄒᆞ니, 我等은, 凡人이라, 惜分陰이니,
함을며, 青年後生, 學徒들이야, 秒陰을, 不惜ᄒᆞ면, 어이밋츠랴.」
四, 學問의, 定ᄒᆞᆫ관녁, 어ᄃᆡ잇는고, 立身코, 事業成就, 이것아닌가,
ᄇᆡ홀ᄭᅵ, 當ᄒᆞ야셔, 아니ᄇᆡ호고, 맛참ᄂᆡ, 後悔ᄒᆞᆫ들, 무엇ᄒᆞ리오.」

1910년대의 외래음악은 유성기음반에서 차지하는 비중이 낮았고, 그나마 대부분 아직 찾지 못하고 있다. 그렇지만 외래음악은 교회와 학교를 통해 일반 대중들에게 빠른 속도로 영향력을 확대해나갔다. 가장 큰 사건은 학교 교육에서 사용된 음악 교과서『학부창가』가 모두 일본 창가 악곡을 그대로 번안해서 사용했고, 용어조차 '창가'란 말을 그대로 쓰고 있다는 사실이다. 창가는 문명과 개화라는 문화 코드와 동의어로 사용되었으며, 외래음악의 선율에 실어 자주와 독립을 노래했다. 교육기관을 통해 학습된 외래음악은 다시 민간으로 흘러들어 전통 민요와 마찬가지로 2차적인 구비전승을 거쳐 새로운 유행 음악을 형성해갔다.

창가는 외래음악의 가락에다 우리말 가사를 붙인 것이다. 대부분 원곡의 노랫말과는 무관하게 노랫말을 바꾸어서 불렀는데, 하나의 곡조에다 노랫말을 마음대로 붙이는 것은 시조(時調)에서 보듯 전통음악의 오랜 관습이었다. 창가는 새로운 양식이었고, 주로 독립과 애국, 문명과 개화라는 시대정신을 담았다. 새로운 형식의 음악에 담기 위해서 노랫말 즉 시의 형식도 바뀌게 되었다. 흔

히 말하는 신체시라든지, 7.5조라는 운율도 결국 외래음악에 담을 수 있는 형식인 것이다. 당시 외래음악을 수용한 지식인들은 서양음악과 일본 창가를 구분하지 못한 채 새로운 그릇에 새 술을 담근 것이었다.

1911년과 1913년에 일본축음기상회는 267면의 한국음악 음반을 녹음하였다. 1915년에는 미국 빅타 레코드에서도 48면(24장)을 녹음했다. 그러나 일본 유성기음반 산업의 침체기를[21] 맞이하여 일본축음기상회는 약 10년간 한국음반을 녹음하지 않았다.

III. 1920년대의 외래음악 음반

일축이 한국음악을 다시 녹음한 것은 1923년이었다. 그간에 유성기음반은 수요는 꾸준하게 증가하였다. 조선 시장에[22] 유통되던 음반은 조선 음반, 일본 음반, 서양 음반이었고, 적은 양의 중국 음반도 화교들을 중심으로 유통되었다. 정확한 통계는 없지만, 당시의 경제적 수준과 외국인의 숫자를 고려하면 1910년대에는 조선 시장에서 일본 음반이 조선 음반보다 훨씬 더 많이 팔렸다.[23] 1920년대로 접어들면서 조선 음반의 레퍼토리가 증가하고 수요 또한 증가하게 되었다.

---

21) 일본 저작권법의 미비로 인해 불법복제(해적판) 음반이 범람함으로써 1910년대 후반 일본축음기상회는 침체기를 겪었다.

22) 일제강점기하의 한국은 모두 조선으로 표기되기 때문에 편의상 조선이란 말을 쓴다.

23) 1930년대 조선 시장에서 유성기음반이 연간 약 200만 장이 판매될 때, 그 중 조선음보는 약 40만 장이었다. 즉 조선 음반은 전체 음반 시장에서 약 20% 정도에 지나지 않았다. 대부분은 일본과 양악 음반이었다. 배연형, 『한국 유성기음반 문화사』(지성사, 2019) 546. 참조.

1923년에 취입된 음반 중에서도 외래음악의 비중은 높지 않았다. 1923년에 일축에서 취입된 음반 70장(140면) 중에 외래음악은 단 3장(6면)에 지나지 않았다.

음반번호	면	분류	곡목	연주	비고
닙보노홍 K116	A	新式唱歌	너와나와살가되며는及홋도쏘루	朴菜仙 李柳色	
닙보노홍 K116	B	新式唱歌	이풍진歲月	朴菜仙 李柳色	
닙보노홍 K130	A	新式唱歌	失敗에恨嘆	趙菊香	
닙보노홍 K130	B	新式唱歌	긴한심나난눈물	趙菊香	
닙보노홍 K157	A	唱歌	엇썬집식구셰사람	朴貞子	
닙보노홍 K157	B	唱歌	산도셜고물도션千里他鄉에	朴貞子	
닙보노홍 K200(6216)	A		부모은덕가	靑年會員	재발매
닙보노홍 K200(6217)	B		학도가 권학가	靑年會員	재발매

1923년 음반에도 외래음악은 모두 창가란 표기를 쓰고 있다. 창가는 전통음악에 대한 외래음악의 차이를 인식하는 과정에서 사용한 용어였다. 개화기 초에 외래음악은 뭉뚱그려 '창가'로 인식되었으며, 외래음악이나 새로운 노래를 일컫는 보통명사였다. 서양에서 들어온 노래는 교회와 근대식 교육을 통해 전파되었으며, 일본 창가는 총독부의 학교 교육과 민간을 통해 들어왔으므로 학교나 교회에서 부르는 노래를 창가라고 했다. 민간에서도 창가란 용어를 그대로 사용하고 있다.

1925년에 이르러 한국 유성기음반 시장에는 새로운 변화가 일어났다. 일축의 독점체제에서 일동축음기(Nitto)가 조선 시장에 진출한 것이다. 일본 내에서도 도쿄를 기반으로 하는 일본축음기상회(Nipponophone, 일축조선소리반)와 오사카를 배경으로 하는 일동축음기(Nitto, 제비표조선레코드) 주식회사는 경쟁 관계에 있었는데, 조선 시장에까지 전선이 확대된 셈이었다.

1925년 서울에 일본축음기상회의 간이녹음실이 세워지자 출장녹음의 번거

로움이 사라지고, 다양한 연주자들의 녹음이 수시로 이루어지게 되었다. 따라서 전반적으로 음반의 레퍼토리와 연주자가 다양해지고 수준 높은 연주의 참여가 활발해질 수 있었다. 1925년 8월부터 1927년 9월까지 전기녹음이 시작될 때까지 만 2년간 일축에서는 158매의 신보를 녹음하게 된다. 그 가운데 외래음악은 34장으로 약 22%를 차지한다. 그 이전에는 손으로 꼽을 정도로 미미했던 것과 비교하면 커다란 변화라고 할 수 있다. 일동 또한 외래음악이 약 20% 정도의 비중을 차지한다.

1920년대까지 음반에 반영되는 음악적 상황은 당대의 현실보다는 일정 기간 뒤진다. 음악이 만들어지고 대중들에게 수용된 후에 상품화되었기 때문이다. 이 점은 1930년대 이후 유성기음반이 새로운 대중의 수요를 만들어가는 '공급이 수요를 창출'하는 것과는 상황이 다르다. 1925-1927년 일축에서 발매된 외래음악 음반은 다음과 같다.

일본축음기상회의 외래음악 음반 발매 (1925. 8.-1927. 9.)

음반번호	면	분류	곡목	연주	반주
일축조선소리반K525	A	流行	國境警備歌 ここは朝鮮北端の	倂唱 都月色 金山月 李桂月	
일축조선소리반K525	B	流行	籠속에든식(籠の鳥) 맛나서보고십허あいたさ見たさに	倂唱 都月色 金山月 李桂月	
일축조선소리반K528	A		토기와거북 여보へ거북님 モシモシカメヨ	獨唱 某孃 (蔡京順)	피아노伴奏
일축조선소리반K528	B		눈파란각씨(青い眼の人形) 눈동자식파란 青い眼をしたお人形は	獨唱 某孃	피아노伴奏
일축조선소리반K529	A	女聲獨唱	아기재우는노래 (푸라므스作曲)	京城女子公立普通學校生徒李英嬉	피아노吳貞華
일축조선소리반K529	B	女聲獨唱	濱千鳥갈맥이	京城女子公立普通學校生徒李英嬉	피아노吳貞華
일축조선소리반K530	A		Oh! My Darling Clementine 내사랑아	安基永	피아노伴奏 Appenzellar
일축조선소리반K530	B		When You and I were Young 우리가젊엇슬때	安基永	피아노伴奏 Appenzellar

음반번호	면	분류	곡목	연주	반주
일축조선소리반K531	A		Annie Laurie 하날가는밝은길이	安基永	피아노伴奏 趙英淑
일축조선소리반K531	B		How- Firm & Foundation 주만난자들의 견고한터	安基永	피아노伴奏 趙英淑
일축조선소리반K533	A	長唄	京城四季の遊び (一) 長閑なろ天つ日光に	唄 桃太郎	三絃 白太 三絃 芳奴 小鼓 菊千代 小鼓 久松 太鼓 桃葉 太鼓 一若
일축조선소리반K533	B	長唄	京城四季の遊び (二) 峰より峰に白雲の	唄 桃太郎	三絃 白太 三絃 芳奴 小鼓 菊千代 小鼓 久松 太鼓 桃葉 太鼓 一若
일축조선소리반K534	A	長唄	京城四季の遊び (三) 冬枯いもふませの內	唄 桃太郎	三絃 白太 三絃 芳奴 小鼓 菊千代 小鼓 久松 太鼓 桃葉 太鼓 一若
일축조선소리반K534	B	長唄	京城四季の遊び (四) 其曉の手枕にらきを	唄 桃太郎	三絃 白太 三絃 芳奴 小鼓 菊千代 小鼓 久松 太鼓 桃葉 太鼓 一若
일축조선소리반K546	A		거룩한셩 나어졔밤잘씨	獨唱 金仁湜	피아노아펜셜나
일축조선소리반K546	B		面對함 광활하고명랑한곳	獨唱 金仁湜	피아노아펜셜나
일축조선소리반K547	A	新流行歌	枯木歌시드른방초	金山月 都月色	長鼓李桂月
일축조선소리반K547	B	新流行歌	戀之鳥 이풍진셰상을	金山月 都月色	長鼓李桂月
일축조선소리반K548	A	男聲獨唱	내고향을리별하고Farewell to Home	安基永	피아노반주 아팬재라아
일축조선소리반K548	B	男聲獨唱	제비들은강남에 When the Swallows Homeward Fry	安基永	피아노반주 아팬재라아
일축조선소리반K549	A	新流行歌	鴨綠江節	金山月 都月色	長鼓李桂月
일축조선소리반K549	B	新流行歌	長恨夢장한몽가	都月色 金山月	長鼓李桂月
일축조선소리반K550	A		닉집貴한집 저華麗한	安基永	피아노伴奏 아펜셜나
일축조선소리반K550	B		불어라봄바람 불어라봄바람 솔々	安基永	피아노伴奏 아펜셜나
일축조선소리반K568	A	雜曲	노릭가락	主唱吉眞紅 助唱 白牡丹	長鼓李桂月

음반번호	면	분류	곡목	연주	반주
일축조선소리반K568	B	新流行歌	사랑의수건	都月色	長鼓李桂月
일축조선소리반K579	A	男聲四部合唱	순산올향해감시다	崔東俊 金仁湜 安基永 鄭聖采	피아노미라아
일축조선소리반K579	B	樂隊	따늡강의련파	戶山學校軍樂隊	
일축조선소리반K589	A	童謠	할미쏫(りんどう)	李順甲	바이오린洪載裕 피아노洪蘭坡
일축조선소리반K589	B	童謠	춤추세(踊りませう)	李順甲	바이오린洪載裕 피아노洪蘭坡
일축조선소리반K590	A	映畵說明	저언덕을넘어서(오버듸힐)(上)	京城金悳經	伴奏團成社管絃團
일축조선소리반K590	B	映畵說明	저언덕을넘어서(오버듸힐)(下)	京城金悳經	伴奏團成社管絃團
일축조선소리반K591	A	新流行歌	小唄集	바이오린伴奏 京城朴在國 張錫煥	
일축조선소리반K591	B	新流行歌	허영의우슴(虛榮の笑)	바이오린伴奏 京城朴在國 張錫煥	
일축조선소리반K592	A	流行	漂泊歌 갈가보다말가보다	獨唱 金錦花	
일축조선소리반K592	B	流行	사랑의식(戀の鳥) 붓잡어서보니 捕へて見れば	獨唱 金錦花	
일축조선소리반K593	A	新流行歌	슷돈돈부시	朝鮮券番 李蘭香	
일축조선소리반K593	B	新流行歌	단조니부시	朝鮮券番 李蘭香	
일축조선소리반K612	A	唱歌	故國生覺	京城李貞淑	피아노徐龍雲 바이오린林健舜
일축조선소리반K612	B	唱歌	望鄕歌	京城李貞淑	피아노徐龍雲 바이오린林健舜
일축조선소리반K613	A	日本流行	사랑의식(戀の鳥) 나의것을맨들냐고	都月色	피아노 바이올린伴奏
일축조선소리반K613	B	日本流行	鴨綠江節(詩入) 來て見れば枕もせずに	都月色	피아노 바이올린伴奏
일축조선소리반K622	A	唱歌	流星	李貞淑	피아노徐龍雲 파이오린林健舜
일축조선소리반K622	B	童謠	배노릐	李貞淑	피아노徐龍雲 파이오린林健舜
일축조선소리반K624	A	新流行歌	배니스의주패(舟唄)	朴在國	바이올린伴奏

음반번호	면	분류	곡목	연주	반주
일축조선소리반K624	B	新流行歌	望鄕歌	朴在國	바이올린伴奏
일축조선소리반K631	A	(童謠)	속임 해질녁헤 도레미파 도레미파쏠라씨도	獨唱李順甲	피아노洪蘭坡 바아올린洪載厚
일축조선소리반K631	B		아긔재우난노릐 잘자라ヘ	獨唱李順甲	피아노洪蘭坡 바아올린洪載厚
일축조선소리반K632	A	吹奏樂	御樂	朝鮮樂團	
일축조선소리반K632	B	吹奏樂	시드른芳草(枯れすすき) 長恨夢(金色夜叉)	朝鮮樂團	
일축조선소리반K634	A	바이올린獨奏	미뉴엣舞曲(하이든作曲)	洪蘭坡	피아노伴奏 金元福
일축조선소리반K634	B	바이올린獨奏	哀愁의朝鮮(洪蘭坡作曲)	洪蘭坡	피아노伴奏 金元福
일축조선소리반K635	A	童謠	이洞里저洞里	李貞淑	피아노徐龍雲 코-넽楊在翼
일축조선소리반K635	B	新流行歌	붉은薔薇花 아아作別	獨唱 沈梅香	
일축조선소리반K645	A	童謠	가을유희	李貞淑	피아노徐龍雲 코-네트楊在翼
일축조선소리반K645	B	童謠	飛行의꿈	李貞淑	피아노徐龍雲 코-네트楊在翼
일축조선소리반K646	A	流行歌	靑年의愁心 들어봐라강변에	바이올린伴奏 張錫煥	
일축조선소리반K646	B	流行歌	悲戀의怨望 황금만릉힘잇다고	바이올린伴奏 朴在國	
일축조선소리반K647	A	新流行歌	磯節(이소부시) 이소데메이쇼-와	獨唱 都月色 三味線桃太郞	
일축조선소리반K647	B	新流行歌	玉淚別曲 밤은깁고인적은	獨唱 都月色	
일축조선소리반K648	A	朝鮮正樂	殘到道理(自一節至四節)	硏樂會會員 洋琴洪載裕 短簫金相駬 바이올린洪蘭坡	
일축조선소리반K648	B	朝鮮正樂	殘到道理(自四節至六節)	硏樂會會員 洋琴洪載裕 短簫金相駬 바이올린洪蘭坡	
일축조선소리반K649	A	流行歌	명쥬수건 비단결손수건과	獨唱 李南史	피아노徐達成 바이올린林平南

음반번호	면	분류	곡목	연주	반주
일축조선소리반K649	B	流行歌	雙玉淚 아배지어머니는	獨唱 李南史	피아노徐達成 바이올린林平南
일축조선소리반K650	A	流行歌	롱속에든식 그리웁고보고십허	獨唱 李南史	피아노徐達成 바이올린林平南
일축조선소리반K650	B	流行歌	花園의사랑 괴로워라사랑이여	獨唱 李南史	피아노徐達成 바이올린林平南
일축조선소리반K651	A	童謠	신소리나오 동모들의손을잡고	李貞淑	비아노徐龍雲 코-네드楊載翼
일축조선소리반K651	B	童謠	별노리 반작ヘ저별들	李貞淑	비아노徐龍雲 코-네드楊載翼

1925년 이후의 외래음악 음반을 보면 음악적 장르의 분화가 이루어지고 있음을 볼 수 있다. 그러나 서양과 일본 음악을 뚜렷이 구분한 것은 아니었다. 교육(또는 교회) 음악은 목적에 따라 수용되지만, 민간의 음악은 일본의 유행이나 음반 산업과 더욱 관련이 깊다. 1920년대가 되면 식민지 보통교육이 정착되었고, 산업화·도시화가 이루어지면서 사회 전반이 급속히 일본화가 진행되었다. 음반의 판매 또한 빠르게 늘어나서 음악의 대중적 소비를 증가시켰다.

1920년대 후반 발매된 음반은 다양한 경향을 보이게 된다. 학교 교육에 사용되는 음악(School Song)과 사회에서 유행하는 음악이 점차 분화되고 있다. 학교음악은 창가·동요라는 용어를 쓰는데, 대부분 학생이나 교육과 관련된 인사들이 취입했고, 이정숙은 전문 가수로 활동하기도 했다. 여기에서 일본 창가나 서양의 민요, 가곡에 대한 구분은 없다.

일축 K528-A 토기와거북 피아노伴奏 獨唱某孃(蔡京順)[24)]

일축 K528-B 눈파란각씨(青い眼の人形) 피아노伴奏 獨唱某孃(蔡京順)

일축 K529-A 女聲獨唱 아기재우는노래(푸라므스作曲) 京城女子公立普通學校

24) Nitto S1031-A 唱歌 鳩·兎と龜 名古屋菊童謠會 草野和歌子 伴奏サロン管絃團

生徒李英嬉 피아노吳貞華[25)]

일축 K529-B 女聲獨唱 濱千鳥갈맥이 京城女子公立普通學校生徒蔡京順 피아노吳貞華

일축 K589-A 童謠 할미꼿(りんどう) 李順甲 바이오린洪載裕 피아노洪蘭坡

일축 K589-B 童謠 춤추세(踊りませう) 李順甲 바이오린洪載裕 피아노洪蘭坡

일축 K631-A 童謠 속임 도레미파 獨唱李順甲 피아노洪蘭坡 바아올린洪載厚

일축 K631-B 童謠 아긔재우난노릐 獨唱李順甲 피아노洪蘭坡 바아올린洪載厚

일축 K612-A 唱歌 故國生覺 京城李貞淑 피아노徐龍雲 바이오린林健舜[26)]

일축 K612-B 唱歌 望鄕歌 京城李貞淑 피아노徐龍雲 바이오린林健舜[27)]

일축 K622-A 唱歌 流星 李貞淑 피아노徐龍雲 파이오린林健舜

일축 K622-B 童謠 배노릐 李貞淑 피아노徐龍雲 파이오린林健舜

일축 K635-A 童謠 이洞里저洞里 李貞淑 피아노徐龍雲 코-넽楊在翼

일축 K645-A 童謠 가을유희 李貞淑 피아노徐龍雲 코-네트楊在翼

일축 K645-B 童謠 飛行의꿈 李貞淑 피아노徐龍雲 코-네트楊在翼

일축 K651-A 童謠 신소래나오 李貞淑 비아노徐龍雲 코-네드楊載翼

일축 K651-B 童謠 별노래 李貞淑 비아노徐龍雲 코-네드楊載翼

제비표 B48-A 洋曲 四人二部合唱 쇠소리 싸리아會員

제비표 B48-B 洋曲 四人二部合唱 가을序曲 싸리아會員

제비표 B49-A 반달 싸리아會員 朴基淑

제비표 B49-B 귀쓰람이 싸리아會員 朴基淑

제비표 B50-A 洋曲 여름序曲 싸리아會員

25) 브람스 자장가.

26) Scotch Folk Song, Comin' Thro' The Rye

27) Columbia A890-A-天然の美-コロムビア オケストラ

제비표 B50-B 洋曲 三人齊唱 소곱징이 싸리아會員

제비표 B66-A 두룸이 싸리아會員 朴基淑

제비표 B66-B 기러기 싸리아會員 朴基淑

제비표 B78-A 四人齊唱 솟밧 싸리아會員

제비표 B78-B 四人齊唱 바다가 싸리아會員

제비표 B88-A 쏘부랑할미 싸리아會員 朴基淑

제비표 B88-B 할미쏫 싸리아會員 朴基淑

제비표 B117-A 童謠 거북 李貞玉

제비표 B117-B 童謠 어먹님 李貞玉

창가나 동요는 주로 학생이나 아동을 대상으로 하는데 비해 찬송가나 예술가곡은 성인을 대상으로 하는 것이다. 물론 이 둘의 경계가 명확한 것은 아니었다. 찬송가나 가곡은 김인식과 안기영이 취입을 했는데, 당시 양악을 취입할 수 있는 사람이 많지 않았다. 김인식은 일축에서 찬송가와 창가를 취입했던 청년회원의 멤버로 알려져 있다. 그리고 피아노 반주를 아펜젤러 같은 외국인이 맡고 있다는 것은 그들과의 교류를 보여주고 있다.

1920년대에 외래음악을 취입했던 가장 중요한 인물은 윤심덕이다. 최초로 일본에 유학하여 성악을 전공한 여성으로 유명했던 만큼 음반도 한꺼번에 무려 36곡을 취입하는 신기록을 세웠다. 피아노 반주는 동생 윤성덕이 맡고 있다. 윤심덕은 취입 직후 현해탄에서 자살을 하는 바람에 큰 사회적 반향을 일으켰고, '사의 찬미' 음반이 엄청나게 팔린 것으로 전해온다. 그러나 '사의 찬미'의 인기와는 별도로 다른 음반은 현재 찬송가 '파우스트 노-옐'과 '푸른 갈닐니' 음반 1장만 확인될 정도로 실제로는 많이 팔리지 않았다. 그 대신 목록에 나타나는 다양한 악곡을 통해 당대의 외래음악 수용과정이나 수준을 가늠하는 데는 좋은 참고가 된다.

1920년대 후반 나팔녹음 시절에 가장 중요한 성과는 조선인의 작품이 취입되기 시작한다는 점이다. 정사인 작곡으로 알려진 '내 고향을 이별하고(사향가, 인기영 취입)'와 '반달(윤심덕 취입)'[28]이 있고, 홍난파 작곡 '애수의 조선(바이올린 홍난파)'과 영산회상을 재해석한 '잔도드리(바이올린 홍난파)'도 중요한 성과라고 할 수 있다.

일축 K531-A 讚頌歌 하날가는밝은길 獨唱安基永 피아노趙英淑

일축 K531-B 讚頌歌 主밋는者들 獨唱安基永 피아노趙英淑

일축 K546-A 讚頌歌 거룩한셩 獨唱金仁湜 피아노아펜셜나

일축 K546-B 讚頌歌 面對함 獨唱金仁湜 피아노아펜셜나

일축 K579-A 男聲四部合唱 순산올향해감시다 崔東俊 金仁湜 安基永 鄭聖采 피아노미라아[29]

일축 K579-B 樂隊 싸흡강의련파 戶山學校軍樂隊[30]

일축 K530-A 내사랑아 피아노伴奏아펜셜나 獨唱安基永

일축 K530-B 우리가젊엇슬ᄯᅢ(미기의追億) 피아노伴奏아펜셜나 獨唱安基永

일축 K548-A 男聲獨唱 내고향을리별하고Farewell to Home 安基永 피아노반주아팬재라아

일축 K548-B 男聲獨唱 제비들은강남에When the Swallows Homeward Fry 安基永 피아노반주아팬재라아

일축 K550-A ᄂᆡ집貴한집 피아노伴奏 아펜셜나 安基永

일축 K550-B 불어라봄바람 피아노伴奏 아펜셜나 安基永

---

28) 이 음반은 실물이 되지 않아 추후 확인이 필요하다.

29) 순산은 Zion의 의미.

30) 일본 기악곡으로 조선인 연주는 아니지만 널리 알려져 조선보 레퍼토리에 포함하여 발매하였다. '사의 찬미' 원곡이며 취주악이다.

일축 K634-A 바이올린獨奏 미뉴엣舞曲(하이든作曲) 洪蘭坡 피아노伴奏金元福

일축 K634-B 바이올린獨奏 哀愁의朝鮮(洪蘭坡作曲) 洪蘭坡 피아노伴奏金元福

일축 K648-A 朝鮮正樂 殘到道理(自一節至四節) 硏樂會會員 洋琴洪載裕 短簫金相騏 바이올린洪蘭坡

일축 K648-B 朝鮮正樂 殘到道理(自四節至六節) 硏樂會會員 洋琴洪載裕 短簫金相騏 바이올린洪蘭坡

제비표 B126-A 獨唱 蚤 金文輔

제비표 B126-B 獨唱 쏠카의 舟唄 金文輔

제비표 B127-A 獨唱 수중을듯고 金直子[31)]

제비표 B127-B 獨唱 갈맥이 金直子

제비표 B51-A 洋曲獨唱 어엿분삭시 尹心得 伴奏尹聖德

제비표 B51-B 洋曲獨唱 방긋웃는月桂花 尹心得 伴奏尹聖德

제비표 B52-A 洋曲獨唱 매기의追億 尹心得 伴奏尹聖德

제비표 B52-B 洋曲獨唱 사랑스러운『클리민트』 尹心得 伴奏尹聖德

제비표 B64-A 讚美歌 어머님이불느신다 尹心德 피아노尹聖德

제비표 B64-B 讚美歌 望鄉歌 尹心德 피아노尹聖德

제비표 B83-A 獨唱 너와나 尹心德 피아노尹聖德

제비표 B83-B 獨唱 아,그것이그사람인가 尹心德 피아노尹聖德

제비표 B89-A 讚美歌 찬송가(一四八) 尹心德 피아노尹聖德

제비표 B89-B 讚美歌 찬송가(五三) 尹心德 피아노尹聖德

NITTO RECORD 2249-A 決死の獨唱 死の讚美 尹心德[32)]

---

31) 이 음반은 정확하게 어떤 곡인지 알 수 없다.

32) Tokyo Record 380 文部省推薦 唱歌 ドナウ河の漣 山下禎子 伴奏澤田柳吉

NITTO RECORD 2249-B 獨唱 生れいつろ歡ひ 尹心德[33]

제비표 B98-A 思友 尹心德 피아노尹聖德

제비표 B98-B 싸늡강 尹心德 피아노尹聖德[34]

제비표 B99-A (獨唱) 파우스트 노-엘 尹心德 피아노尹聖德

제비표 B99-B (獨唱) 푸른 갈닐니 尹心德 피아노尹聖德

제비표 B100-B 부러라봄바람 尹心德 피아노尹聖德

제비표 B100-A 켄터키넨집 尹心德 피아노尹聖德

제비표 B101-B 산타루치아 尹心德 피아노尹聖德

제비표 B101-A 쌘타크로쓰 尹心德 피아노尹聖德

제비표 B102-A 넷쉼 尹心德 피아노尹聖德

제비표 B102-B 길어기 尹心德 피아노尹聖德

제비표 B103-A 空中有聲 尹心德 피아노尹聖德

제비표 B103-B 김치싹둑기 尹心德 피아노尹聖德

제비표 B104-A 慈悲하신예수 尹心德 피아노尹聖德

제비표 B104-B 평인이쉬나 尹心德 피아노尹聖德

제비표 B105-A 쇠소리 尹心德 피아노尹聖德

제비표 B105-B 언제나도라오리 尹心德 피아노尹聖德

제비표 B106-A 쎄아부르 尹心德 피아노尹聖德

제비표 B106-B 追億 尹心德 피아노尹聖德

Victor SL-17(J-323) 學窓名歌集(愛唱曲アルバム) ドナウ河の漣 田村貞一作詞·イヴアノヴイチ作曲·飯田信夫編曲 四家文子 伴奏日本ビクター管絃樂團

33) '부활의 기쁨'

34) 이바노비치의 왈츠곡 '다뉴브강의 잔물결'을 일본에서 번안한 '다늅강의 연파'를 재번역한 곡이며, '사의 찬미'의 원곡임.

제비표 B107-A 쏫과벌 尹心德 피아노尹聖德

제비표 B107-B 봄나븨 尹心德 피아노尹聖德

제비표 B108-A 자라메라 尹心德 피아노尹聖德

제비표 B108-B 어엽분색시 尹心德 피아노尹聖德

제비표 B109-A 나를부르신다 尹心德 피아노尹聖德

제비표 B109-B 배써나간다 尹心德 피아노尹聖德

제비표 B110-A 나는곱지 尹心德 피아노尹聖德

제비표 B110-B 시드른방초 尹心德 피아노尹聖德

1920년대에 이르면 창가가 분화되어 대중음악-유행가의 성격을 분명하게 드러내기 시작한다. 민간의 유행 음악은 일본의 상황을 그대로 반영하고 있다. 유행가의 성격은 우선 연주자의 계층에 따라서 구분된다. 즉 노랫말이 교육적인 목적을 띠거나 취입자가 아동이면 학교 교육과 관련이 있지만, 노랫말이 세속적이거나 연주자가 기생인 경우는 당연히 일반 성인들을 대상으로 하는 유행 음악(대중가요)의 성격을 지니게 된다. 이런 노래는 모두 일본의 유행가를 들여온 것이었고, 서양의 대중음악은 아직 영향이 미미하거나 일본을 통한 간접적일 수밖에 없었다. 이때부터 대중음악은 창가 대신에 유행가라는 말을 쓰기 시작한다.

당시 권번에서는 일본인을 상대로 일본노래를 그대로 부르는 기생이 많았는데, 조선인을 대상으로 할 때는 번안이나 번역된 가사로 부르기도 했다. 도월색과 김산월이 대표적인 유행가를 부르던 기생이었다. 대체로 조선에서 크게 유행한 곡은 번안된 가사였지만, 점차 일본 가사를 직역한 번역 가사나 일본어 그대로 부르기도 했다. 번안의 시대를 지나 번역의 시기로 접어든 셈이었다. 한편으로는 극장에서 공연되던 신파극의 배경음악으로 기악곡으로 연주되기도 하였다.

장한몽가 (번안)	사랑의 수건 (번역)
대동강변 부벽루에 산보하는 이수일과 심순애 양인이로다. 악수논정 하는 것도 오날 뿐이요, 보보행진 산보함도 오날 뿐이라. 내가 학교를 마칠 때까지 어찌 하야 순애야 못 참았나. 남편이 부족하기 때문이냐, 그 외에 금전에 탐이 나더냐. 남편에 부족함은 없지만, 당신도 외국으로 유학시키고 부모님에 말삼대로 순종하야셔 김중배에 가정으로 귀가하오. (하략) 熱海の海岸を散歩する 아따미 해안을 산보하는 貫一、お宮の二人連れ 칸이치, 오미야 다정한 두 사람 共に歩むも今日限り 함께 걷는 것도 오늘이 마지막 共に語るも今日限り 함께 이야기 하는 것도 오늘이 마지막	전일 네가 나에게 보낸 손수건, 붉은 단풍 문채가 내 맘에 안 든다. 왜 붉은 단풍 맘에 안 드나. 단풍잎에 빛이 들면 가을이 온다. 전일 네가 나에게 보낸 손수건, 솔잎사귀 문채가 내 마음에 들었다. 왜 솔잎사귀 맘에 들었나. 솔잎사귀 떨어질 때 둘 함께 떨어져. 저 산 넘어 울고 있난 누른 꾀꼬리, 매화나무 가지에서 졸고 있구나. 낙화분분 하난 꿈을 깨고 난 후로 노글노글 노글노글 울고 있구나. 울지 마라 울지 마라 이 약한 사람아, 지금은 할 수 없이 이별하야도 두터운 너와 나에 정에 힘으로 부두치난 물결도 또 다시 합하네. (하략) 姜範馨, 「二八青春唱歌集」(京城:時潮社, 1929.) 23면. ◎사랑의손수건(青春之曲) 都月色 長鼓李桂月. CDE樂友會 編纂, 「世界流行名曲集 全」(京城:永昌書舘, 1925.) 59면. 손수건歌

그 가운데 가장 유행했던 곡은 '이 풍진 세상(真白き富士の嶺)', '시들은 방초(船頭小唄)', '籠 속에든 새(籠の鳥)', '장한몽가(金色夜叉)', '사랑의 새(戀の鳥)' 등이다. 번안으로 부르는 경우는 조선식(경기민요) 창법에다 장고로 반주하는 등 조선식으로 탈바꿈하기도 했지만, 일본노래를 그대로 부르거나 직역을 한 '슷돈돈부시(오날은會社의月給날인데)'는 같은 경우에는 일본악기(사미센)로 반주하기도 했다. 번안의 경우 내용이나 정서, 표현 등에 조선적 요소가 훨씬 많이 가미되었지만, 번안의 경우에는 직역이 주는 표현이 생경해서 이국적인 정서가 그대로 남게 마련이었다.

다음은 1925-1927년 사이에 발매된 유행가 음반이다. 이 악곡들은 살펴보면 당시 대중음악의 흐름을 이해할 수 있다. 즉 당시 일본에서 유행하던 유행가가 그대로 이입된 것이고, 아직 조선인이 작곡한 유행가는 취입되지 않고 있다. 요컨대 1920년대는 대중음악의 번안과 번역의 시대라고 할 수 있다.

일축 K525-A 流行 國境警備歌 併唱 都月色 金山月 李桂月

일축 K525-B 流行 籠속에든싀(籠の鳥) 併唱 都月色 金山月 李桂月[35)]

일축 K547-A 新流行歌 枯木歌시드른방초 金山月 都月色 長鼓李桂月[36)]

일축 K547-B 新流行歌 戀之鳥 이풍진세상을 金山月 都月色 長鼓李桂月[37)]

일축 K549-A 新流行歌 鴨綠江節 金山月 都月色 長鼓李桂月[38)]

일축 K549-B 新流行歌 長恨夢장한몽가 都月色 金山月 長鼓李桂月[39)]

일축 K568-B 新流行歌 사랑의수건 都月色 長鼓李桂月

일축 K591-A 新流行歌 小唄集 京城朴在國 張錫煥

일축 K591-B 新流行歌 허영의우슴(虛榮の笑) 京城朴在國 張錫煥

일축 K592-B 流行 사랑의싀(戀の鳥) 獨唱金錦花

---

35) ヒコーキ 1204-A 新小唄 籠の鳥 鳥取春陽 巽京子
Toa Record 939 書生節 籠の鳥 横尾晩秋 伴奏東亞演藝部員

36) Orint 2621-B 民謠小唄 船頭小唄 田辺朝子

37) Tokyo Record 379 唱歌 哀悼の歌 眞白き富士の嶺 山下禎子 伴奏澤田柳吉

38) Starkton 5500 俚謠 鴨綠江節(朝鮮と支那) 春風やなぎ
Nipponophone 15059-A 流行唄 鴨綠江節(上) 大阪南地堺屋席 唄 なべ 三味線 てまる·〆千代
Nipponophone 15059-B 流行唄 鴨綠江節(下) 大阪南地堺屋席 唄 なべ 三味線 てまる·〆千代
Naigai Record No.2115 (內外レコード) 俚謠 鴨綠江節(琴ピアノ入) 山村豐子
Nipponophone 4514 流行歌 鴨綠江節(上) 梶原華孃
Nipponophone 4515 流行歌 鴨綠江節(下) 梶原華孃

39) 원곡 금색야차는 헤아릴 수 없이 많은 음반이 있다.
Nipponophone 3382 活動寫眞 金色夜叉 熱海海岸の場(上) 東京 土屋松濤
Nipponophone 3383 活動寫眞 金色夜叉 (熱海海岸の場)(下) 東京 土屋松濤
Nippon Record P49-A 書生節 金色夜叉の唄 宋本繁夫 伊藤靜子 ヴアイオリン君塚一郎
Orient 60242-A(61193) レヴユ-海岸劇 新派劇獨參湯 金色夜叉 山口俊雄 和歌浦糸子 琵琶木村泰山 管絃樂伴奏

일축 K592-A 流行 漂泊歌 獨唱金錦花

일축 K593-A 新流行歌 숫돈돈부시 朝鮮券番李蘭香 三味線桃太郎

일축 K593-B 新流行歌 단조니부시 朝鮮券番李蘭香 三味線桃太郎

일축 K613-A 日本流行 사랑의식(戀の鳥) 피아노 바이올린 伴奏 都月色

일축 K613-B 日本流行 鴨綠江節(詩入) 피아노 바이올린 伴奏 都月色

일축 K624-A 베니스의배노릐 바이올린伴奏 朴在國

일축 K624-B 望鄕歌 바이올린伴奏 朴在國

일축 K629-A 流行 登山歌 찌아노푸스키(로셔아舞踏曲) 바이오린伴奏 朴在國

일축 K632-B 吹奏樂 시드른芳草(枯れすすき) 長恨夢(金色夜叉) 朝鮮樂團

일축 K632-A 吹奏樂 御樂 朝鮮樂團

일축 K635-B 新流行歌 一,붉은薔薇花 二,아々작별 獨唱 沈梅香

일축 K646-A 流行歌 靑春의愁心 바이올린伴奏 張錫煥

일축 K646-B 流行歌 悲戀의怨望 바이올린伴奏 朴在國

일축 K647-A 流行歌 磯節(이소부시) 獨唱 都月色 三味線桃太郎[40]

일축 K647-B 流行歌 玉淚別曲 獨唱 都月色

일축 K649-A 流行歌 명쥬수건 獨唱 李南史 피아노徐達成 바이올린林平南

일축 K649-B 流行歌 雙玉淚 獨唱 李南史 피아노徐達成 바이올린林平南

일축 K650-A 流行歌 롱속에든식 獨唱 李南史 피아노徐達成 바이올린林平南

일축 K650-B 流行歌 花園의사랑 獨唱 李南史 피아노徐達成 바이올린林平南

제비표 B30-B (合奏) 이풍진세상을 揚琴鄭葳庭 短簫楊又石

제비표 B119-A 流行唄 月尾島 禹榮植

제비표 B119-B 流行唄 강싸지 禹榮植

제비표 B130-A 鴨綠江節 上 鄭銀姬

---

40) N.O. RECORD (무번호) Japanese Song with Samisen 小唄磯節 吉原メ沼

제비표 B130-B 磯節, 安來節 下 鄭銀姬

제비표 B131-A 맹꽁이 禹榮植

제비표 B131-B 기생경게가 禹榮植

제비표 B146-A (시들은방초) 上 都月色

제비표 B146-B (長恨夢歌) 下 都月色

제비표 B156-A 鴨綠江節 都月色

제비표 B156-B 安來節 都月色

제비표 B148-A 思鄕의꿈 禹榮植

제비표 B148-B 康明花歌 禹榮植

제비표 B-임47-B 唱歌 이풍진세상 下 唱金竹史 大笒金泳根

비힝긔票죠션소리판 H一 朝鮮産業歌됴션산업가□□ 金月仙 李蘭香

븨힝긔票 H五 鴨綠江節 安錦香

븨힝긔票 H五 籠의鳥 籠の鳥 安錦香

IV. 1930년대 외래음악의 정착

1928년부터 일본 빅타와 콜럼비아에서는 전기녹음이 시작되었다. 전기녹음은 마이크로폰을 사용하기 때문에 이전의 나팔녹음과는 비교할 수 없을 정도로 음질이 개선되었다. 전기녹음 음반은 보존상태만 좋으면 지금 녹음과 비교해도 손색이 없을 정도로 음질이 좋았기 때문에 음반이 음악 감상의 중심수단으로 자리 잡는 데 일대 전환점이 되었다. 여기에서는 전기녹음이 시작된 후 처음 4년간(1929-1932)의 외래음악의 수용과정을 살펴보고자 한다.

빅타는 1928년 6월에 전기녹음으로 조선 음악을 취입하여 연말부터 발매를 시작하였고, 콜럼비아는 11월에 취입하여 이듬해인 1929년 2월부터 판매하기 시작했다. 빅타나 콜럼비아 모두 전기녹음을 시작하면서 매월 정기적으로 10여 종의 신보를 발매하면서 적극적으로 판매 공세에 나섰다. 음반 시장의 확대는 곧 대중문화의 발달을 의미한다. 기존의 음반 시장이 전통음악을 녹음해두고 오랜 기간 판매하였다면, 전기녹음 이후의 시장은 매월 일정한 분량 새로운 음악을 공급하는 방식으로 바뀌었다. 아울러 젊은 신인들을 발굴함으로써 스타를 길러내었다.

개화기 이후 학교교육을 통해 외래음악이 이입된 이래 1920년대를 거치면서 음악적 역량을 갖추게 되자 1930년대에 이르러 외래음악은 음반 시장의 전면으로 부상하게 되었다. 1928-1932년 말까지 약 3년간 빅타와 콜럼비아에서 발매된 음반 중 외래음악의 비중은 각각 약 25-27%까지 증가하였다. 연극이나 변사의 영화설명까지 합하면 ⅓을 훨씬 넘어서게 된다. 전통음악은 오래 두고 되풀이해서 듣기 때문에 한 번 녹음해 두고 지속적으로 재발매하는 경우가 많지만, 새로운 유행가는 그야말로 흘러가는 것이므로 대중은 끊임없이 새로운 찾게 된다. 음반회사로서는 새로운 음악을 공급하기 위해 사력을 다하였고, 여기에 회사의 사활이 달려 있었다.

전기녹음 이후 외래음악은 서양음악과 일본음악을 구분하기 시작하였다. 그것은 음반회사나 소비자의 의도라기보다는 음악인들의 성향이나 인적구성 때문으로 보인다. 서양음악은 모두 기독교 계통의 교육기관을 중심으로 활동하였고, 일본음악을 수용한 이들은 대체로 일본음악을 수용한 대중문화와 관련된 인물이었다. 그렇지만 외래음악을 대중적인 상품으로 제작하는데 필요한 인적 자원이나 문화적 기반이 빈약했기 때문에 실제로 음반 제작에 참여할 수 있는 사람은 극히 제한적이었다. 서양음악을 먼저 녹음한 쪽은 콜럼비아였는데, 이 녹음을 주도한 인물은 홍난파(1898~1941), 안기영(1900-1980), 현제명(1902-1960)이었다. 실제로 이들 외에 다른 선택의 여지도 없는 상황이었다.

안기영은 콜럼비아의 첫 음반을[41] 낸 인물이다. 콜럼비아는 일본축음기상회가 전기녹음을 도입하면서 미국 콜럼비아와 합작하면서 일본 콜럼비아로 개칭한 회사이다. 안기영은 앞서 일축에서도 음반을 낸 적이 있었던 만큼 콜럼비아에서 첫 타이틀로 그의 음반을 낸 것이다. 당시 양악계에서 그의 위상을 보여주는 상징적인 일이었다. 그는 콜럼비아에서 독창으로 14곡을 취입하였고, 이화여전합창단을 지휘하여 조선에서는 처음으로 합창 음반을 녹음하였다. 또한 성우회(聲友會)와 중앙보육학교합창단이 모두 안기영의 작품을 취입한 것도 모두 그의 영향 하에 있었기 때문이다. 안기영이 취입한 것은 '거룩한 성', '여자의 마음' 같은 서양곡이 대부분이고, '도라지타령'이나 '방아타령' 같은 전통민요를 합창곡으로 편곡하여 취입하기도 했다. 또 자신의 작품 '살구꽃 물새,' '漢江의 노래', '뱃사공의 안해', '그리운 江南'을 스스로 취입했고, '그리운 강남'을 처음으로 혼성합창(성우회)으로 취입하기도 했다. 안기영은 작곡가로, 가수로, 지휘자로 1930년대 서양음악 보급에 큰 공을 세웠다. 또 익숙한 전통음악을 편곡하여 대중들에게 처음으로 합창을 경험하게 하였다. 전통음악은 화음을 쓰지 않기 때문에 합창 화음의 입체적인 효과는 대중들에게 무척 낯설고 신기한 경험이었다. 안기영은 '그리운 강남'을 작곡하여 작곡가로서의 역량을 보여주었으나 서양음악은 여전히 대중들에게는 낯선 음악이었으므로 그의 음반이 상업적으로 성공을 거둔 것은 아니었다.[42]

---

41) 콜럼비아는 1929. 2. 제1회신보를 발매하였다.
Columbia40000-A 테너-獨唱 뚜나(Duna) McGill(맥길)作 安基永 피아노金恩實
Columbia40000-B 테너-獨唱 歌劇 리골렛토(여자의마음) Verdi(뻬르듸)作 安基永 피아노金恩實

42) 안기영의 음반은 다음과 같다.
Columbia 40000-A 테너-獨唱 뚜나(Duna) McGill(맥길)作 安基永 피아노金恩實

1930년대 초반 조선인의 양악 작곡 능력은 동요 정도 수준을 넘어서지 못했고, 대부분 취입곡도 동요였다. 양악에 대한 대중들의 수용 능력 역시 마찬가지였다. 그 지점에 홍난파가 있었다. 홍난파의 동요는 어린이뿐만 아니라 어른들도 즐겨 들었기 때문에 그 영향력은 다른 작곡가들보다 훨씬 컸으며 오래도록 대중들의 기억에 남을 수 있었다. 일제강점기 내내 홍난파의 동요 이상으로 상업적 성공을 거둔 양악은 없었다.[43)]

Columbia 40000-B 테너-獨唱 歌劇 리골렛토(여자의마음) Verdi(쎄르듸)作 安基永 피아노 金恩實
Columbia 40014-A 合唱 二八靑春歌·도라지타령 安基永指揮 梨花專門合唱團
Columbia 40014-B 合唱 방아타령 安基永指揮 梨花專門合唱團
Columbia 40036-A 테너-독창 거룩한셩HOLYCITY 安基永 피아노金恩實
Columbia 40036-B 테너-독창 만셰반셕ROCKOFAGES 安基永 피아노金恩實
Columbia 40067-B 테너-獨唱 아라미의노래 安基永 피아노金恩實
Columbia 40067-A 테너-獨唱 마루타 安基永 피아노金恩實
Columbia 40113-A 테너-獨唱 오, 잠, 웨나를바리나 安基永 피아노金恩實
Columbia 40113-B 테너-獨唱 잘자라내아기 安基永 피아노金恩實
Columbia 40141-A 女聲合唱 民謠 農夫歌 梨花女子專門學校合唱團 伴奏콜럼비아管絃樂團
Columbia 40141-B 女聲合唱 民謠 양산도 梨花女子專門學校合唱團 伴奏콜럼비아管絃樂團
Columbia 40160-A 마의태자(麻衣太子) 李殷相作歌 安基永作曲 安基永
Columbia 40160-B 追憶 安基永
Columbia 40177-B 混聲合唱 春詞 安基永作曲 聲友會 伴奏콜럼비아管絃樂團
Columbia 40177-A 混聲合唱 그리운江南 金石松作歌 安基永作曲 聲友會 伴奏콜럼비아管絃樂團
Columbia 40201-A 女聲合唱 불어라봄바람 中央保育學校合唱團 피아노伴奏
Columbia 40201-B 女聲合唱 즐거운人生 中央保育學校合唱團 피아노伴奏

43) 홍난파는 직접 노래를 부르지는 않았지만, 노래 지도와 연주, 취입에 깊이 관여했다. 홍난파의 음반은 이밖에도 레이블에 직접 표기되지 않은 음반도 있다.
Columbia 40165-A 童謠 감둥병아리.나무닙 白夏謠.千正鐵謠 洪蘭波作曲 李景淑 伴奏콜럼비아管絃樂團
Columbia 40273-A 童謠 낫에나온반달 尹石重作歌 洪蘭坡作曲 故徐錦榮 伴奏콜럼비아

외래음악으로 상업적 성공을 거둔 분야는 당연히 대중가요-유행가였다. 아

管絃樂團

Columbia 40209-A 童謠 집신짝 병졍나팔 金青葉謠 洪蘭坡作謠 洪蘭坡作曲 徐錦榮 伴奏콜럼비아管絃樂團

Columbia 40273-B 童謠 고향의봄 장미꼿 李元壽/洪蘭坡作歌 洪蘭坡作曲 故徐錦榮 伴奏콜럼비아管絃樂團

Columbia 40165-B 童謠 빨간가락닙·싀골길 鄭祥奎謠.夕虹謠 洪蘭波作曲 崔命淑 伴奏콜럼비아管絃樂團

Columbia 40209-B 童謠 빅사공 가을밤 宋茂翼謠 李貞求謠 洪蘭坡作曲 徐錦榮 伴奏콜럼비아管絃樂團

Columbia 40159-A 新民謠齊唱 방아찟는색시의노래 金水卿作歌 洪蘭坡作曲 中央保育學校 崔命淑 李景淑 徐錦榮 管絃樂伴奏

Columbia 40159-B 新民謠齊唱 녹쓴가락지 尹福鎭作歌 洪蘭坡作曲 中央保育學校 崔命淑 李景淑 徐錦榮 管絃樂伴奏

Columbia 40180-A 童謠齊唱 밤세톨을굽다가 수레 尹石重謠.崔京化謠 洪蘭坡作曲 京城中央保育學校 崔命淑.李景淑.徐錦榮 伴奏콜럼비아管絃樂團

Columbia 40180-B 童謠獨唱 해바래기 봉사꼭 洪蘭坡謠.尹石重謠 洪蘭坡作曲 徐錦榮 伴奏콜럼비아管絃樂團

Columbia 40224-A 童謠獨唱 도레미파/휫바람 洪蘭坡/尹石重作謠 洪蘭坡作曲 崔命淑 伴奏콜럼비아管絃樂團

Columbia 40224-B 童謠獨唱 퐁당퐁당/푸른언덕 尹石重/尹福鎭 謠 洪蘭坡作曲 崔命淑 伴奏콜럼비아管絃樂團

Columbia 40238-A 獨唱 은행나무아래에서 金水鄕謠 洪蘭坡作曲 李景淑 伴奏콜럼비아管絃樂團

Columbia 40238-B 獨唱 옥톡기/어머니가슴 鮮于萬年/朴乙松 謠 洪蘭坡作曲 李景淑 伴奏콜럼비아管絃樂團

Columbia 40239-A 童謠 나무닙배/참새 ?/金水鄕謠 洪蘭坡作曲 李貞淑 伴奏콜럼비아管絃樂團

Columbia 40239-B 童謠 허잡이/참새집 方定煥謠/? 洪蘭坡作曲 李貞淑 伴奏콜럼비아管絃樂團

Columbia 40289-A 民謠獨唱 뱃사공의노래 洪蘭坡作曲 崔命淑 管絃樂伴奏

Columbia 40289-B 民謠獨唱 봉선화 洪蘭坡作曲 崔命淑 管絃樂伴奏

Victor 49146-B 童謠 兵丁喇叭·배사공 洪蘭坡作曲 金順任 伴奏 피아노·바이올닌·실로폰

동을 대상으로 하는 동요는 어른들이 구입해 주는 것이고, 아이들에게 음반을 사다 줄 형편이 되는 가정은 극소수에 지나지 않았다. 상업적인 성공이 가능한 것은 어른들도 함께 듣는 동요였고, 그것은 가곡이나 유행가와의 경계선상에 있었다. 홍난파의 '고향의 봄'이나 박태준의 '오빠 생각', 안기영의 '그리운 강남' 같은 것은 창가나 유행가를 부르던 창법으로 따라 부를 수 있지만, 안기영이 테너 창법으로 부르는 서양음악이나 합창곡들은 일반인들이 흉내 낼 수 없는 낯선 창법이었다.

1930년대 초반의 대중가요-유행가는 거의 대부분 일본곡이나 서양곡을 번안 혹은 번역한 것이다. 1932년까지만 해도 음반 레이블에 작사·작곡가를 별도로 표기하지 않았다. 음반회사에서는 이러한 번안·번역곡의 작가나 원곡을 굳이 밝히지 않았고, 대중 또한 이를 따지지 않았다. 대중들은 어느 나라 음악인지 알지 못한 채 유행을 따라 흘러갔다. 다음은 외국곡을 번안하여 부른 예인데, 초기 창가나 유행가 등 외래음악은 장차 모두 원곡이 밝혀지고 구체적으로 실상이 드러날 것이다.

Columbia40001-B 童謠 져녁노을[44] 李貞淑 伴奏日蓄管絃樂部員

Columbia40102-A 獨唱 기럭이[45] 蔡奎燁 피아노近藤十九二

Columbia40016-B 流行唱歌 쟈라메라[46] 李貞淑 伴奏콜럼비아管絃樂

Columbia40071-A 짜즈송 鐘路行進曲[47] 卜惠淑 콜럼비아·짜즈밴드

---

44) 일본 동요 '夕焼け小焼け'.

45) 포스터 작곡 Massa's in de Cold Ground (1852).

46) 일본곡 '南京町'

47) NITTO 2905-A 獨唱 道頓堀行進曲 日比繁次郎作歌 塩尻精八作曲 唄筑波久仁子 ハーモニカ片岡正太郎 ピアノ清水昌

또 연극이나 영화의 주제가로 불리는 경우 영화의 흥행에 따라 음악이 유행하기도 했다. 초기의 대중가요는 극장에서 직접 부르는 무성영화 주제가나 연극의 막간 무대에서 불러서 유행하는 경우가 많았으며,[48] 대중가요를 반주하는 악단도 극장에 소속된 연주자들이었다. 때로는 전통민요를 편곡하여 대중민요로 부르기도 했다.[49] 민요는 이미 대중들의 정서에 잘 맞고 또한 전통음악 음반을 통해 검증된 노래들이기 때문이다. 새로운 감각으로 부르는 민요는 때로 큰 히트곡이 되기도 하므로 음반회사로서는 좋은 소재였던 것이다.

---

48) 빅타레코드의 초기 유행가는 영화 주제가가 대부분이다.
Victor 49017-A 映畵劇 落花流水낙화류수(上) 金永煥 卜惠淑 劉慶伊 團成社管絃團伴奏
Victor 49017-B 映畵劇 落花流水낙화류수(下) 金永煥 卜惠淑 劉慶伊 團成社管絃團伴奏
Victor 49071-A 暎畵小唄 아르렁 獨唱金蓮實 伴奏日本빅타樂團
Victor 49071-B 暎畵小唄 暗路어둔길 獨唱金蓮實 伴奏日本빅타樂團
Victor 49082-A 暎畵小唄 落花流水락화류슈 獨唱金蓮實 伴奏日本빅타-樂團
Victor 49082-B 暎畵小唄 세동무 獨唱金蓮實 伴奏日本빅타-樂團
Victor 49087-B 映畵小唄 雙玉淚쌍옥루 獨唱金蓮實 伴奏日本빅타樂團
Victor 49144-A 演劇主題歌 港口는騷亂하다 姜石燕 管絃樂伴奏

49) 전통민요를 편곡한 작품들은 다음과 같은 것이 있다.
Victor 49093-B 流行小曲 密陽아리랑 獨唱全景希 伴奏빅타-管絃樂團
Victor 49094-B 漫曲 군밤타령 並演 李愛利秀 全景希
Victor 49100-B 俗謠 닐늬리야 李愛利秀 全壽麟 管絃樂伴奏
Victor 49122-A 流行歌 新아리랑 빅타-文藝部編曲 獨唱李愛利秀 管絃樂伴奏
Victor 49128-A 俗謠 양산도 빅타-文藝部編曲 獨唱姜石燕 伴奏빅타-管絃樂團
Victor 49128-B 俗謠 二八青春歌 빅타-文藝部編曲 獨唱李愛利秀 伴奏빅타-管絃樂團
Victor 49167-A 俗謠 군밤타령 全壽麟作曲 李愛利秀 姜石燕 伴奏빅타-管絃樂團
Victor 49167-B 俗謠 베틀가 빅타-文藝部編曲 李愛利秀 姜石燕 伴奏빅타-管絃樂團
Columbia 40070-A 流行歌 아리랑 蔡東園 콜럼비아管絃樂團(금지곡, 治安)
Columbia 40271-B 民謠 開城난봉가 콜럼비아文藝部編曲 蔡奎燁 姜石燕 伴奏콜럼비아管絃樂團
Columbia 40271-A 民謠 興打鈴 콜럼비아文藝部編曲 蔡奎燁 姜石燕 伴奏콜럼비아管絃樂團

조선인 작품으로 처음 유성기음반에 취입된 유행가는 김서정(金曙汀)의 작품으로 알려진 무성영화 주제가 '낙화유수(강남달, 1929)'와 '세동무(1930)'였다. 또 영화 주제가로 부른 신민요 '아리랑(1930)'도 대중음악으로 널리 알려진 곡이다. 대중가요 작곡가로는 김서정 정도를 거론할 수 있다.

V. 1932년, 외래음악의 전환점과 연희전문학교의 녹음

1932년이 되면 조선의 외래음악은 한 전환점을 이룬다. 전기녹음 음반이 나온 지 4년 정도가 경과하자 수요도 크게 증가했다. 시에론 레코드가 1931년 말부터 조선반을 내기 시작했고, 포리돌 레코드도 1932년 9월부터 조선반을 내기 시작하여 다자 경쟁체제로 접어들었다. 한편으로는 식민지 일본문화가 자리잡으면서 나름대로 난숙기에 접어들었다.

이 무렵부터 조선의 외래음악 음반 제작에서도 일종의 전문화, 분업화가 이루어지면서 자신의 성격을 분명히 드러내었다. 대중음악은 일본에 유학한 새로운 세대들이 음반 제작의 전면에 나서게 되었다. 그 때문에 일제강점기 대중음악은 자연 일본음악의 영향 하에 놓이게 되었고, 음악의 유통구조 역시 일본 자본에 예속될 수밖에 없었다. 조선의 유행가는 일본과 동기화(同期化)된 채 전개될 수밖에 없었다. 그런 상황에서도 전통민요를 재해석하여 신민요를 창작함으로써 조선의 색채를 드러낸 것은 중요한 성과라고 할 수 있다. 신민요는 대중의 정서에 부합하였으므로 널리 불리었다.

1932년이 되면 김교성(金敎聲), 전수린(全壽麟), 김용환(金龍煥) 등 작곡가가 등장하였고, 이현경(李賢卿, 李基世), 윤백남(尹白南), 이서구(李瑞求, 李孤帆) 등이 작사가로서 활동하였다. 때로는 주요한(朱耀翰), 이광수(李光洙), 홍사용(洪思容), 정인섭(鄭寅燮), 마해송(馬海松) 같은 문인들도 작사하였으나 대중음악의 작사가로서 성공을 거두지는 못하였다.

1932년에 중요한 사건은 현제명과 연희전문학교합창단의 등장이었다. 현제명은 미국 유학을 경험하였기 때문에 그의 음악은 일본의 자장(磁場) 하에 머물지 않고 직접 서양음악을 수용하였으며, 한국의 서양음악에 중추적인 역할을 하였다. 그는 작곡가 겸 가수로, 교육자이자 이론가로 큰 활약을 하게 된다. 다음은 유성기음반 가사지에 수록된 현제명의 약력이다.

> 四〇三五七-B 獨唱 이이·아이·아이 西班牙民謠 奧山貞吉編曲 玄濟明 伴奏日本콜럼비아交響樂團 指揮奧山貞吉 (가사지 수록)
>
> 玄濟明氏 略歷
>
> 一九〇二年 慶北 大邱에 出生하야 當地 高等普通學校를 맛치고 멀니 平壤으로 옴겨 一九二〇年에 崇實大學에 入學하게 되자 幼時부터 風琴과 노래부르기를 즐겻스나 成長함을 싸라 音樂에 對한 趣味는 남달니 만앗고 天來의 才能은 當時 有名하던 音樂先生 朴潤根 氏와 솔토 夫人의 認定한 바 되여 學科 以外에 두 先生 門下에서 피아노 聲樂 提琴 等을 學習하게 되자 崇大를 卒業할 쌔는 임의 堂々한 音樂家의 列에 끼이엿섯고 一九二五年에 雄志와 遠大한 抱負를 가지고 太平洋을 건너 北米洲 치카고市 썬音樂學校에 入學하야 聲樂을 專門 研究하얏으며 同校를 맛친 後 다시 研究科에서 研究를 거듭하야 榮譽의 音樂學士의 學位를 엇고 一九二八年 八月에 錦衣歸國한 後 爾來 延禧專門學校 敎授로 就任하야 半島의 後進을 養成하기에 專心하며 貧弱한 우리 樂壇을 붓도두며 각구어 가기에 勞心焦思하고 잇음니다 校務 以外로 朝鮮音樂家協會 理事長으로 잇스며 前日 氏의 作曲集(第一輯)

까지 發表되야 半島 音樂에 驚異的 쎈세-숀을 이르키엇으며 氏가 米洲에 留學 中에는 當地 로드히-바 레코드會社의 懇請으로 吹込하야 米洲에서 發賣된 것도 임의 五六年 前 일인만큼 氏의 藝術이 얼마나 훌융한 것을 窺知할 수 잇으며 半島가 가진 큰 자랑이라고 할 수 잇는 唯一無二한 獨唱家로 氏의 레코-드는 오직 콜럼비아社만이 가지고 잇는 것임니다. 一九三二年 九月

다음은 1932년 현제명이 콜럼비아 레코드에서 취입한 음반이다. 이 가운데 현제명이 작곡한 '나물 캐는 처녀'와 '고향 생각'은 상업적으로도 성공을 거둔 작품이었다.

Columbia40306-A 테너-獨唱 나물캐는처녀 玄濟明作詞 玄濟明作曲 玄濟明 伴奏콜럼비아管絃樂團

Columbia40306-B 테너-獨唱 니나 玄濟明作詞 玄濟明作曲 玄濟明 伴奏콜럼비아管絃樂團

Columbia40330-A 테너-獨唱 □□ 내말을傳해다고 □□□作曲 杉田良造編曲 玄濟明 콜럼비아管絃樂團伴奏

Columbia40330-B 테너-獨唱 歌劇 헤레나 玄濟明 콜럼비아管絃樂團伴奏

Columbia40331-A 테너-獨唱 사랑하는녯집 玄濟明

Columbia40331-B 테너-獨唱 멀고멀다틔페레리 玄濟明

Columbia40343-B 테너-獨唱 故鄕生覺 玄濟明作詞 玄濟明作曲 玄濟明 伴奏콜럼비아管絃樂團

Columbia40343-A 테너-獨唱 내너를써나 玄濟明編曲 玄濟明 伴奏콜럼비아管絃樂團

Columbia40357-A 테너-獨唱 小夜樂 토쎄리作曲 奧山貞吉編曲 玄濟明 奧山貞吉指揮 콜럼비아交響樂團伴奏

그림 1. Columbia40306-A(21472)
테너-獨唱 나물캐는처녀(玄濟明作詞作曲)
玄濟明 伴奏콜럼비아管絃樂團
음반 가사지

그림 2. Columbia40536-A 四重唱 숫빠이
延禧專門四重唱團
음반 가사지

Columbia40357-B 테너-獨唱 아이·아이·아이 西班牙民謠 奧山貞吉編曲 玄濟明 피아노·바이올린·첼로

Columbia40360-A 테너-獨唱 希望의나라로 玄濟明 伴奏나포타린맨돌린·오-게스튜라團

Columbia40360-B 테너-獨唱 멕시코·세레나-드 玄濟明 伴奏나포타린맨돌린·오-게스튜라團

Columbia40363-A 獨唱 가을 玄濟明作詞 玄濟明作曲 蔡奎燁 伴奏콜럼비아管絃樂團

1932년 한 해에 현제명의 작곡 또는 연주한 음반을 이만큼 취입했다는 것은 조선 음악계에서의 현제명의 위상을 보여주는 일이었다. 그 이전에 홍난파와

안기영이 지닌 위상을 대신하였을 뿐 아니라 한 차원 높은 수준을 성취한 일이기도 하였다. 극히 연희전문사중창단의 활동을 보면 더욱 그러하다.

안기영이나 현제명 역시 당대 최고로 꼽던 테너 가수로서 음반을 취입했다. 그러나 이것은 개인기에 속하는 일이었다. 안기영은 이화여전합창단을 이끌고 1928년에 한국 최초로 합창곡을 취입하였다. 유성기음반의 음향은 빈약하지만, 당시 실제 공연에서 입체적인 화성을 처음 들은 청중들은 좌우를 번갈아 쳐다보면서 무척 신기해하였다고 전한다. 또 1931년에는 성우회를 이끌고 자신의 '그리운 강남'을 남녀혼성 합창으로 취입하였다. 현제명은 합창과 아울러 중창단을 지도하여 14곡을 취입했다. 유성기의 재생능력으로 볼 때 중창은 오히려 합창보다 감상의 재미를 느낄 수 있었으며, 이는 조선의 양악 연주 수준을 한 차원 높이는 일이었다.

다음은 1932년까지 발매된 연희전문사중창단·합창단의 음반이다. 이들의 녹음은 1933년 이후에 계속 발매되었다.

Columbia40358-A 校歌 延禧專門學校校歌 延禧專門學校合唱團

Columbia40358-B 應援歌 延禧專門學校應援歌 延禧專門學校合唱團

Columbia40359-A 四重唱 놀아보세 黑人民謠 紙恭輔編曲 延禧專門學校四重唱團 콜럼비아管絃樂團伴奏

Columbia40359-B 四重唱 멍텅구리서울구경 스미스作曲 井田一郎編曲 延禧專門學校四重唱團 콜럼비아管絃樂團伴奏

Columbia40361-A 四重唱 農夫歌 延禧專門四重唱團 伴奏日本콜럼비아管絃樂團

Columbia40361-B 四重唱 물방아 玄濟明作曲 延禧專門四重唱團 伴奏日本콜럼비아管絃樂團

이 글에서는 개화기 이후 1932년 연희전문학교 사중창단·합창단이 등장할 때까지 조선에서 외래음악이 수용되는 과정을 유성기음반이라는 매체를 통해 살펴보았다. 유성기음반 시절에 음반 제작은 여러 여건상 실제로 진행되고 있는 음악 현상이나 활동보다 한두 해 정도, 때로는 여러 해 늦게 이루어지는 것이 보통이었다. 남의 손을 빌려, 남의 자본에 예속되어 음반이 제작되었기 때문이다. 또한 1932년 이후의 외래음악은 매우 다채롭게 전개되기 때문에 짧은 글에서는 다루기가 어렵고, 아직 학계의 연구 성과도 충분히 축적되어 있지 않다.

현제명과 연희전문 사중창단·합창단의 등장은 그때까지 초보 수준의 서양음악 연주를 한 차원 높이는 성과를 쌓았다. 젊은 현제명(30살)과 그보다 더 젊은 대학생들은 새로운 문화를 수용하고 소화하여 조선 사회에 내놓았다. 이 음반이 바로 그 성과물이다. 이후에도 연희전문학교는 양악의 중심 역할을 하면서 1940년대에 이르면 조선 양악을 결산하는 빅타 레코드의 讚頌歌앨범(6매), 世界名曲選集(6매), 朝鮮歌謠曲代表作集(3매) 같은 음반 발매로 이어지게 된다. 연희전문의 현제명·이인범·김연준 등이 바로 그 중심인물이었다.

연희전문의 녹음을 들어보면 침침하고 추운 날에 마주치는 녹음방초와 같다. 식민지 조선의 지식인들이 걸었던 1920년대의 퇴폐와 허무와 절망의 '사의 찬미'를 넘어서 경쾌하고 싱그럽게 젊음을 구가(謳歌)하고 있다. 필자는 1960년대 초등학교 운동장에서 또래 여학생들이 부르던 고무줄 노래 '백두산 뻗어내려 반도 삼천리, 무궁화 이 강산에 역사 반만년' 하는 '조선의 노래'를 자주 들었다. 곡목이 무엇인지, 누가 지은 노래인지도 모르면서 오랜 세월이 흘렀다. 1987년 봄, 우연히 연희전문사중창단이 취입한 유성기음반(1933)을 통해 이 노래를 다시 만났다. 희망과 긍정은 오랜 시간이 지나도 썩지 않고 다시 싹을 틔우는지도 모르겠다.

참고자료

찬송가 앨범 (6매) (1941. 12)	앨범 재킷 : 讚頌歌알범 음반 「천성을 향함」 현제명·김연준·김자경·김수정 광고 『매일신보』 1941. 12. 10.

찬송가 앨범 목록

Victor 49500(JSE-1674)	讚頌歌알범(1) 獨唱及四重唱 천성을향함 新編第53章 · 新訂第258章	玄濟明 · 金連俊 · 金慈環 · 金秀貞 伴奏日本빅타-室內樂團
Victor 49500(JSE-1677)	讚頌歌알범(2) 四重唱 주를가까히함 新編第149章 · 新訂第181章	玄濟明 · 金連俊 · 金慈環 · 金秀貞 伴奏日本빅타-室內樂團
Victor 49501(JSE-1678)	讚頌歌알범(3) 四重唱 고요한밤거룩한밤 新編第60章 · 新訂第38章	玄濟明 · 金連俊 · 金慈環 · 金秀貞 伴奏日本빅타-室內樂團
Victor 49501(JSE-1676)	讚頌歌알범(4) 四重唱 첫번크리쓰마스 新編第59章	玄濟明 · 金連俊 · 金慈環 · 金秀貞 伴奏日本빅타-室內樂團
Victor 49502(JSE-1679)	讚頌歌알범(5) 四重唱 믿는아히가보배됨 新編第258章 · 新訂第306章	玄濟明 · 金連俊 · 金慈環 · 金秀貞 伴奏日本빅타-室內樂團
Victor 49502(JSE-1672)	讚頌歌알범(6) 獨唱及四重唱 주의뜻대로하시란말 新編第217章 · 新訂第302章	玄濟明 · 金連俊 · 金慈環 · 金秀貞 伴奏日本빅타-室內樂團
Victor 49503(JSE-1680)	讚頌歌알범(7) 四重唱 주예수내맘에온후 新編第322章 · 新訂第289章	玄濟明 · 金連俊 · 金慈環 · 金秀貞 伴奏日本빅타-室內樂團

찬송가 앨범 목록		
Victor 49503(JSE-1683)	讚頌歌알범(8) 獨唱及四重唱 저높은곳 新編第333章	玄濟明 · 金慈環 伴奏日本빅타-室內樂團
Victor 49504(JSE-1682)	讚頌歌알범(9) 獨唱及四重唱 죽음을이기심 新編第85章 · 新訂第65章	玄濟明 · 金連俊 · 金慈環 · 金秀貞 伴奏日本빅타-室內樂團
Victor 49504(JSE-1673)	讚頌歌알범(10) 獨唱及二重唱 이전보다더사랑함 新編第188章 · 新訂第153章	玄濟明 · 金慈環 伴奏日本빅타-室內樂團
Victor 49505(JSE-1675)	讚頌歌알범(11) 獨唱及四重唱 평안히쉼 新編第247章 · 新訂第259章	玄濟明 · 金連俊 · 金慈環 · 金秀貞 伴奏日本빅타-室內樂團
Victor 49505(JSE-1681)	讚頌歌알범(12) 四重唱 주의곁으로인도하심 新編第214章 · 新訂第194章	玄濟明 · 金連俊 · 金慈環 · 金秀貞 伴奏日本빅타-室內樂團

세계명곡선집 (6매) (1942. 5)	앨범 재킷 : 世界名曲選集 第一輯 伊太利篇 玄濟明 金慈環 음반 「산속의집으로」 현제명·김자경 광고 『매일신보』 1942. 5. 4.

세계명곡선집 목록		
Victor 49506(JSE-1839)	名曲選集 第一輯(1) 獨唱 바다로오라	玄濟明 伴奏日本빅타-管絃樂團
Victor 49506(JSE-1687)	名曲選集 第一輯(2) 獨唱 산슈□□의종	玄濟明 伴奏日本빅타-管絃樂團
Victor 49507(JSE-1684)	名曲選集 第一輯(3) 獨唱 라스파뇨라 김도집譯詞	金慈璟 伴奏日本빅타-交響管絃樂團
Victor 49507(JSE-1685)	名曲選集 第一輯(4) 獨唱 세레나데 이광譯詞	金慈璟 伴奏日本빅타-交響管絃樂團
Victor 49508(JSE-1836)	名曲選集 第一輯(5) 獨唱 마레키아레 토스티作曲 · 玄濟明譯詞 · 飯田信夫編曲	玄濟明 伴奏日本빅타-管絃樂團
Victor 49508(JSE-1688)	名曲選集 第一輯(6) 二重唱 山속의집으로 歌劇"트라바토레"中에서 베르듸作曲 · 鄭寅燮譯詞 · 深海善次編曲	玄濟明 · 金慈璟 伴奏日本빅타-交響管絃樂團
Victor 49509(JSE-)	名曲選集 第二輯(7)	(발매 미상)
Victor 49509(JSE-)	名曲選集 第二輯(8)	(발매 미상)
Victor 49510(JSE-)	名曲選集 第二輯(9)	(발매 미상)
Victor 49510(JSE-)	名曲選集 第二輯(10)	(발매 미상)
Victor 49511(JSE-)	名曲選集 第二輯(11)	(발매 미상)
Victor 49511(JSE-)	名曲選集 第二輯(12)	(발매 미상)

가요곡대표작집 (6매) (1943. 1)	앨범 재킷 : 歌謠曲代表作集 음반 「수로천리」 이인범 광고 『매일신보』 1943. 1. 28.

가요곡대표작집 목록		
Victor 49512(J-2144)	獨唱 鳳山花 歌謠曲代表作集(一) 金亨俊作詞 洪蘭坡作曲 · 金聖泰編曲	金天愛 伴奏日本빅타-管絃樂團
Victor 49512(J-2157)	獨唱 그리운江南 歌謠曲代表作集(二) 金石松作詞 · 安基永作曲 · 小村三十三編曲	金天愛 伴奏日本빅타-管絃樂團
Victor 49513(J-2163)	獨唱 배노래 歌謠曲代表作集(三) 金○○作詞 · 金東振作曲 · 葉松昭○編曲	李仁範 伴奏日本빅타-管絃樂團
Victor 49513(J-2142)	獨唱 水路千里 歌謠曲代表作集(四) 金東煥作詞 · 李冕相作曲 · 伊藤翁介編曲	李仁範 伴奏日本빅타-管絃樂團
Victor 49514(J-2143)	獨唱 달밤 歌謠曲代表作集(五) 玄濟明作詞作曲 · 伊藤翁介編曲	李仁範 伴奏日本빅타-管絃樂團
Victor 49514(J-2164)	獨唱 思友 歌謠曲代表作集(六) 李殷相作詩 · 朴泰俊作曲 · 服○正編曲	金天愛 伴奏日本빅타-管絃樂團

참고문헌

<원전자료>

「大韓每日申報」. 1907. 11. 15. 博覽設院.

「독립신문」(영문판). 1897. 7. 15. CORRESPONDENCE. LETTER FROM PYENGYANG. Pyengyang July 5, 1897.

「每日申報」. 1913. 5. 30.(3)(광고).

「每日申報」. 1913. 6. 3. 15.(1)(광고).

「每日申報」. 1913. 6. 4.(3)(광고).

「日東타임쓰」. 제4호(일동축음기주식회사, 1926. 10.) 2.

『地理教育 鐵道唱歌 第壹集』, 「東海道」, 東京:三木書店, 1900.

姜範馨. 『二八靑春唱歌集』, 京城: 時潮社, 1929.

李尙俊. 『最新唱歌集 全』, 京城: 博文書舘 發行, 1918.

學部編纂. 「普通教育 唱歌集 第一輯」, 韓國政府印刷局印行, 隆熙四年五月, 1910.

CDE樂友會 編纂. 『世界流行名曲集 全』, 京城: 永昌書舘, 1925.

<논저>

배연형. "근대 유성기 음반 연구의 최고급 자료, 음반 홍보잡지 일동타임쓰," 「문자와 상상」, Vol. 4(2019), 24-35.

배연형. 『한국 유성기음반 문화사』, 서울: 지성사, 2019.

배연형 편. 『한국 유성기음반』, 서울: 한걸음더, 2011.

한국유성기음반 데이터베이스. http://www.78archive.co.kr.

安田寛·赤井励·閔庚燦 編. 『原典による近代唱歌集成』(30CDs), 日本:ビクターエンタテインメント株式會社, 2000.

<한국 유성기음반>

닛뽄노홍 K200-A(6216) 부모의은덕가 靑年會員.

닛뽄노홍 K200-B(6217) 학도가 권학가 靑年會員.

Victor 49017-A·B 映畵劇 落花流水낙화류수(上·下) 金永煥 卜惠淑 劉慶伊 團成社管絃團伴奏.

Columbia 40016-A 流行唱歌 落花流水(락화류슈) 李貞淑 伴奏콜럼비아管絃樂.

Columbia 40002~40003 映畵說明 아리랑(一~四) 成東鎬 伴奏朝劇管絃樂團 光月團朝鮮樂部 노래劉慶伊.

Columbia 40070-A 流行歌 아리랑 蔡東園 콜럼비아管絃樂團.

Victor 49071-A 暎畵小唄 아르렁 獨唱金蓮實 伴奏日本빅타樂團.

*기타 음반은 본문 인용과 각주 참조.

<일본 유성기음반>

Columbia A890-A-天然の美-コロムビア オケストラ.

Hikoki Record 701 鐵道唱歌 納所文子 日本東京.

Kasuga Record 468B 唱歌 鐵道唱歌 東京 ピアノ納所辨次郎 唱歌納所文子.

National Record 105 唱歌 鐵道唱歌 納所文子 ピアノ納所辨二郎.

Nippon Record P49-A 書生節 金色夜叉の唄 宋本繁夫 伊藤靜子 ヴアイオリン君塚一郎.

NIPPONOPHONE 1210 Japasnese Song with Piano 鐵道唱歌 東京 納所文子.

Nipponophone 3382·3383 活動寫眞 金色夜叉 熱海海岸の場(上·下) 東京 土屋松濤.

NITTO 2905-A 獨唱 道頓堀行進曲 日比繁次郎作歌 塩尻精八作曲 唄筑波久仁子 ハーモニカ片岡正太郎 ピアノ淸水昌.

Nitto S1031-A 唱歌 鳩·兎と龜 名古屋菊童謠會 草野和歌子 伴奏サロン管絃團.

Orient 60242-A(61193) レヴユ-海岸劇 新派劇獨參湯 金色夜叉 山口俊雄 和歌浦糸子 琵琶木村泰山 管絃樂伴奏.

Orient Record 1207 鐵道唱歌 納所文子 日本 東京.

Orint 2621-B 民謠小唄 船頭小唄 田辺朝子.

Toa Record 939 書生節 籠の鳥 横尾晩秋 伴奏東亞演藝部員.

Tokyo Record 379 唱歌 哀悼の歌 眞白き富士の嶺 山下禎子 伴奏澤田柳吉.

Tokyo Record 380 文部省推薦 唱歌 ドナウ河の漣 山下禎子 伴奏澤田柳吉.

Victor SL-17(J-323) 學窓名歌集(愛唱曲アルバム) ドナウ河の漣 田村貞一作詞·イヴアノヴイチ作曲·飯田信夫編曲 四家文子 伴奏日本ビクター管絃樂團.

ヒコーキ 1204-A 新小唄 籠の鳥 鳥取春陽 巽京子.

찾아보기